आनन्द रघुनन्दन

(हिन्दी का पहला मौलिक नाटक)

ज्ञान गरिमा के
70 वर्ष

भारतीय ज्ञानपीठ

णाणं
पयासयं

वीर नि. सं. 2470

ई. सन् 1944

भारतीय ज्ञानपीठ

आनन्द रघुनन्दन

(हिन्दी का पहला मौलिक नाटक)

लेखक
महाराजा विश्वनाथ सिंह

सम्पादक
रामनिरंजन परिमलेन्दु

भारतीय ज्ञानपीठ

लोकोदय ग्रन्थमाला : ग्रन्थांक 1192

ISBN 978-93-263-5212-3

आनन्द रघुनन्दन

(हिन्दी का पहला मौलिक नाटक)

रचयिता : महाराजा विश्वनाथ सिंह

सम्पादक : डॉ. रामनिरंजन परिमलेन्दु

दूसरा संस्करण : 2016

मूल्य : 300 रुपये

प्रकाशक : **भारतीय ज्ञानपीठ**

18, इन्स्टीट्यूशनल एरिया, लोदी रोड, नयी दिल्ली–110 003

मुद्रक : आर.के. ऑफसेट, दिल्ली

आवरण–चित्र : चन्द्रकान्त शर्मा

आवरण–सज्जा : ज्ञानपीठ कला प्रभाग

ANAND RAGHUNANDAN

(The First Hindi Play)

by Maharaja Vishwanath Singh

Edited by Dr. Ram Niranjan Parimalendu

Published by

Bharatiya Jnanpith

18, Institutional Area, Lodi Road, New Delhi-110 003

Ph. : 011-24698417, 24626467; 23241619 (Daryaganj)

Mob. : 9350536020; e-mail : bjnanpith@gmail.com

sales@jnanpith.net; website : www.jnanpith.net

Second Edition : 2016

Price : Rs. 300

आनन्द रघुनन्दन नाटक

पुरुष पात्र		**पात्र-परिचय**
दिग्जान	:	दशरथ
हितकारी	:	श्रीराम
डहडह जगकारी	:	भरत
डील धराधर	:	लक्ष्मण
डिंभींदर	:	शत्रुघ्न
जगद्योनिज	:	वशिष्ट
भुवनहित	:	विश्वामित्र
शीलकेतु	:	जनक
सतमोद	:	जनक के गुरू
रेणुकेय	:	परशुराम
त्रेतामल्ल	:	हनुमान
सुगल	:	सुग्रीव
रिक्षपति	:	जामवंत
भुजभूषण	:	अंगद
सोपर्णि	:	जटायु
वैद्यकवित	:	सुखेन
शुक	:	राम का दूत
श्याम	:	नल
वासवी	:	बालि
काक	:	जयन्त
आदिकवि	:	वाल्मीकि
सुरासुर	:	वाणासुर
दिकशिर	:	रावण
घटकर्ण	:	कुंभकर्ण
घनध्वनि	:	मेघनाद
घातिनेय	:	मरीच
दीर्घदेह	:	राक्षस

की	:	रावण का दूत
रासभ	:	मारीच
त्रिमुंड	:	सुबाहु
नयन कुमार	:	अक्षय कुमार
भयानक	:	विभीषण
दीर्घ जठर	:	रावण का मंत्री, विदूषक, नर्तकी, मंत्री, चर, द्वारपाल, षंड, वन्दीजन, मैत्रावारूणी, सागर, पथिक, सूत्रधार, मारिष, परिपार्शक , सचिव, भाव, शिष्यगण, सभासद, भाट, नट आदि।

स्त्री पात्र		**पात्र–परिचय**
महिजा	:	सीता
कुशला	:	कौशल्या
काश्मीरी	:	कैकेयी
कुटिला	:	मंथरा
तपस्विनी	:	शबरी
अनीर्षा	:	अनसूया
घातिनी	:	ताड़का
दीर्घनखी	:	सूर्पणखा

प्रस्तावना

गार्सां द तासी द्वारा फ्रेंच भाषा में लिखित *इस्दवा़र द ल लतेरत्यूर ए एंदूई ऐंदूस्तानी* में महाराजा विश्वनाथ सिंह का प्रथम उल्लेख मात्र एक वाक्य में लोक प्रचलित हिन्दी गीतों और कबीर की कविताओं पर 'टीका का रचयिता' के रूप में ही किया गया है। यह हिन्दी साहित्य का प्राचीनतम और सर्वप्रथम इतिहास है। यह दो खंडों में है। प्रथम खंड 1839 ई. और द्वितीय खंड 1847 ई. में प्रकाशित हुए। इस इतिहास के प्रथम संस्करण का प्रकाशन महाराजा विश्वनाथ सिंह के जीवनकाल में हुआ था। तत्पश्चात् इसका परिवर्धित द्वितीय संस्करण उनके लोकान्तरण के पश्चात् तीन खंडों में 1870–71 ई. में प्रकाशित हुआ। इसके हिन्दुई अंश का हिन्दी अनुवाद प्रथम और द्वितीय दोनों संस्करणों से सम्मिलित आधार पर डॉ. लक्ष्मीसागर वार्ष्णेय ने *हिन्दुई साहित्य का इतिहास* के रूप में किया, जिसका प्रथम संस्करण 1953 ई. में हिन्दुस्तानी एकेडेमी, उत्तर प्रदेश, इलाहाबाद से प्रकाशित हुआ। विश्वनाथ सिंह (राजा) विषयक उक्त एक वाक्य का प्रथम उल्लेख *हिन्दुई साहित्य का इतिहास* की पृष्ठ संख्या 182 पर द्रष्टव्य है।

तत्पश्चात् कांथा, जिला उन्नाव निवासी शिव सिंह सेंगर कृत 'शिव सिंह सरोज' (प्रथम संस्करण, अप्रैल 1878 ई.) में उनका संक्षिप्त उल्लेख किया गया। वह हिन्दी में लिखित हिन्दी साहित्य का प्रथम इतिहास है। इसका तृतीय संस्करण नवम्बर 1883 ई., में और सप्तम संस्करण 1926 ई. में हुआ। डॉ. धीरेन्द्र वर्मा ने *हिन्दुई साहित्य का इतिहास* (1953 ई.) की प्रकाशकीय भूमिका में 'शिव सिंह सरोज' का प्रथम प्रकाशन वर्ष 1877 ई. घोषित किया है, जो गलत है। उनके पूर्व आचार्य रामचन्द्र शुक्ल ने भ्रान्तिवश 'शिव सिंह सरोज' का प्रथम प्रकाशन काल 1883 ई. घोषित कर भूल की थी—"हिन्दी कवियों का एक वृत्त-संग्रह ठाकुर शिव सिंह सेंगर ने सन् 1883 ई. में प्रस्तुत किया था।"

प्रोफेसर रामकुमार वर्मा (15 सितम्बर 1905 ई.—05 अक्टूबर 1990 ई.)

ने भी *हिन्दी साहित्य का आलोचनात्मक इतिहास* के तीसरे और सत्ताईसवें पृष्ठ पर इसका रचनाकाल प्रमादवश विक्रम संवत् 1940 अर्थात् 1883 ई. दे दिया था।

डॉ. किशोरीलाल गुप्त (गंगा दशहरा, जून 1916 ई.—12 फरवरी 2008 ई.) द्वारा सम्पादित 'शिव सिंह सरोज' की पृष्ठ संख्या 752 पर 'महाराजै विश्वनाथ सिंह बघेले बांधव नरेश' का उल्लेख अधोलिखित है—

''ये महाराज कवि कोविदों ब्राह्मणों के कल्पतरु, कविता क्या सर्व विद्या निधान थे। इन्होंने सर्व संग्रह नाम ग्रन्थ संस्कृत में बहुत ही सुन्दर बनाया और कबीर के बीजक नाम ग्रन्थ और विनयपत्रिका का तिलक और रामचन्द्र की सवारी बहुत सुन्दर ग्रन्थ बनाये हैं। इस रियासति में सदैव कवि कोविदों का मान रहा है।...''

स्पष्ट है कि *शिव सिंह सरोज* में *आनन्द रघुनन्दन नाटक* का उल्लेख नहीं किया गया।

डॉ. किशोरीलाल गुप्त द्वारा लिखित और हिन्दुस्तानी एकेडेमी, इलाहाबाद द्वारा प्रकाशित 'सरोज-सर्वेक्षण' (1967 ई.) अर्थात् 'शिव सिंह सरोज' के कवियों विषयक तथ्यों एवं तिथियों के विवेचनात्मक और गवेषणात्मक परीक्षण में डॉ. किशोरीलाल गुप्त ने उसकी पृष्ठ संख्या 488 पर अवश्य यह टिप्पणी की है कि ''आनन्द रघुनन्दन नाटक—हिन्दी साहित्य के इतिहास में महाराज विश्वनाथ सिंह अपने इस नाटक के लिए सदा स्मरण किये जाएँगे। यह हिन्दी का पहला नाटक है। इसमें ब्रजभाषा का प्रयोग हुआ है। पद्य की भरमार है।'' किन्तु यह 'शिव सिंह सरोज' की टिप्पणी नहीं, सरोज-सर्वेक्षण अर्थात् डॉ. किशोरीलाल गुप्त की टिप्पणी है।

तत्पश्चात् सर जार्ज अब्राहम ग्रियर्सन (07 जनवरी 1851 ई.—08 मार्च 1941 ई.) कृत *दि माडर्न वर्नाक्युलर लिट्रेचर ऑफ हिन्दुस्तान* (The Modern Vernacular Literature of Hindustan) का प्रथम पुस्तकाकार प्रकाशन 1889 ई. में तत्कालीन कलकत्ता से हुआ। इसके पूर्व यह 1888 ई. के *जर्नल ऑफ दि एशियाटिक सोसाइटी ऑफ बंगाल* (पार्ट वन स्पेशल नंबर) में प्रकाशित हुआ था। यह अँग्रेजी भाषा में लिखित हिन्दी साहित्य का प्रथम इतिहास है। उक्त पुस्तकाकार इतिहास (1889 ई.) की पृष्ठ संख्या 114 पर डॉ. ग्रियर्सन ने महाराजा विश्वनाथ सिंह का उल्लेख कवियों के परम्परागत आश्रयदाता, संस्कृत ग्रन्थ सर्वसारसंग्रह, वर्नाक्युलर वर्क, रामचन्द्र की सवारी के रचयिता, कबीर के बीजक और तुलसीदास की विनयपत्रिका के टीकाकार के रूप में किया है। किन्तु उनके *आनन्द रघुनन्दन नाटक* का उल्लेख इसमें नहीं किया गया।

श्यामसुन्दर दास (जन्मः आषाढ़ शुक्ल एकादशी मंगलवार विक्रम संवत् 1932 तदनुसार 14 जुलाई 1875 ई.—तिरोधान : 8 अगस्त 1945 ई.) द्वारा लिखित और 1905 ई. में तत्कालीन संयुक्त प्रदेश सरकार के प्राधिकार से प्रकाशित *ऐनुअल रिपोर्ट ऑन दि सर्च फार हिन्दी मैनुस्क्रिप्ट्स फार* द *इयर 1903* की पृष्ठ संख्या 39-40 और लेखकानुक्रमणिका 54 पर 1839 ई. में महाराजा विश्वनाथ सिंह कृत व्यंग्यकाव्य *उत्तम काव्य प्रकाश* (गद्य और पद्य) और *शान्तशतक* (गद्य और पद्य 1838 ई.) का संक्षिप्त उल्लेख है। *शान्तशतक* वैराग्य, ज्ञान और भक्ति खंडों में विभक्त है। इसके अति संक्षिप्त परिचयात्मक उल्लेख में यह कहा गया था कि ग्रन्थकर्ता महाराज विश्वनाथ सिंह रीवाधिपति हैं।

श्यामबिहारी मिश्र, एम.ए. द्वारा लिखित और तत्कालीन संयुक्त प्रदेश सरकार के प्राधिकार और संरक्षण से 1914 ई. में प्रकाशित *दि सेकंड ट्रिएनीअल रिपोर्ट ऑन दि सर्च फार हिन्दी मैनुस्क्रिप्ट्स फॉर* द *इयर 1908, 1909, 1910* एंड *1911* (The Second Triennial Report on the Search for Hindi Manuscripts for the year 1908, 1909, 1910 and 1911) में पृष्ठ संख्या 443 और लेखकानुक्रमणिका संख्या 329 पर महाराजा विश्वनाथ सिंह को 'वन ऑफ दि वौलुमिनस पोएट्स ऑफ हिन्दी' (One of the voluminous poets in Hindi) घोषित किया गया है और उनकी दस पुस्तकों का उल्लेख किया गया है—(1) *आदि मंगल* (कबीरदास के बीजक की टीका), (2) *वसन्त* (परमात्मा और आत्मा का विवेचन), (3) *चौतीसी* (अष्टाध्यात्मिक ज्ञान), (4) *चौरासी रमैनी* (लेखन-काल 1847 ई., कबीरदास की रमैनी पर टीका), (5) *कहरा* (कबीरदास के कहरा पर टीका), (6) *रामायण,* (7) *सबद* (1839 ई., कबीरदास के सबद पर टीका), (8) *साखी* (1847 ई., कबीरदास की साखी पर टीका), (9) *शान्तशतक* (1846 ई., आध्यात्मिक ज्ञान, भक्ति और परलोक का अनुशीलन) और (10) *विश्वभोजनप्रकाश* (पाककला)।

उपर्युक्त विवरणिका में *रामायण* और *विश्वभोजनप्रकाश* राजकीय पुस्तकालय कालाकांकर (प्रतापगढ़) और शेष पुस्तकें लक्ष्मणकिला, अयोध्या में सुरक्षित हैं। ये सभी पुस्तकें हस्तलिखित पांडुलिपियों में हैं और अद्यावधि अप्रकाशित ही हैं। *विश्वभोजनप्रकाश* की एक प्रति प्रतापगढ़ नरेश के पुस्तकालय, कालाकांकर में भी है। किन्तु यह पुस्तक गंगाप्रसाद द्वारा विरचित है, महाराजा विश्वनाथ सिंह द्वारा नहीं।

गणेशाबिहारी मिश्र, श्यामबिहारी मिश्र, एम.ए., शुकदेव बिहारी मिश्र, बी.ए. द्वारा लिखित और हिन्दी-ग्रन्थ-प्रसारक मंडली, खंडवा व प्रयाग से पहली बार 1913 ई. में प्रकाशित *मिश्रबन्धु विनोद* (अथवा हिन्दी साहित्य का इतिहास तथा

कवि-कीर्त्तन), द्वितीय भाग में पूर्वालंकृत प्रकरण में लेखकानुक्रमणिका 644 और पृष्ठ संख्या 629-631 पर महाराजा विश्वनाथ सिंह का अति संक्षिप्त विवरण प्राप्त है।

मिश्रबन्धुओं ने उनकी तीस पुस्तकों की नामावली दी है जिसमें क्रमांक दो पर *आनन्द रघुनन्दन नाटक* का नामोल्लेख है। मिश्रबन्धुओं के अनुसार, उनके द्वारा विरचित पुस्तकें अधोलिखित हैं—

(1) *अष्टयाम का आह्निक,* (2) *आनन्द रघुनन्दन नाटक,* (3) *उत्तम काव्य प्रकाश,* (4) *गीता रघुनन्दनशतिका,* (5) *रामायण,* (6) *गीता रघुनन्दन प्रमाणिक,* (7) *सर्वसंग्रह,* (8) *कबीर के बीजक,* (9) *विनयपत्रिका की टीका,* (10) *रामचन्द्र की सवारी,* (11) *भजन,* (12) *पदार्थ,* (13) *धनुर्विद्या,* (14) *परानीय तत्त्व,* (15) *आनन्द रामायण,* (16) *परमधर्म निर्णय,* (17) *शान्तिशतक,* (18) *वेदान्तपंचकशतिका,* (19) *गीतावली,* (20) *ध्रुवाष्टक,* (21) *उत्तम नीतिचन्द्रिका,* (22) *अबाधनीति,* (23) *पाखंडखंडिनी,* (24) *आदिमंगल,* (25) *वसन्त,* (26) *चौंतीसी,* (27) *चौरासी रमैनी,* (28) *कहरा,* (29) *शब्द* एवं (30) *विश्वभोजन प्रसाद*।

मिश्रबन्धुओं ने *मिश्रबन्धु विनोद* (द्वितीय भाग) के पूर्वालंकृत प्रकरण में महाराजा विश्वनाथ सिंह के कविरूप पर मात्र दो वाक्यों की टिप्पणी की है, जो इस प्रकार है—

"ये महाराज अच्छे कवि थे और कवियों एवं विद्वानों का इन्होंने अच्छा सम्मान किया। इनकी भाषा ब्रजभाषा और कविता प्रशंसनीय है।" (*मिश्रबन्धु विनोद,* द्वितीय भाग, 1913 ई., पृष्ठ 630-631)।

मिश्रबन्धुओं ने उनकी कविता का चमत्कार प्रकट करने हेतु मात्र एक कवित्त उद्धृत किया है—

बाजी गज सोर रथ सुतुर कतारे जेते
प्यादे ऐंडवारे जे सबीह सरदार के।
कुँवर छबीले जे रसीले राजवंश वारे
शूर अनियारे अति प्यारे सरकार के।।
केते जाति वारे केते केते देश वारे
जीव श्वान सिंह आदि सैल वारे जे शिकार के
डंका की धुकार ह्वै सवार सबै एक बार
राजैं वार पार कार कोशल कुमार के।।

—मिश्रबन्धुविनोद, द्वितीय भाग, पृ. 630-631

उत्तर प्रदेशीय शासन के संरक्षण में काशी नागरीप्रचारिणी सभा द्वारा सम्पादित और 1953 ई. में प्रकाशित *खोज में उपलब्ध हस्तलिखित हिन्दी ग्रन्थों का त्रयोदश त्रैवार्षिक विवरण* (सन् 1926–1928 ई.) के रचयिताओं की टिप्पणी संख्या 503 में रीवा नरेश महाराजा विश्वनाथ सिंह कृत *शान्तशतक* शीर्षक काव्य की दो पांडुलिपियों का उल्लेख किया गया है, जिनका लिपिकाल 1849 ई. और 1850 ई. है। इस टिप्पणी में उनका समय लगभग 1778 ई. बताया गया है।

तृतीय हिन्दी साहित्य सम्मेलन (कलकत्ता, 1913 ई.) कार्य विवरण—दूसरा भाग में मिश्रबन्धुओं अर्थात् पंडित गणेशबिहारी मिश्र, पंडित श्यामबिहारी मिश्र और पंडित शुकदेव बिहारी मिश्र ने 'प्राचीन हिन्दी में गद्य' शीर्षक निबन्ध में महात्मा गोरखनाथ (रचनाकाल वि. सं. लगभग 1407) से भारतेन्दु हरिश्चन्द्र के गद्य तक का विवरण दिया है। किन्तु उसमें *आनन्द रघुनन्दन नाटक* के रचयिता महाराजा विश्वनाथ सिंह का नामोल्लेख भी उन्होंने नहीं किया। यद्यपि उनका रचनाकाल राजा शिवप्रसाद सितारेहिन्द के पूर्व का है। राजा शिवप्रसाद सितारेहिन्द के रचनाकाल का प्रारम्भ 1854 ई. के आसपास ही हुआ।

लखनऊ में आयोजित हिन्दी साहित्य सम्मेलन (विक्रम संवत् 1971) के तत्त्वावधान में *पंचम हिन्दी साहित्य सम्मेलन, लखनऊ कार्यविवरण दूसरा भाग* में 'हिन्दी में प्रधान पुस्तकें तथा भाषण और देश पर उनका प्रभाव' शीर्षक लेख में पंडित श्यामबिहारी मिश्र और पंडित सुखदेव बिहारी मिश्र अर्थात् मिश्रबन्धुओं ने महाराजा विश्वनाथ सिंह और उनकी किसी भी रचना का नामोल्लेख भी नहीं किया।

रेवरेण्ड एडविन ग्रीब्ज (Rev. Edwin Greaves) द्वारा लिखित और 1918 ई. में प्रकाशित *ए स्केच ऑफ हिन्दी लिट्रेचर* (A Sketch of Hindi Literature) में महाराजा विश्वनाथ सिंह का उपस्थिति-काल 1720 ई. से 1740 ई. घोषित करते हुए *आनन्द रघुनन्दन नाटक* का नामोल्लेख नहीं किया गया। ग्रीब्ज द्वारा उल्लिखित महाराजा विश्वनाथ सिंह का उपस्थिति-काल भ्रामक और अशुद्ध है। उन्होंने 38 ग्रन्थों की रचना की थी। ग्रीब्ज ने अपने उक्त इतिहास में मात्र चार वाक्यों में उनका उल्लेख साहित्य के उदार संरक्षकों में से एक और अनेक पुस्तकों के रचयिता के रूप में किया है, जो अधोलिखित है—

''बाँधव के महाराजा विश्वनाथ सिंह (सन् 1720 से 1740 तक उपस्थित) एक ऐसी परम्परा से आये जो शताब्दियों से साहित्य के उदार संरक्षकों को जन्म देने में प्रसिद्ध रही है। विश्वनाथ सिंह मात्र संरक्षक ही नहीं थे, बल्कि वे स्वयं

बहुत–सी पुस्तकों के रचयिता रह चुके हैं। उनके नाम से तीस से कम ग्रन्थ नहीं मिलते। प्रायः उनके दो अति प्रसिद्ध और कदाचित् बहुत ही उपयोगी ग्रन्थ हैं *कबीर के बीजक* और *तुलसी की विनयपत्रिका की टीकाएँ*।'' (*हिन्दी साहित्य का रेखांकन* रेवरेण्ड एडविन ग्रीब्ज के *ए स्केच ऑफ हिन्दी लिट्रेचर* का हिन्दी अनुवाद। अनुवादक डॉ. किशोरी लाल। पृष्ठ 123–124)

नागरी प्रचारिणी सभा, काशी द्वारा विक्रम संवत् 2021 (1964 ई.) में प्रकाशित *हस्तलिखित हिन्दी ग्रन्थों का संक्षिप्त विवरण* (प्रथम खंड) के 65वें पृष्ठ पर *आनन्द रघुनन्दन नाटक* का उल्लेख किया गया है। विवरण में यह महाराजा विश्वनाथ सिंह कृत घोषित किया गया है जिसमें रामचन्द्र जी का चरित्र है और यह ब्रजभाषा का पहला नाटक है। इस संक्षिप्त उल्लेख में चार विभिन्न स्थानों में इसकी पांडुलिपियों के प्राप्ति–स्थान का उल्लेख भी किया गया जिनमें से लिपिकाल की दृष्टि से प्राचीनतम प्रति महाराजा बनारस का पुस्तकालय, रामनगर (वाराणसी) में सुरक्षित है जिसका लिपिकाल विक्रम संवत् 1887 अर्थात् 1830 ई. है। अर्थात् *आनन्द रघुनन्दन नाटक* की इस हस्तलिखित प्रति का लिपिकाल उसके रचयिता के जीवन–काल का ही है।

उक्त सभा से विक्रम संवत् 2021 में प्रकाशित *हस्तलिखित हिन्दी ग्रन्थों का संक्षिप्त विवरण* (द्वितीय खंड) की पृष्ठ संख्या 393–94 पर विश्वनाथ सिंह (महाराजा), रीवा नरेश का उल्लेख किया गया है और उन्हें महाराजा रघुराज सिंह के पिता, बख्शी सुमन सिंह, शिवनाथ, गंगाप्रसाद और अजवेश के आश्रयदाता के रूप में स्मरण किया गया है। इस संक्षिप्त विवरण में उनके द्वारा विरचित ग्रन्थों की नामावली भी दी गयी है जो अधोलिखित है—

(1) *अनुभव पर प्रदर्शनी टीका (गद्य–पद्य)*, (2) *अष्टयाम का आह्निक (पद्य)*, (3) *आदिमंगल (पद्य)*, (4) *आनन्द रघुनन्दन नाटक (गद्य–पद्य)*, (5) *आनन्द रामायण पद्य*, (6) *आह्निक तिलक प्रकाश*, (7) *उत्तम काव्य प्रकाश (गद्य–पद्य)*, (8) *उत्तमनीति चन्द्रिका (गद्य–पद्य)*, (9) *ककहरा (गद्य–पद्य)*, (10) *गीत रघुनन्दन प्रमाणिका टीका सहित (गद्य–पद्य)*, (11) *गीतावली (पूर्वार्द्ध)*, (12) *चौंतीसी (पद्य)*, (13) *चौरासी रमैनी (पद्य)*, (14) *धुनर्विद्या (मूल और टीका) (गद्य–पद्य)*, (15) *परम तत्त्व प्रकाश (पद्य)*, (16) *परम धर्म निर्णय (गद्य–पद्य)*, (17) *पाखंड खंडिनी (गद्य–पद्य)*, (18) *रामसागर (पद्य)*, (19) *रामायण (पद्य)*, (20) *वसन्त (पद्य)*, (21) *वेदान्तपंचक सटीक (भाषा) (गद्य–पद्य)*, (22) *शब्द (पद्य)*, (23) *शान्तशतक (पद्य)* एवं (24) *साखी (पद्य)*।

आचार्य रामचन्द्र शुक्ल (आश्विन पूर्णिमा विक्रम संवत् 1941, सन् 1884 ई. —माघ शुक्ल 6 रविवार, विक्रम संवत् 1997 तदनुसार 02 फरवरी 1941 ई., काशी) ने *हिन्दी शब्दसागर* (जनवरी 1929 ई.) की प्रस्तावना के अन्तर्गत *हिन्दी साहित्य का विकास* में पृष्ठ संख्या 178 और *हिन्दी साहित्य का इतिहास* (संस्करण विक्रम संवत् 2041) की पृष्ठ संख्या 237 पर महाराजा विश्वनाथ सिंह द्वारा विरचित बत्तीस पुस्तकों की एक सूची दी है जो निम्नलिखित है—

(1) *अष्टयाम का आह्निक,* (2) *आनन्द रघुनन्दन नाटक,* (3) *उत्तम काव्य प्रकाश,* (4) *गीता रघुनन्दनशतिका,* (5) *रामायण,* (6) *गीता रघुनन्दन प्रमाणिक,* (7) *सर्व संग्रह,* (8) *कबीर के बीजक की टीका,* (9) *विनय पत्रिका की टीका,* (10) *रामचन्द्र की सवारी,* (11) *भजन,* (12) *पदार्थ,* (13) *धनुर्विद्या,* (14) *आनन्द रामायण,* (15) *परमधर्म निर्णय,* (16) *शान्त शतक,* (17) *वेदान्त पंचक शतिका,* (18) *गीतावली पूर्वार्द्ध,* (19) *ध्रुवाष्टक,* (20) *उत्तम नीतिचन्द्रिका,* (21) *अबोधनीति,* (22) *पाखंड खंडिनी,* (23) *आदि मंगल,* (24) *बसन्त चौंतीसी,* (25) *चौरासी रमैनी,* (26) *ककहरा,* (27) *शब्द,* (28) *विश्वभोजन प्रसाद,* (29) *ध्यानमंजरी,* (30) *विश्वनाथ प्रकाश,* (31) *परमतत्त्व* एवं (32) *संगीत रघुनन्दन*।

शुक्ल जी ने इस सूची में सम्मिलित 28वीं पुस्तक का नाम 'विश्वभोजन प्रसाद' दिया है, जो अशुद्ध है। इस पुस्तक का नाम 'विश्वभोजन प्रकाश' है, जो महाराजा विश्वनाथ सिंह द्वारा विरचित नहीं, गंगाप्रसाद द्वारा विरचित है, जैसा कि इसके पूर्व मैंने उल्लेख किया है।

विश्वनाथ सिंह का साहित्यिक अवदान संस्कृत और हिन्दी दोनों भाषाओं में है। संस्कृत में उनका उपासनापरक साहित्य चार श्रेणियों का है—(क) अध्यात्मपरक सिद्धान्त प्रतिपादक ग्रन्थ, (ख) अध्यात्मपरक टीका साहित्य, (ग) काव्य और (घ) लक्षण ग्रन्थ।

उक्त संवर्ग की प्रथम श्रेणी के अन्तर्गत उनके द्वारा विरचित *राधावल्लभीय मत प्रवर्तक—ब्रह्मसूत्रभाष्यम्* भारतीय दर्शनजगत् में मौलिक महत्त्व का अधिकारी है। यह व्यास के वेदान्त-सूत्रों पर सुविचारित विस्तृत भाष्य है। इस ग्रन्थ का श्रीगणेश वैशाख शुक्ल पंचमी विक्रम संवत् 1897 (1840 ई.) को हुआ था और माघ कृष्ण पंचमी विक्रम संवत् 1898 (1841 ई.) को मात्र साढ़े आठ माह में समापन हुआ था। इसमें लेखक की प्रचंड विद्वत्ता, विचारधारा और विलक्षण रचना-शक्ति का प्रतिफलन हुआ है। *सर्वसिद्धान्तम्* (रचनाकाल 1834 ई. के पूर्व), *रामरहस्यत्रयार्थ* (रचना काल 1834-37 ई.), *राम-मन्वार्थ-निर्णय* : अथवा *राम-*

मनु अर्थ (1850 ई. के पूर्व रचित), *रामपरत्वम् और तत्त्वमस्यार्थ-सिद्धान्तः* (रचनाकाल 1854 ई. के पूर्व)। इस संवर्ग के उनके अन्य संस्कृत ग्रन्थ हैं।

अध्यात्मपरक टीका साहित्य के अन्तर्गत *ज्योत्स्ना* (सुमार्ग की टीका, 1827 ई. में रचित) *वाल्मीकि रामायण की तात्पर्य-तरणि टीका* (रचनाकाल 1834 ई.—1845 ई.), *अध्यात्मरामायण की ध्वनि-प्रकाशिका टीका* (1854 ई. के पूर्व रचित), *श्रीमद्भागवत-तिलक चंडभास्कर,* वेदस्तुति-टीका, *रामगीता की प्रबोधिका टीका* (रचनाकाल 1834 ई. के पूर्व और लिपिकाल 1837 ई.), *भक्तिरसामृत सिन्धु टीका* (रचनाकाल 1827 ई.), नामक उनके ग्रन्थ हैं।

संस्कृत काव्य के अन्तर्गत विश्वनाथ सिंह ने *संगीत रघुनन्दनम्* (रचनाकाल 1834 ई. के पूर्व) और उसकी *व्यंग्यार्थ चन्द्रिका टीका* (1835 ई.), *रामचन्द्राह्निकम्, गोपालचम्पू, वासुदेव-सहस्रनाम स्तोत्रम्* और *आनन्द रघुनन्दन नाटकम्* आदि की रचना की।

उनके लक्षण-ग्रन्थों के संवर्ग में *धुनर्विद्या, धर्मशास्त्र* (त्रिंशत्श्लोकी) आदि हैं।

विश्वनाथ सिंह के हिन्दी ग्रन्थ अधोलिखित हैं—

(1) *आनन्द रघुनन्दन नाटक* (1820-1830 ई. में विरचित), (2) *शान्तिशतक* (लिपिकाल 1838 ई.), (3) *ध्रुवाष्टक,* (8 कवित्त, लिपिकाल 1840 ई.), (4) *धनुषविद्या,* (5) *गीतावली* (पूर्वार्द्ध), (6) *रामायण* (आनन्द रामायण अथवा भुशुंडी रामायण 1823 ई. से पूर्व लिखित), (7) *भजन* (अयोध्या जी के भजन), (8) *अष्टयाम आह्निक* (1817 ई.), (9) *गीत रघुनन्दन* (चैतन्य सम्प्रदाय के गोसाई जमुनादास द्वारा विरचित काव्य की प्रमाणिका टीका) (1844 ई.), (10) *परमतत्त्वप्रकाश,* (11) *रागसागर,* (12) *परम धर्म निर्णय,* (13) *कबीरदास कृत बीजक की पाखंड खंडिनी टीका,* (14) *अनुभव-पर-प्रदर्शिनी टीका* (कबीरदास के बारह ग्रन्थों की टीका), (15) *वेदान्त-पंचक* (सटीक), (16) *उत्तम काव्य प्रकाश,* (17) *गंगाष्टक,* (18) *अबोधनीति,* (19) *रामचन्द्र की सवारी,* (20) *विनयपत्रिका की टीका,* (21) *हनुमानजी के कवित्त,* (22) *शृंगार के कवित्त,* (23) *अयोध्या-यशोवर्णन* (1844 ई.), (24) *चित्रकूट माहात्म्य,* (25) *दानमयूख,* (26) *कृष्णाह्निक* एवं (27) *विनयमाला।*

आनन्दाम्बुनिधि के रचयिता रघुराज सिंह थे। यह श्रीमद्भागवत का पद्यबद्ध अनुवाद है। इसकी परिसमाप्ति पौष बदी दशमी गुरुवार विक्रम संवत् 1911 को हुई थी जिसके लेखन में चार वर्षों का समय लगा था।

विश्वनाथ सिंह के सुपुत्र महाराज रघुराज सिंह ने आनन्दाम्बुनिधि में उनके

ग्रन्थों की सूची दी है, जो अधोलिखित है—

बिनैमाल आनन्दरमायन। गीतावली नौटकौ चायन।
कृस्नावली सुमासा टीका। सांतसतक कृस्नाह्निक टीका।
श्रीरघुनन्दन नाट्य सुभासा। तत्वप्रकासहु व्यंग्यप्रकासा।
ग्रन्थ विस्वभोजनहु प्रकासा। वैदिक विस्वनाथपरकासा।
धर्मशास्त्र अरु बीजक तिलकै। राजनीति द्वै विरच्यौ भल कै।।
हुनमतपैंतीसी रच्यौ और विचार-सुचार।
धनुविद्या आरामबिधि सालहोत्र सुखसार।।
नाटक परमप्रबोधविधि येते भाषा ग्रन्थ।
विरचि चलाये पहुमि पर जे सिगरे सत पन्थ।।

येते ग्रन्थ संस्कृत जानो प्रथम। सर्वसिद्धान्त बखानो।
राधावल्लभभाष्य सुहाई। रामाह्निक विरच्यो सुखदाई।
अतिसुन्दर सँगीतरघुनन्दन। नाटकहू आनँदरघुनन्दन।
रामायन अध्यात्महि तिलकै। तिलकबाहमनी को किय भल कै।।
तिलक भागवत को अति भारी। बिरच्यो बरन नित्य बिहारी।।

(विश्वनाथ प्रसाद मिश्र कृत हिन्दी साहित्य का अतीत, भाग-2 शृंगार काल, प्रथम संस्करण वि.सं. 1917, पृष्ठ 805 से उद्‌धृत)

कतिपय विद्वानों की यह धाररण है कि विश्वनाथ सिंह के नाम पर जितनी रचनाएँ हैं, उनमें सब उनके द्वारा लिखित नहीं हैं। उनमें अनेक उनके आश्रित विद्वानों द्वारा लिखी गयी हैं। किन्तु इस कथन का दूसरा पक्ष यह है कि खोज विवरणों से उत्पन्न भ्रम के कारण एक ग्रन्थ के दो नाम होने से स्वतन्त्र दो ग्रन्थ अधिघोषित कर दिये गये हैं, किसी अन्य ग्रन्थ के खंडों को स्वतन्त्र ग्रन्थ की मान्यता दे दी गयी है।

उदाहरणार्थ, गीतरघुनन्दन और संगीत रघुनन्दन भी एक ही हैं, दो स्वतन्त्र ग्रन्थ नहीं। उनके नाम के ग्रन्थों का संख्याधिक्य देखकर यह भ्रम होना स्वाभाविक ही है।

आचार्य रामचन्द्र शुक्ल आदि पूर्ववर्ती विद्वानों ने विश्वनाथ सिंह के संस्कृत और हिन्दी ग्रन्थों का विभाजन अलग-अलग नहीं किया था। यह त्रुटि यहाँ दूर कर दी गयी है।

रामायण-महाभारत विश्वनाथ सिंह की प्रथम और प्रिय रचना है। इसकी

कथावस्तु रामचरितमानस से बहुत भिन्न नहीं है। इसका वाल्मिकीय रामायण से भी यत्र-तत्र साम्य है। इसकी रचना कवि की वर्णनात्मक और विवरणात्मक शैली का उत्कृष्ट उदाहरण है। इसका प्रकाशन अद्यावधि नहीं हुआ।

भारत का राजनीतिक पट परिवर्तन करने वाली वसीन की सन्धि के उपरान्त 1803 ई. में भारत सरकार ने तत्कालीन रीवा नरेश से सम्बन्ध स्थापित करने का प्रस्ताव किया था। किन्तु उन्होंने इसे स्वीकार नहीं किया। 1812 ई. में महाराजा जयसिंह के शासनकाल में पिंडारियों के एक दल ने रीवा पर अत्यन्त अराजक ढंग से आक्रमण कर दिया, वहाँ सर्वत्र लूट-खसोट का बाजार गर्म हो गया। तत्पश्चात् महाराजा जय सिंह ने ब्रिटिश सरकार की अधीनता मंजूर कर ली और ब्रिटिश सेना को अपने राज्य के मार्ग से आवागमन करने और वहाँ मुकाम करने देने की शर्त स्वीकार कर ली। इस अन्तिम शर्त का निर्वाह वे अक्षरशः नहीं कर सके। अतएव 1813 ई. में पुनः तत्कालीन ब्रिटिश सरकार से एक नवीन सन्धि उन्होंने की।

रीवा के महाराजा जयसिंह (1764 ई.—1833 ई.) का राज्यकाल 1809 ई. से 1833 ई. तक था। वे कवि थे। उन्होंने हिन्दी में *कृष्णतरंगिनी, हरिचरितामृत* (चौबीस अवतारों की कथा जिसमें *कृष्णावतार* की कथा अर्थात् *हरिचरित्रचन्द्रिका* और रामावतार की कथा अर्थात् *रामाश्वमेध* भी समाविष्ट हैं), *बाजनामा, चतु:श्लोकी भागवत अनुभव-प्रकाश, गंगालहरी, त्रय-वेदान्त-प्रकाश* और *निर्णय-सिद्धान्त* आदि काव्य और दर्शन-ग्रन्थ लिखे थे। उनका एकमात्र प्रकाशित हिन्दी काव्य *हरिचरितचन्द्रिका* है। संस्कृत के विद्वान होने के बावजूद उन्होंने संस्कृत में रचनाएँ नहीं कीं। उनके अनेक अप्रकाशित हिन्दी काव्यग्रन्थों के आधार संस्कृत साहित्य और दर्शन के ग्रन्थ ही हैं। रीवा राज्य के नरेशों के साहित्य-सृजन का श्रीगणेश जयसिंह से ही हुआ। उनके पश्चात् साहित्य सृजन की यह परम्परा उनके पुत्र विश्वनाथ सिंह और पौत्र रघुराज सिंह तक—तीन पीढ़ियों तक—अनवरत रूप से वेगवती धारा के समान चलती रही। इसका परिणाम यह हुआ कि ईसा की उन्नीसवीं शताब्दी में इस रियासत के नरेशों ने प्रायः दो सौ उत्कृष्ट ग्रन्थों की रचना कर कीर्तिमान ही स्थापित कर दिया। इस शती में रीवा की राजसभा में अनेक कवि, सन्त, दार्शनिक ज्योतिर्विद आदि हुए।

महाराजा जय सिंह विद्वानों के आश्रयदाता भी थे। जय सिंह अपने समय का अधिकांश: भाग पूजा-पाठ में व्यतीत करते थे। अत: उनके जीवन काल में ही उनके ज्येष्ठ सुपुत्र विश्वनाथ सिंह राज्य के कार्य का संचालन करते थे। 1813 ई. में जयसिंह देव ने उन्हें राज्यकार्य सौंप दिया। 1814 ई. में महाराजा जय सिंह

ने अंग्रेजों के साथ सन्धि की थी। सन्धि-पत्र पर महाराजा जय सिंह के साथ विश्वनाथ सिंह के भी हस्ताक्षर हैं। इस सन्धि-पत्र में विश्वनाथ सिंह को रीवा शासन से सम्बद्ध घोषित किया गया था। युवराज के रूप में बीस वर्षों तक उन्होंने राज्यकार्य किया था।

जय सिंह एक धार्मिक व्यक्ति थे। वृद्धावस्था में वे प्रयाग में निवास करते थे। अन्त में वहाँ उनका निधन हो गया। उनके तीन पुत्र थे—विश्वनाथ सिंह, लक्ष्मण सिंह और बलभद्र सिंह। ज्येष्ठ पुत्र होने के कारण राजा जय सिंह के निधन के पश्चात् विश्वनाथ सिंह रीवा राज्य के राजसिंहासन पर आरुढ़ हुए। अपने पिता के जीवनकाल में राज्यकार्य में सक्रिय भाग लेने के कारण वे शासन पद्धति में पारंगत थे।

सुखसम्पत्ति राय भंडारी द्वारा लिखित और राज्यमंडल बुक पब्लिशिंग हाउस, इंदौर से मई 1927 ई. में प्रकाशित *भारतीय राज्यों का इतिहास* शीर्षक पुस्तक में रीवा राज्य का इतिहास भी वर्णित है। किन्तु उसमें लेखक और कवि के रूप में विश्वनाथ सिंह की चर्चा नहीं की गयी है। उक्त ग्रन्थ में उनके विषय में मात्र चार वाक्य ही हैं। उक्त इतिहास के 'रीवा राज्य का इतिहास' शीर्षक अध्याय में विश्वनाथ सिंह के विषय में इतना ही कहा गया है कि अपने पिता की भाँति वे भी बड़े विद्वान थे। उनके यहाँ विद्वानों का अच्छा सम्मान था और उनको प्रोत्साहन देने में काफी रुपये खर्च करते थे। उनके पश्चात् उनके पुत्र महाराजा रघुराज सिंह गद्दी पर बैठे।

रीवा राजवंश की तीसवीं पीढ़ी में महाराजा विश्वनाथ सिंह का जन्म वैशाख शुक्ल 14 विक्रम संवत् 1846 तदनुसार 1789 ई. में हुआ था। किन्तु *शिव सिंह सरोज* में उनका जन्म-वर्ष विक्रम संवत् 1843 अर्थात् 1786 ई. और उनका शासनकाल विक्रम संवत् 1892 से 1911 अर्थात् 1835 ई. से 1854 ई. तक बताया गया है। (*शिवसिंह सरोज*, सम्पादक डॉ. किशोरीलाल गुप्त, पृ. 752)

डॉ. भगवती प्रसाद सिंह ने *रामभक्ति में रसिक सम्प्रदाय* नामक ग्रन्थ की पृष्ठ संख्या 431 पर विश्वनाथ सिंह की जन्म-तिथि चैत्र शुक्ल 14 विक्रम संवत् 1843 (1786 ई.) और निधन-तिथि कार्तिक कृष्ण 7 भृगुवार, विक्रम संवत् 1911 (1854 ई.) बतायी है। इसी तिथि को डॉ. किशोरीलाल गुप्त ने 'सरोज-सर्वेक्षण' की पृष्ठ संख्या 486 पर मान्यता दी है।

अवधेश प्रताप सिंह विश्वविद्यालय, रीवा के *रीवा के भक्त कवियों का समीक्षात्मक अध्ययन* शीर्षक अद्यावधि अप्रकाशित पीएच.डी. शोध-प्रबन्ध (सितम्बर 1975 ई.) में डॉ. चन्द्रिका प्रसाद द्विवेदी 'चन्द्र' ने महाराजा विश्वनाथ सिंह की

जन्म-तिथि चैत्र शुक्ल 14 विक्रम संवत् 1846 (1789 ई.) कही है। नागरीप्रचारिणी सभा, काशी द्वारा 1914 ई. में प्रकाशित *दि सेकन्ड ट्रिएनीयल रिपोर्ट ऑन द सर्च फार हिन्दी मैनुस्क्रिप्ट्स फॉर दि इयर 1909, 1910 ऐंड 1911* (The Second Triennial Report of the Search for Hindi Manuscripts for the year 1909, 1910 and 1911) की पृष्ठ संख्या 443 पर उनका राज्यकाल 1813-54 ई. घोषित किया गया है। नागरीप्रचारिणी सभा, काशी द्वारा प्रकाशित *हस्तलिखित हिन्दी पुस्तकों का संक्षिप्त विवरण* (सन् 1900 से 1955 ई. तक) के द्वितीय भाग की पृष्ठ संख्या 393 पर उनका राज्यकाल विक्रम संवत् 1870-1911 अर्थात् 1813 ई. से 1854 ई. तक बताया गया है। *मिश्रबन्धु विनोद* (द्वितीय भाग 1913 ई.) की पृष्ठ संख्या 629 पर उनका राज्यकाल विक्रम संवत् 1978 (1721 ई.) से 1997 (1854 ई.) घोषित किया गया हैं आचार्य रामचन्द्र शुक्ल के अनुसार, उनका राज्यकाल विक्रम संवत् 1778 से विक्रम संवत् 1997 तक था। (*हिन्दी शब्दसागर,* 1929 ई., प्रस्तावना, *हिन्दी साहित्य का विकास,* पृष्ठ 177 और *हिन्दी साहित्य का इतिहास,* संस्करण वि.सं. 2041, पृष्ठ 237) *संस्कृत साहित्य को बान्धव नरेशों की देन* पुस्तक के 132वें पृष्ठ पर डॉ. राजीवलोचन अग्निहोत्री ने उनका राज्यकाल 1833 ई. से 1854 ई. कहा है।

रीवा निवासी यादवेन्द्र सिंह प्रकाश, बी.ए., एलएल.बी. द्वारा लिखित और 1940 ई. में प्रकाशित *रीवा राज्य का इतिहास* (प्रथम भाग) में पृष्ठ संख्या 97 पर महाराजा विश्वनाथ सिंह का शासनकाल 1833 ई. से 1854 ई. तक बताया गया है।

अर्थात् उनके राज्यकाल के विषय में मिश्रबन्धु और रामचन्द्र शुक्ल एकमत हैं। शेष में भिन्नता है। किन्तु उन्होंने 1854 ई. तक शासनसूत्र का संचालन किया, यह सर्वानुमोदित तथ्य है क्योंकि उसी वर्ष उनका निधन हुआ था।

इसी प्रकार, विश्वनाथ सिंह की जन्म-तिथि के सम्बन्ध में भी भ्रान्ति रही है। *आनन्द रघुनन्दन नाटक* के विन्ध्य प्रादेशिक हिन्दी साहित्य सम्मेलन, रीवा संस्करण (दिसम्बर 1060 ई.) की भूमिका के द्वितीय पृष्ठ पर महाराजा विश्वनाथ सिंह की जन्म-तिथि वैशाख शुक्ल 14 विक्रम संवत् 1846 (सन् 1889 ई.) बताई गयी है। यह जन्म-तिथि गलत है। उल्लिखित वर्ष 1889 मुद्रणगत अशुद्धि ही है। विक्रम संवत् 1846 का तात्पर्य 1789 ई. ही निश्चित रूप से है। इसी प्रकार, उनकी निधन-तिथि उक्त भूमिका के तृतीय पृष्ठ पर कार्तिक कृष्ण सप्तमी, शुक्रवार विक्रम संवत् 1911 कही गयी है।

प्रोफेसर राजीवलोचन अग्निहोत्री ने 1957 ई. में रीवा से प्रकाशित *संस्कृत*

साहित्य का बाँधव नरेशों की देन शीर्षक अपनी पुस्तक के 132वें पृष्ठ पर भी उनकी निधन-तिथि कार्तिक कृष्ण सप्तमी, शुक्रवार, विक्रम संवत् 1911 (1854 ई.) ही घोषित की है। 65 वर्ष 6 माह की आयु में महाराजा विश्वनाथ सिंह का निधन हुआ।

गुरुरामप्यारे अग्निहोत्री द्वारा लिखित और 1971 ई. में मध्य प्रदेश शासन साहित्य परिषद्, भोपाल से प्रकाशित *रीवा राज्य का इतिहास* की पृष्ठ संख्या 81 पर कहा गया है कि विश्वनाथ सिंह का जन्म विक्रम संवत् 1846 अर्थात् 1989 ई. में हुआ। उनका शासनकाल उक्त पुस्तक में, पृष्ठ संख्या 81 पर वि.सं. 1890 से 1911 वि.सं. तक अर्थात् 1833-1854 ई. बताया गया है। डॉ. दशरथ ओझा ने *हिन्दी नाटक : उद्भव और विकास* नामक ग्रन्थ की पृष्ठ संख्या 139 पर विश्वनाथ सिंह का जन्म वर्ष विक्रम संवत् 1846 अर्थात् 1789 ई. घोषित किया है। साहित्य अकादेमी, नयी दिल्ली द्वारा प्रकाशित *हिन्दी साहित्य का इतिहास* के 172वें पृष्ठ पर डॉ. विजयेन्द्र स्नातक ने विश्वनाथ सिंह का जन्म वर्ष 1789 ई. बताया है।

विभिन्न स्रोतों से यह सिद्ध होता है कि विश्वनाथ सिंह का जन्म वैशाख शुक्ल 14 विक्रम संवत् 1846 (सन् 1789 ई.) को हुआ। उनका निधन कार्तिक कृष्ण सप्तमी, विक्रम संवत् 1911 (1854 ई.) को हुआ। वे प्राय: 35 वर्षों तक संस्कृत और हिन्दी साहित्य की सेवा करते रहे। उनका विधिवत् राज्यारम्भ 1834 ई. में हुआ। 1854 ई. में अपने निधन के पूर्व तक वे सफलतापूर्वक शासन करते रहे। *आधुनिक हिन्दी साहित्य की भूमिका* शीर्षक ग्रन्थ के 496वें पृष्ठ पर डॉ. लक्ष्मीसागर वार्ष्णेय ने महाराजा विश्वनाथ सिंह का शासनकाल 1833-1854 ई. बताया है जो भ्रान्तिपूर्ण है। विश्वनाथ प्रसाद मिश्र ने *हिन्दी साहित्य का अतीत* (भाग-2 शृंगार काल, प्रथम संस्करण, वि.सं. 2017) की पृष्ठ संख्या 805 पर कहा है कि विश्वनाथ सिंह विक्रम संवत् 1778 (1721 ई.) से लेकर वि.सं. 1797 (1740 ई.) तक कुल बीस वर्ष रीवा की गद्दी पर थे। स्पष्ट है कि मिश्र जी ने भी उनका रीवा शासनकाल गलत ही लिख दिया है। उनके निधन वर्ष में भारत के वाइसराय लार्ड डलहौजी को अपने पद का परित्याग कर भारत से वापस जाना पड़ा था, जिसके बाद लार्ड कैनिंग ने उक्त पद को 1861 ई. तक सुशोभित किया।

विश्वनाथ सिंह ने किसी विद्यालय में औपचारिक शिक्षा प्राप्त नहीं की। उनके समय में औपचारिक विद्यालय अथवा महाविद्यालय नहीं थे। घर पर ही शिक्षा का विधान पूर्ण करने की प्रथा थी। उन्होंने संस्कृत, हिन्दी और फारसी

भाषाओं में दक्षता अपने राजमहल में ही विभिन्न विद्वानों से प्राप्त की। स्वाध्याय उन्होंने बहुत किया। राजनीति की व्यावहारिक शिक्षा भी उन्होंने प्राप्त की। 1823 ई. से ही, जब वे युवराज थे, राज्य संचालन में वे अपने पिता को सहयोग देते थे।

महाराजा विश्वनाथ सिंह एक अत्यन्त कुशल राजनीतिज्ञ और रणनीतिकार थे। उन्होंने रीवा राज्य में फैली हुई अव्यवस्था को दूर कर राज्य को सुसंगठित किया। उन्होंने अपने पिता के राजत्वकाल में अनेक स्वेच्छाचारी इलाकेदारों को राज्याश्रित कर अपनी राजनीतिक कुशलता का परिचय दिया था। उन्होंने सैन्य बल से अपने राज्य का विस्तार किया, अपने आसपास के अराजक और अत्याचारी शासकों पर विजय प्राप्त की। आसपास के जो छोटे इलाके थे और जिनके ठाकुरों, बघेलों आदि ने रीवा राज्य को मामला अर्थात् टैक्स देना बन्द कर दिया था अथवा जो सामन्त स्वतन्त्र थे, लूटमार करते और निर्दोष व्यक्तियों की हत्या करते थे, उन्हें सैन्य बल से पराजित कर उनके इलाकों को जब्त कर लिया—उनके जीवनयापन के लिए कुछ गाँव देकर उनके तथाकथित विषदन्त तोड़ दिये, उन्हें स्वत्वहीन कर दिया। तात्पर्य यह है कि जो ठिकानेदार स्वतन्त्र हो गये थे अथवा जो राज्य को कर नहीं देते थे, वे पराजित, पौरुषहीन, स्वत्वहीन और अधीनस्थ कर दिये गये। सुव्यवस्था स्थापित हो गयी, राज्य की आय में भी पर्याप्त वृद्धि हो गयी। उनके शासनकाल में राजकोष में यथेष्ट धन संचित हो गया था।

किन्तु उनके शासनकाल के आरम्भ में राजकोष की दशा बहुत सन्तोषजनक नहीं थी। चार पुश्तों से राज्य में जो अव्यवस्था व्याप्त थी, उसे मनोनुकूल और न्यायोचित ढंग से सुव्यवस्थित करने अर्थात् शासन व्यवस्था सुसंगठित करने में विशेष धनराशि का व्यय होता था। किन्तु अपने बुद्धिबल से उन्होंने राजकोष को अत्यन्त उन्नत कर दिया था। उनकी नीति थी—न्याय के साथ विकास।

रीवा के दीवान वंशीधर थे। वे महाराजा के प्रिय पात्र थे। महाराजा विश्वनाथ सिंह के एकमात्र पुत्र युवराज रघुराज सिंह (जन्म : कार्तिक कृष्ण 4, गुरुवार, विक्रम संवत् 1880, सन् 1823 ई. निधन : माध कृष्ण नवमी विक्रम संवत् 1936 तदनुसार 04 फरवरी 1880 ई.) थे। किन्तु उक्त दीवान उनकी भी अवहेलना और अवमानना करते थे जिसके फलस्वरूप युवराज रघुराज सिंह उनसे असन्तुष्ट हो गये। उक्त दीवान से असन्तुष्ट विक्षुब्ध सरदारों ने युवराज रघुराज सिंह की अध्यक्षता में एक गुप्त गिरोह बनाया। इस गिरोह का लक्ष्य उक्त दीवान की जीवनलीला समाप्त कर रीवा राज्य का शासनसूत्र युवराज को सौंप देने का था। महाराजा विश्वनाथ सिंह ने अपने कूटनीतिक कौशल से बुद्धिमत्तापूर्वक इस षड्यन्त्र को विफल कर दिया और युवराज रघुराज सिंह का विद्रोह नष्ट हो गया।

राज्य-प्राप्ति लिप्सा के फलस्वरूप रघुराज सिंह अपने प्रतापी पिता के जीवन-काल में ही रीवा राज्य का एकमात्र स्वत्वाधिकारी बनने की अनियन्त्रित लालसा से पीड़ित थे। महाराजा विश्वनाथ सिंह ने विक्षुब्ध और विद्रोही सरदारों को अपने राज्य से निर्वासित कर दिया। विद्रोहियों ने रीवा राज्य दफ्तर मिताक्षरा न्यायालय में आग लगा दी जिसके फलस्वरूप वहाँ सबकुछ जलकर भस्म हो गया।

महाराजा विश्वनाथ सिंह कूटनीतिक विजय प्राप्त करने में सिद्धहस्त थे। वे किसी भया-दोहन से आक्रान्त होकर कार्य करने वाले व्यक्ति नहीं थे। वे दृढ़निश्चयी थे, दृढ़प्रतिज्ञ भी। किसी भी दबाव के आगे वे कदापि झुकने वाले या समझौता करने वाले व्यक्ति नहीं थे। उनके एकमात्र पुत्र युवराज रघुराज सिंह दीवान वंशीधर के सर्वथा विरुद्ध थे। किन्तु उन्होंने अपने उक्त दीवान को कार्यमुक्त नहीं किया। 1849 ई में दीवान का निधन हुआ। निधन के पूर्व तक वे अपने पद पर विराजमान रहे।

1843 ई. से रीवा राज्य में उन्होंने प्रचलित प्रशासन की प्राचीन परम्परागत व्यवस्था समाप्त कर अंग्रेजी नियमानुसार शासनारम्भ किया।

उनके पूर्व रीवा में नियमित अदालत नहीं थी। उन्होंने सर्वप्रथम धर्मसभा नामक न्यायपीठ की स्थापना की थी जिसमें वे स्वयं वादी और प्रतिवादी के रूप में उपस्थित हुए। अदालत के निर्देश पर अदालती कार्रवाई हेतु वहाँ उपस्थित होना कर्तव्य है, प्रजा को यह तथ्य समझाने के लिए ही इसकी स्थापना की गयी थी। धर्मसभा में रसूम अर्थात् कोर्टफीस आदि का नियम था जिसे किसी तथाकथित इतिहासकार ने नजराना या रिश्वत समझ कर अनावश्यक गलतफहमी उत्पन्न कर दी। वस्तुतः अर्जियों में लगाने के लिए अदालती टिकट की व्यवस्था की गयी थी।

विश्वनाथ सिंह एक धर्मनिष्ठ नरेश थे। उन्होंने अनेक स्थानों पर सदावर्त की व्यवस्था की। चित्रकूट में 1815 ई. में प्रमोद वन आश्रम का निर्माण कराया जिसमें लक्ष्मीनारायण का मन्दिर भी है। उन्होंने मथुरा में सवा मन शालिग्राम भगवान के मन्दिर का निर्माण कराया और बद्रीनारायण में सदावर्त ही नहीं, भगवान बदरी विशाल की आरती और शृंगार का भी प्रबन्ध अपने राज्य की ओर से कराया।

बहुधा यह देखा जाता है कि राजनीतिज्ञ कवि नहीं होता, उच्चकोटि का साहित्यकार नहीं होता। विश्वनाथ सिंह अपवाद स्वरूप उच्चकोटि के राजनीतिज्ञ थे, उत्तम कवि और श्रेष्ठ साहित्यकार थे। ये दोनों गुण उनमें समान रीति से विद्यमान थे। कबीर के बीजक पर अत्यन्त उत्तम कोटि की टीका भी उन्होंने की। अनेक स्वतन्त्र मौलिक महत्त्वपूर्ण ग्रन्थ लिखे, वे हिन्दी में नाट्य विधा के जन्मदाता

भी थे।

वे गुणियों के आश्रयदाता, सद्वैद्य और संगीत शास्त्र के श्रेष्ठ ज्ञाता भी थे। उनके दरबार में भारत का तत्कालीन सिद्ध-प्रसिद्ध संगीतज्ञ मोहम्मद खाँ भी था जिसे रागिनियों की अपूर्व सिद्धि प्राप्त थी। उसे एक हजार रुपये मासिक वृत्ति के रूप में वे आजीवन प्रदान करते रहे। रीवा दरबार में सन्तों, दार्शनिकों, शास्त्रज्ञों, ज्योतिर्विदों, संगीतज्ञों, कलाकारों आदि को विशेष सम्मान और आश्रय प्राप्त था। वे वेदान्त विषय के भी प्रकांड पंडित थे। उनके दरबार में राजकवि अजवेश महापात्र थे। भिक्षुकाचार्य ओझा, दामोदर शास्त्री, काष्ठजिह्वा स्वामी, अयोध्या के महन्त रामानुज दास, गांगोदक नरोत्तम, चैतन्य महाप्रभु के वंशज विख्यात भक्त गोंसाई जमुनादास, अनन्ताचार्य, दुर्गाशंकर पाठक, स्वामी मुकुन्दाचार्य, स्वामी लक्ष्मीप्रपन्न, युगलानन्यशरण, बख्शी शमन सिंह, शिवनाथ आदि तत्कालीन युग के श्रेष्ठ विद्वानों, सन्तों, कवियों, दार्शनिकों और संस्कृत साहित्यकारों का महाराजा विश्वनाथ सिंह से अत्यन्त निकट का सम्पर्क था। वे उनके द्वारा बहुप्रशंसित-आश्रित-सम्पोषित थे।

विश्वनाथ सिंह ने पाँच शादियाँ कीं। युवराज रघुराज सिंह उनकी प्रथम पत्नी और उचेहरा के परिहार राजा शिवराज सिंह की पुत्री सुभद्रा कुमारी से उत्पन्न हुए थे। विश्वनाथ सिंह की तीन पुत्रियाँ थीं जिनका विवाह जोधपुर और जयपुर के नरेशों के साथ हुआ था।

वे दानवीर थे। कहा जाता है कि मून कवि को उनके एक छन्द पर प्रसन्न होकर उन्होंने एक लाख रुपये दानस्वरूप दे दिये थे। उस कवि ने उनसे कुछ याचना की थी। वह छन्द अधोलिखित है—

मेरे भाल विधि ने लिख्यौ है कि तू सुकवि हैव् हो,
पै पइहौ न कौड़ी कहूँ याचो चारि पाँचो है।
तेरो भाल विधि ने लिख्यौ है कि तोहि जाँचे कोऊ,
विमुख हैव् यह जग जस राँचो है।
तृष्णा है सरल तऊ थिर न रहत मेरो
जाइ जाइ देश के महीपालन जाँचो है।
आयो विश्वनाथ सिंह आज मैं परीक्षा लेन,
तेरो भाल साँचो है कि मेरो भाल साँचो है।

वे शस्त्र और शास्त्र दोनों में अति प्रवीण थे। उनकी नियमित दिनचर्या थी। वे अष्टयाम करते थे, जिसमें दो दण्ड तक वे ईश्वर के ध्यान में लीन रहते थे।

वे मूलतः रामोपासक थे, प्रवृत्तिमार्गी रामोपासक भक्त। प्रियादास एक कृष्णभक्त तपस्वी थे तथा हित हरिवंश श्री राधावल्लभ सम्प्रदाय के प्रमुख आचार्य थे। भक्तमाल के टीकाकार थे। उनका अधिकांश जीवन गोकुल में ही व्यतीत हुआ। विश्वनाथ सिंह ने उनसे दीक्षा प्राप्त की थी। 1819 ई. में प्रियादास गोलोकवासी हुए। विश्वनाथ सिंह रामोपासक थे, प्रियादास कृष्णोपासक। किन्तु उनकी रुचि और निष्ठा को प्रमुखता देते हुए प्रियादास ने उन्हें उभयमन्त्रोपदेश अर्थात् कृष्ण और राम दोनों की उपासना के मन्त्र से दीक्षित किया। प्रियादास के ग्रन्थ कृष्णोपासना के नवनीत हैं तो विश्वनाथ सिंह के ग्रन्थ श्रीराम को ही सर्वशक्तिमान पूर्ण ब्रह्म की सम्पूर्ण स्वीकार्यता का निरूपण करते हैं। विश्वनाथ सिंह रामभक्ति में रसिक सम्प्रदाय के श्रेष्ठ कवि थे। रीवा राजवंश के इतिहास में वे रामभक्ति में रसिक भावना के प्रथम महत्त्वपूर्ण कवि कहे जा सकते हैं।

महाराजा विश्वनाथ सिंह ने दो प्रकार की काव्य-रचनाएँ कीं—सगुण भक्ति और निर्गुण प्रवाह के शीर्षकों पर आधारित। पंडित विश्वनाथ प्रसाद मिश्र ने ठीक ही कहा है कि रामोपासक होने के कारण उन्होंने निर्गुण और सगुण की एकवाक्यता उसी प्रकार स्वीकार की है जैसे रामभक्त तुलसीदास ने। कबीर के बीजक की उनकी टीका सगुणपरक है। वे तत्त्वतः समन्वयवादी सगुणोपासक थे। निर्गुणमार्गी निवृत्तिमुखी प्रवाह धीरे-धीरे किस प्रकार सगुणमार्गी प्रवृत्तिमुखी प्रवाह में लीन हो गया इसका रहस्य इस प्रकार के प्रयत्नों में निहित है। (*हिन्दी साहित्य का अतीत,* भाग-2, शृंगार काल, प्रथम संस्करण, वि.सं. 2017, पृष्ठ 803)।

उनकी रचनाओं में वर्णनात्मकता और उपदेशात्मकता है, यथास्थान रसात्मकता भी।

रीवा राज्य के नरेशों अर्थात् बान्धव नरेशों ने हिन्दी संस्कृत साहित्य की महत्त्वपूर्ण सेवा की। महाराजा जय सिंह, उनके सुपुत्र महाराजा विश्वनाथ सिंह और पौत्र महाराजा रघुराज सिंह ही नहीं, विश्वनाथ सिंह के प्रथम अनुज रावेन्द्र लछिमन सिंह हिन्दी के उल्लेखनीय कवि थे। लछिमन सिंह माधवगढ़ (जिला सतना) के इलाकेदार थे। विश्वनाथ सिंह के द्वितीय अनुज रावेन्द्र बलभद्र सिंह अमरपाटन के इलाकेदार थे तथा हिन्दी और संस्कृत के कवि, भाष्यकार और काव्य संग्रही थे। इन दोनों व्यक्तियों ने विश्वनाथ सिंह से एतदर्थ प्रेरणा प्राप्त की थी।

विश्वनाथ सिंह के निधन के उपरान्त उनके एक भक्त सहायक ने *विश्वनाथ प्रकाश* अर्थात् *विश्वनाथ सिंह चरित्र* शीर्षक हिन्दी काव्य-ग्रन्थ की रचना की थी, जिसमें विश्वनाथ सिंह की जीवन-कथा वर्णित है। उस काव्य-ग्रन्थ में उन्हें श्रीराम का अतिप्रिय भक्त कहा गया है।

मिश्रबन्धु विनोद (द्वितीय भाग), (प्रथम संस्करण, विक्रम संवत् 1970, सन् 1913 ई.) के 629वें पृष्ठ पर विश्वनाथ सिंह को महाराजा जय सिंह के पुत्र और महाराजा रघुराज सिंह का पिता कहा गया है। रामचन्द्र शुक्ल ने उन्हें प्रसिद्ध कवि महाराजा रघुराज सिंह का पिता बताया है। तात्पर्य यह है कि मिश्रबन्धु विनोद और रामचन्द्र शुक्ल ने विश्वनाथ सिंह की अपेक्षा रघुराज सिंह को विशेष महत्त्व दिया है। कहना यह चाहिए था कि प्रसिद्ध कवि महाराजा रघुराज सिंह महाराजा विश्वनाथ सिंह के पुत्र थे।

एफ.ई.के (F.E.KEAY) ने *ए हिस्ट्री ऑफ हिन्दी लिट्रेचर* (A History of Hindi Literature, 1920 ई.) में विश्वनाथ सिंह की चर्चा कवियों को संरक्षरण प्रदान करने वाले कवि, कबीर बीजक और तुलसीदास की *विनय पत्रिका की टीका, रामचन्द्र की सवारी* नामक ग्रन्थों के रचयिता के रूप में की है, आनन्द रघुनन्दनकार के रूप में नहीं। उक्त उल्लेख इस प्रकार है—

"बघेलखण्ड के अन्तर्गत रीवा के दरबार में भी कविगण महाराजा जय सिंह (सन् 1764 से 1834 तक उपस्थित) और उनके पुत्र विश्वनाथ सिंह (सन् 1789–1854) दोनों के द्वारा प्रोत्साहित किये गये। इन दोनों राजाओं ने न केवल कवियों को संरक्षण ही दिया, बल्कि स्वयं कवि थे। विश्वनाथ सिंह ने संस्कृत और हिन्दी दोनों में लिखा। हिन्दी में उन्होंने *कबीर के बीजक* और तुलसीदास की *विनय पत्रिका* की टीका लिखी और *रामचन्द्र की सवारी* नामक ग्रन्थ की रचना की। विश्वनाथ के उत्तराधिकारी राजा रघुराज सिंह (सन् 1823–1879) ने जो सन् 1858 ई. में सिंहासनरूढ़ हुए, राजवंश की काव्य-परम्पराओं का अनुपालन किया... ।" (हिन्दी साहित्य का इतिहास, एफ.ई.के. कृत। अनुवादक डॉ. किशोरी लाल, पृष्ठ 140)

बघेलखंड अर्थात् रीवा के नरेशों में महाराजा जय सिंह ही प्रथम व्यक्ति थे जिनके द्वारा वहाँ के नरेशों द्वारा साहित्य सृजन का सूत्रपात हुआ।

विश्वनाथ सिंह के सुपुत्र और उत्तराधिकारी राजा रघुराज सिंह का निधन-वर्ष और राज्यकाल एफ.ई.के. ने गलत दिया है। रघुराज सिंह का निधन माघ कृष्ण 9, विक्रम संवत् 1936 तदनुसार 04 फरवरी 1880 ई. को हुआ था। उन्होंने 1854 ई. से 04 फरवरी 1880 तक रीवा राज्य पर शासन किया। वे एक श्रेष्ठ साहित्यकार थे—हिन्दी के ही नहीं, संस्कृत के भी।

आनन्दरघुनन्दन-नाटकम्

बघेलखंड की संस्कृत वाग्धारा में एकमात्र नाटक विश्वनाथ सिंह द्वारा प्रणीत

आनन्द-रघुनन्दन-नाटकम् है। यह अनुसंधेय है। इसकी रचना उन्नीसवीं शताब्दी के मध्य और भारत में ईस्ट इंडिया कम्पनी के शासनकाल में की गयी थी। इसकी पांडुलिपि सरस्वती कोष भांडार, रीवा में (बस्ता 39/8/2) सुरक्षित है। इसकी अन्य पांडुलिपि, प्राप्त जानकारी के अनुसार, कहीं भी अन्यत्र नहीं है। इस नाटक की अन्तिम पुष्पिका इस प्रकार है—

"सम्पूर्णः समाप्तः (सप्तम्) काण्ड।। सिद्धि श्रीमहाराजाधिराज श्रीमहाराजा श्री राजा बहादुर श्री सीतारामचन्द्र-कृपापात्राधिकारी विश्वनाथ सिंह जूदेव निर्मित रघुनन्दननाम नाटकं सम्पूर्णम्। शुभं भूयात्।।"

1830 ई. के पूर्व या उसके आसपास विश्वनाथ सिंह ने हिन्दी में *आनन्द रघुनन्दन नाटक* की रचना की थी, जब वे युवराज थे। इसके रचनाकाल का उल्लेख नाटककार ने कहीं नहीं किया है।

संस्कृत का *आनन्द-रघुनन्दन-नाटकम्* हिन्दी में विरचित *आनन्द रघुनन्दन नाटक* का अनुवाद नहीं है। किन्तु दोनों की कथावस्तु एक ही है। अंकों और दृश्यों में एकरूपता है, समानता है। संवादों में भी यत्र-तत्र समानता है। हिन्दी के संवादों में यत्र-तत्र फारसी, मराठी, अरबी, बांग्ला, भोजपुरी, मारवाड़ी और अंग्रेजी भाषाओं के भी प्रयोग मिलते हैं। किन्तु इसके संस्कृत रूप में मात्र संस्कृत भाषा ही है। प्राकृत भाषा के संवाद, गीतों की ताल-धुन तथा 'प्रविशति', 'निष्क्रान्तः' आदि रंगमंचीय निर्देश दोनों नाटकों में समान ही हैं। पूर्ववर्ती संस्कृत नाटकों की परम्परा में अद्‌भुत रस को विशेष प्रश्रय प्राप्त हुआ है। *आनन्दरघुनन्दन नाटकम्* भी इस तथ्य की पुनरावृत्ति करता है।

ईसा की उन्नीसवीं शताब्दी संस्कृत साहित्य के हासोन्मुख कालखंड में ही परिगणित करने योग्य है। इस कालखंड में विश्वनाथ सिंह ने संस्कृत में *आनन्द रघुनन्दन नाटकम्* की रचना कर ऐतिहासिक महत्त्व का कार्य किया है।

आनन्द रघुनन्दन नाटकम् की कथावस्तु वाल्मीकि रामायण से ली गयी है और आंशिक रूप से रामचरितमानस से भी। भक्ति और अवतारवाद का आधार रामचरितमानस से ग्रहण किया गया है, अद्‌भुत रस की सृष्टि पूर्ववर्ती संस्कृत नाटकों से प्रेरित होकर की गयी है। किन्तु वाल्मीकि और तुलसी के काव्य-जगत् में कथात्मक विभेद होने पर वाल्मीकि का ही आश्रय ग्रहण किया गया है। नाटककार ने अभिनेयता और रंगमंचीय सुविधा की दृष्टि से पात्र-योजना नहीं की। उसका लक्ष्य रामकथा की कड़ियों को जोड़ना ही है, रस-सृष्टि नहीं। दृश्यों का विभाजन भी असफल ही है। इसमें वीररस ही प्रधान है। अद्‌भुत और भयानक रस भी है, शृंगार रस के नियोजन के लिए श्रीराम की राजसभा में अप्सराओं के

नृत्य और गन्धर्वगीत हैं।

रामकथा को विश्वनाथ सिंह ने *आनन्द रघुनन्दन* में ही नहीं, संस्कृत में प्रणीत अपने *संगीत रघुनन्दनम्, रामचन्द्राह्निकम्* आदि काव्य-ग्रन्थों में भी अभिव्यक्त किया। *संगीत रघुनन्दनम्* गीतगोविन्द की शैली में षोडश सर्गों में संयोजित है। कथा का तत्त्व रामकथा पर ही आधारित है। इसमें श्रीराम रास-रसिक और सीता रासेश्वरी हैं। कथानक का स्थल अयोध्या का राजभवन और सरयू तट, विषय रासक्रीड़ा और काल श्रीराम का राज्यकाल है। इसमें श्रीराम के नितान्त व्यक्तिगत आनन्दपूर्ण जीवन की झाँकी है। *रामचन्द्राह्निकम्* में श्रीराम और सीता ही मुख्य पात्र हैं। इसमें श्रीराम का सामाजिक जीवन है। उनका राजकुमार अवस्था से विवाह के उपरान्त का जीवन अभिव्यक्त हुआ है। शृंगार रस और माधुर्य भक्ति से परिपूर्ण *संगीत रघुनन्दन* एक सफल गीति-काव्य है।

संगीत रघुनन्दन और *रामचन्द्राह्निक* में राम के स्वरूप और राम के वैयक्तिक पक्ष का भावांकन है। राम का शृंगारी मानव रूप ही इनमें प्रमुख है। धीरललित महानायक राम *संगीत रघुनन्दन* में अभिषिक्त सम्राट् की अवस्था में हैं, *रामचन्द्राह्निक* में उनके परिणयोत्तर राजकुमार जीवन का चित्रण है। दोनों कृतियों में वे उच्चतम वैभव के प्रतीक हैं, सुखमय, नित्य आनन्दमय, रास-संगीत में निमग्न भी। मान और प्रवास से जनित विप्रयोग शृंगार है, त्वरित मिलन की पूर्ति है, संयोग शृंगार की साधना भी है। कवि का उपास्य रूप प्रधान है। उसका मुख्य लक्ष्य काव्य-चमत्कार की उत्पत्ति नहीं, अपने उपास्य श्रीराम की प्रसन्नता है। *संगीत रघुनन्दन* में समस्त अवतार श्रीराम के ही हैं और वे ही नित्य बिहारी हैं, रसिक-शिरोमणि हैं। जैसे गीतगोविन्द में श्रीकृष्ण को ही पूर्ण ब्रह्मत्व प्रदान कर उनके नित्य बिहार का ध्यान-अनुष्ठान है। विश्वनाथ सिंह शृंगारी रामभक्ति के प्रकाशस्तम्भ हैं। उन्होंने श्रीराम के पूर्ण ब्रह्मत्व का प्रतिपादन किया है।

उन्होंने *श्रुतिसूत्र—तात्पर्यामृत* (स्व-रचित महत्प्रिया टीका सहित) की रचना की थी। 33 पत्रों में विरचित यह पांडुलिपि 1813 ई. की रचना है जिसमें ब्रह्मसूत्र के 44 सूत्रों को पराभक्ति और ज्ञान, इन दो अध्यायों में विभाजित कर उनकी सन्तुलित व्याख्या है। इसमें राधावल्लभ सम्प्रदाय के आधारभूत सिद्धान्तों का अनुशीलन है। विश्वनाथ सिंह की सभी दार्शनिक रचनाओं का सैद्धान्तिक आधार यह ग्रन्थ ही है।

महाकवि विशाखदत्त कृत संस्कृत नाटक *मुद्राराक्षस* का भाषानुवाद राजा शिव प्रसाद सितारेहिन्द (1823 ई.—1895 ई.) की प्रेरणा और उत्साह से उनके वात्सल्यभाजन शिष्य भारतेन्दु हरिश्चन्द्र (जन्म : भाद्रपद शुक्ल 7, ऋषि सप्तमी,

विक्रम संवत् 1907 तदनुसार 9 सितम्बर सोमवार, 1850 ई. तथा निधन : माघ कृष्ण 6 मंगलवार विक्रम संवत् 1941 तदनुसार 6 जनवरी 1885 ई.) ने किया था। इसका प्रथम धारावाहिक प्रकाशन भारतेन्दु हरिश्चन्द्र द्वारा काशी से प्रकाशित मासिक पत्रिका बालाबोधिनी फरवरी 1875 ई. (जिल्द 2 नम्बर 2) से दिसम्बर 1876 ई. (जिल्द 3 नम्बर 12), तक हुआ था। तत्पश्चात् इसका प्रथम पुस्तकाकार प्रकाशन 1883 ई. में गोपीनाथ पाठक द्वारा लाइट प्रेस, बनारस से मुद्रित होकर आया। इसके अन्त में *पाठकों से निवेदन* शीर्षक विज्ञप्ति में अनुवादक भारतेन्दु हरिश्चन्द्र ने कहा था—

"विदित हो कि नाटकों के निर्माण और उनके अभिनय करने का नियम तथा नाटकों के प्रचार आदि का सविस्तार इतिहास भी लिखा है। विचार था कि मुद्राराक्षस के साथ ही वह भी दिया जाय किन्तु वह विषय स्वतन्त्र एक वृहत् पुस्तकाकार हो गया इससे वह अलग छप रहा है। इच्छा प्रकट करने से वह भेजा जायगा"—

यह विज्ञप्ति अनूदित मुद्राराक्षस के अन्य संस्करणों में पुनःप्रकाशित नहीं हुई। तत्पश्चात् उसी वर्ष 1883 ई. में ही भारतेन्दु हरिश्चन्द्र कृत *नाटक* नामक पुस्तक का प्रकाशन हुआ।

इसके पूर्व कविवचनसुधा, आषाढ़ कृष्ण 30 विक्रम संवत् 1928 (जिल्द 2 नम्बर 20) में उनके द्वारा लिखित 'नाटक' शीर्षक लेख प्रकाशित हुआ था जो 'नाटक' पर हिन्दी गद्य में लिखित पहला लेख है।

भारतेन्दु हरिश्चन्द्र द्वारा लिखित और सर्वप्रथम 1883 ई. में मल्लिकचन्द्र ऐंड कम्पनी, बनारस द्वारा प्रकाशित *नाटक* पुस्तक में संस्कृत तथा भाषा नाट्य-रचना की प्रणाली, नियम, कालानुकूल नियम, परिवर्तन, खेलने के प्रकार, नाटकों का इतिहास और देशान्तरों में नाटक के प्रचार का वर्णन किया गया है।

जब 'नाटक' का प्रकाशन हुआ, तत्कालीन हिन्दी पत्र-पत्रिकाओं और साहित्यकारों ने इसकी भूरि-भूरि प्रशंसा की थी। इस पुस्तक की पहली समालोचना, इलाहाबाद से प्रकाशित हिन्दी मासिक पत्र *हिन्दी प्रदीप,* ज्येष्ठ कृष्ण 7, विक्रम संवत् 1940 तदनुसार 1 जून 1883 ई. (जिल्द 5 संख्या 10), में पृष्ठ संख्या एक और दो पर छपी थी जिसमें इसे *नाटक की मंजूषा* और *नाटकों के पाठकों को दिव्य नेत्रांजन* घोषित किया गया था। उक्त समालोचना हू-ब-हू अधोलिखित है—

"**बाबू हरिश्चन्द्र कृत पुस्तकों की प्राप्ति नाटक**—इस नाम की छोटी-सी पुस्तक में बाबू साहब ने नाटक रचना का सर्वस्व रख दिया है। इसमें नाटकों

के अङ्ग उपांग, नाटक बनाने की विधि और उनके गुण दोष प्राचीन नाटकों की संक्षिप्त समालोचना आधुनिक हिन्दी नाटकों का गुण दोष निरूपण तथा यूरोपीय भाषा के नाटकों का विचार—सब बड़े पांडित्य के साथ प्रगट किया गया है। अतएव इस छोटी-सी पुस्तक को हम नाटक की मंजूषा कहें तो उचित है। बिना इस पुस्तक को अच्छी तरह पढ़े नाटक बनाने का हौसला निरा उजड्डपन और जो नाटक पढ़ने के शौकीन हों उनके लिए तो यह मानों एक दिव्य नेत्रांजन है। यह अवश्य संग्रह योग्य है। विशेष क्या लिखें पढ़ने ही से इस्का सब हाल मालूम होगा बनारस मेडिकल हाल प्रेस में छपी है मूल्य 1= है।''

तत्पश्चात् *हिन्दी प्रदीप* के उक्त अंक में बाबू हरिश्चन्द्र के *विद्यासुन्दर* नाटक के द्वितीय संस्करण की संक्षिप्त समालोचना की गयी थी।

हिन्दी भाषा में नाट्य-रचना करने वालों के मार्ग-निर्देशन हेतु भारतेन्दु ने *नाटक* पुस्तक की रचना स्वयं रुग्णावस्था में होने के बावजूद की थी। यह हिन्दी नाट्यशास्त्र की सर्वप्रथम पुस्तक है। तत्पश्चात् मुरादाबाद निवासी पंडित बलदेव प्रसाद मिश्र द्वारा विरचित *नाट्य प्रबन्ध* पुस्तक का प्रकाशन श्री बेंकटेश्वर प्रेस, मुम्बई से 1903 ई. में हुआ था। *नाटक* पुस्तक के 'अथ भाषा नाटक प्रकरण' में, पृष्ठ संख्या 42-44 पर भारतेन्दु हरिश्चन्द्र ने 1883 ई. में कहा था—

''हिन्दी भाषा में वास्तविक नाटक के आकार में ग्रन्थ की सृष्टि हुए पचीस वर्ष से विशेष नहीं हुए। यद्यपि नेवाज कवि का शकुन्तला नाटक, वेदान्त विषयक भाषा ग्रन्थ समयसार नाटक, ब्रजवासी दास प्रभृति के प्रबोध चन्द्रोदय नाटक के भाषा अनुवाद नाटक नाम से अभिहित हैं। किन्तु इन सबों की रचना काव्य की भाँति है अर्थात् नाटक रीत्यनुसार पात्र प्रवेश इत्यादि कुछ नहीं है। भाषा कवि कुल मुकुट माणिक्यदेव कवि का 'देव माया प्रपंच नाटक' और श्री महाराज काशिराज की आज्ञा से बना हुआ 'प्रभावती नाटक' तथा श्री महाराज रीवा का 'आनन्द रघुनन्दन नाटक' यद्यपि नाटकरीति से बने हैं किन्तु नाटकीय यावत् नियमों का प्रतिपालन इनमें नहीं है और छन्द प्रधान ग्रन्थ हैं। विशुद्ध नाटक रीति से पात्र-प्रवेशादि नियम रक्षण द्वारा भाषा का प्रथम नाटक मेरे पिता पूज्यचरण श्री कविवर गिरिधरदास (वास्तविक नाम बाबू गोपालचन्द्र जी) का है। इसमें इन्द्र को ब्रह्महत्या लगना और उसके अभाव में नहुष का इन्द्र होना, नहुष का इन्द्रपद पाकर मद, उसकी इन्द्रानी पर काम चेष्टा, इन्द्रानी का सतीत्व, इन्द्रानी के भुलावा देने से सप्त ऋषि को पालकी में जोत कर नहुष का चलना, दुर्वासा का नहुष को शाप देना और फिर इन्द्र का पूर्वपद पाना, यह सब वर्णित है।...नहुष नाटक बनने का समय मुझको स्मरण है। आज पचीस बरस हुए होंगे जबकि मैं सात बरस का था नहुष

नाटक लिखा गया था।''

भारतेन्दु हरिश्चन्द्र ने राजा लक्ष्मण सिंह के *शकुन्तला नाटक* को दूसरा नाटक घोषित करते हुए अपने *विद्यासुन्दर* नाटक को हिन्दी का तीसरा नाटक घोषित किया है। उनके शब्दों में,

''हिन्दी भाषा में दूसरा ग्रन्थ वास्तविक नाटकाकार राजा लक्ष्मण सिंह का शकुन्तला नाटक है। भाषा के माधुर्य आदि गुणों से यह नाटक उत्तम ग्रन्थों की गिनती में है। तीसरा नाटक हमारा विद्यासुन्दर है।'' (नाटक : श्री हरिश्चन्द्र, प्रथम संस्करण 1883 ई., पृष्ठ 44)

जब 1883 ई. में *विद्यासुन्दर* का द्वितीय संस्करण डुमराँव नरेश राधा प्रसाद सिंह की आर्थिक सहायता से मल्लिकचन्द्र ऐंड कम्पनी, बनारस से प्रकाशित हुआ था, *हिन्दी प्रदीप,* जून 1883 ई., ने उक्त अंक के द्वितीय पृष्ठ पर इसे 'अति ही उत्तम और हिन्दी के उत्तम नाटकों में गणनीय' घोषित किया था।

अपनी पुस्तक *नाटक* (1883 ई.) की पृष्ठ संख्या 47-48 पर उन्होंने हिन्दी नाटक तालिका दी है जिसमें पहला स्थान नहुष नाटक को दिया है। उक्त तालिका का पूर्वार्द्ध इस प्रकार है—नहुष नाटक (श्रीगिरिधर दास,) शकुन्तला (राजा लक्ष्मण सिंह), शकुन्तला (फ्रेडरिक पिन्काट), मुद्राराक्षस (बाबू हरिश्चन्द्र), सत्य हरिश्चन्द्र (बाबू हरिश्चन्द्र), विद्यासुन्दर (बाबू हरिश्चन्द्र) आदि। इस नाटक तालिका में *आनन्द रघुनन्दन* नहीं है। भारतेन्दु हरिश्चन्द्र ने *आनन्द रघुनन्दन नाटक* के प्रति न्याय नहीं किया।

कालचक्र में भी उन्होंने घोषणा की थी कि हिन्दी का प्रथम नाटक *नहुष* (1859 ई.) है, द्वितीय *शकुन्तला* (1863 ई.) और तृतीय नाटक *विद्यासुन्दर* (1871 ई.) है।

भारतेन्दु हरिश्चन्द्र की प्रथम नाट्य रचना *विद्यासुन्दर* है। यह बांग्ला भाषा से अनूदित नाटक है, मौलिक नहीं। अठारह वर्ष की अवस्था में उन्होंने इसकी नाट्य प्रस्तुति की थी। इसकी द्वितीय आवृत्ति 1883 ई. में हुई। इसका मुद्रक चन्द्रप्रभा प्रेस, बनारस था। इसकी द्वितीय आवृत्ति के उपक्रम में उन्होंने विशुद्ध हिन्दी भाषा के नाटकों के इतिहास में *विद्यासुन्दर* को चौथा नाटक घोषित किया था। किन्तु *विद्यासुन्दर* हिन्दी में अनूदित नाटक होने के कारण हिन्दी का चौथा नाटक नहीं माना जा सकता है। इस उपक्रम में उन्होंने कहा था—

''नेवाज का शकुन्तला या ब्रजवासी दास का प्रबोध चन्द्रोदय नाटक नहीं काव्य हैं। इससे हिन्दी भाषा में नाटकों की गणना की जाय तो महाराजा रघुराज सिंह का 'आनन्द रघुनन्दन' और मेरे पिता का 'नहुष' नाटक यही दो प्राचीन ग्रन्थ

भाषा में वास्तविक नाटककार मिलते हैं। यों नाम को तो देवमायाप्रपंच, समयसार इत्यादि कई भाषा ग्रन्थों के पीछे नाटक शब्द लगा दिया गया है। इनके पीछे शकुन्तला का अनुवाद राजा लक्ष्मण सिंह ने किया है। यदि पूर्वोक्त दोनों ग्रन्थों को ब्रजभाषामिश्र होने के कारण हिन्दी न मानो तो विद्यासुन्दर नाटक गुणों में अद्वितीय न होने पर भी द्वितीय है।" (*विद्यासुन्दर* नाटक : हरिश्चन्द्र, चैत्र विक्रम संवत् 1939 (1882 ई.) को लिखित द्वितीय आवृत्ति का उपक्रम। द्वितीय संस्करण 1883 ई.)

खेद है कि *आनन्द रघुनन्दन* नाटक के रचयिता का नाम भारतेन्दु ने गलत लिख दिया है। इस नाटक के रचयिता महाराजा विश्वनाथ सिंह (रीवा नरेश) थे, तथाकथित महाराजा रघुराज सिंह नहीं। महाराजा रघुराज सिंह महाराजा विश्वनाथ सिंह के सुपुत्र थे। यह अनवधानता है। इसका एक कारण यह भी हो सकता है कि जब उन्होंने *नाटक* नामक पुस्तक की रचना की थी और *विद्यासुन्दर* का द्वितीय संस्करण प्रकाशित हुआ था, वे चार माह से रुग्णावस्था में थे।

मानमन्दिर, काशी निवासी व्यास रामशंकर शर्मा (जन्म : बैशाख शुक्ल रामनवमी तदनुसार 31 मार्च 1860 ई.) भारतेन्दु के मित्र और लेखक थे। उन्होंने ही तत्कालीन कलकत्ता से प्रकाशित हिन्दी साप्ताहिक पत्र *सारसुधानिधि*, 20 सितम्बर 1880 ई. में सम्पादक के नाम एक पत्र में यह प्रस्ताव किया था कि हरिश्चन्द्र को भारतेन्दु की उपाधि प्रदान की जाय। इस प्रस्ताव को तत्कालीन सम्पूर्ण हिन्दी जगत् ने स्वीकार कर लिया और भारतेन्दु उनका सर्वाधिक प्रचलित उपनाम हो गया।

भारतेन्दु के निधन के समय वे उनकी शय्या के पास ही बैठे थे और उनके मार्मिक दुःखद असामयिक निधन के साक्षी थे। उनके देहान्त के पश्चात् 1885 ई. में उन्होंने उनकी जीवनी *चन्द्रास्त* लिखी थी और उसका निःशुल्क वितरण किया था। यह हिन्दी में पहली जीवनी थी जिसका निःशुल्क वितरण व्यापक रूप से किया गया था। उन्होंने 1882 ई. में उनकी भयंकर रुग्णता का उल्लेख *चन्द्रास्त* में पृष्ठ संख्या 10 और 11 पर किया है। भारतेन्दु हरिश्चन्द्र के फुफेरे भाई और भारतेन्दु युगीन लेखक राधाकृष्ण दास (1865 ई.—2 अप्रैल 1907 ई.) के अनुसार भी भारतेन्दु हरिश्चन्द्र मेवाड़ नरेश महाराजा सज्जन सिंह के निमन्त्रण पर श्रीनाथ जी के दर्शनार्थ 1882 ई. में उदयपुर गये थे। वहाँ से वापस आने पर वे अस्वस्थ हो गये, श्वास कास और ज्वर का प्रकोप हुआ, जीवन संशयग्रस्त हो गया। तत्पश्चात् हैजा भी हुआ, सर्वांग ऐंठ गया। किसी प्रकार करालकाल से अवकाश मिला और *नाटक* नामक पुस्तक की पूर्ति की। (*भारतेन्दु बाबू हरिश्चन्द्र का जीवन चरित्र* : राधाकृष्ण दास 1976 ई. का संस्करण, पृष्ठ 92)। 'नाटक'

के उपक्रम और समर्पण में भी भारतेन्दु हरिश्चन्द्र ने इस तथ्य को अभिव्यक्ति प्रदान की है।

नाटक के प्रथम संस्करण (1883 ई.) के उपक्रम में हरिश्चन्द्र ने लिखा था—''मेरी ठीक रुग्नावस्था में यह विषय लिखा गया है। इससे बहुत-सी अशुद्धियाँ सम्भव हैं।'' यह उपक्रम उन्होंने चैत्र शुद्ध 15, विक्रम संवत्, 1940 को लिखा था।

नाटक पुस्तक को संसार के नटनागर को समर्पित करते हुए अपनी तत्कालीन रोगग्रस्तता की चर्चा भी उन्होंने की थी, जो यथावत् अधोलिखित है—

''समर्पण

हे मायाजवनिकाच्छन्न! जगत् नाटक सूत्रधार! मदंगरंग नायक! नटनागर!

जिसने इतने बड़े संसार नाटक को रच कर खड़ा किया है जगदन्त:पाती वस्तु मात्र उसी को समर्पणीय है, विशेष कर नाटक सम्बन्धी और वह भी उसी के एक अभियानी जन की।

नाथ! आज एक सप्ताह होता कि मेरे इस मनुष्य जीवन का अन्तिम अंक हो चुकता किन्तु न जाने क्या सोच कर और किस पर अनुग्रह करके उसकी आज्ञा नहीं हुई। नहीं तो यह ग्रन्थ प्रकाश भी न होने पाता। यह भी आप ही का खेल है कि आज इसके प्रकाश का दिन आया। जब प्रकाश होता है तो समर्पण भी होना अवश्य हुआ। अतएव

त्वदीयं वस्तु गोविन्द! तुभ्यमेव समर्पये

अपनाए हुए की वस्तु समझकर अंगीकार कीजिए। यद्यपि संसार के कुरोग से मन प्राण तो नित्य ग्रस्त थे ही किन्तु चार महीने से शरीर से भी रोगग्रस्त तुम्हारा—

हरिश्चन्द्र''

अपनी *रत्नावली* नाटिका की वैशाख 2 विक्रम संवत् 1925 (1868 ई.) को लिखित भूमिका में भारतेन्दु हरिश्चन्द्र ने कहा था—

''हिन्दी भाषा में जो सब भाँति की पुस्तकें बनने योग्य हैं अभी वे बहुत कम बनी हैं। विशेष कर के नाटक तो (कुँवर लक्ष्मण सिंह के शकुन्तला के सिवाय) कोई भी ऐसे नहीं बने हैं जिनको पढ़कर के चित्त को आनन्द और इस भाषा का बल प्रकट हो।''

अर्थात् अपनी *रत्नावली* नाटिका की भूमिका में उन्होंने नाटकों की दुरवस्था और दरिद्रता का उल्लेख करते हुए *आनन्द रघुनन्दन* को भूल गये। *सत्य हरिश्चन्द्र* नाटक (1876 ई.) के मंगलाचरण में सूत्रधार कहता है—

"सबकी इच्छा है कि हिन्दी भाषा का कोई नवीन नाटक देखें। धन्य है विद्या का प्रकाश कि जहाँ के लोग नाटक किस चिड़िया का नाम है इतना भी नहीं जानते थे भला वहाँ अब लोगों की इच्छा प्रवृत्त हुई। परन्तु हा! शोच की बात है कि जो बड़े 2 लोग हैं और जिनके लिए कुछ हो सकता है वे ऐसा अन्धपरम्परा में फँसे हैं और ऐसे बेपरवाह और अभिमानी हैं कि सच्चे गुणियों की कहीं बात है जिन्हें झूठी खैरखाही दिखाना या लंबा चौड़ा गाल बजाना आता है।"

राजा लक्ष्मण सिंह (1826 ई.—1866 ई.) *शकुन्तला* अनूदित नाटक है, मौलिक नहीं। राजा लक्ष्मण सिंह के बाद कालिदास के इस नाटक के अनेक हिन्दी अनुवाद हुए। हरसहाय लाल वर्मा (रामपुर, पत्रालय भगवानपुर, जिला मुंगेर, बिहार) ने 1892 ई. में शकुन्तला का हिन्दी अनुवाद किया था जिसका प्रकाशन पहली बार अक्टूबर 1894 ई. में मुंशी नवलकिशोर का छापाखाना, लखनऊ से हुआ। मुरादाबाद निवासी पंडित ज्वाला प्रसाद मिश्र ने हिन्दी गद्य-पद्य में *शाकुन्तल नाटक* प्रस्तुत किया जिसका प्रकाशन 1915 ई. में खेमराज श्रीकृष्णदास ने श्रीवेंकटेश्वर प्रेस, मुंबई से किया। *विद्यासुन्दर* भी मौलिक नाटक नहीं है। भारतेन्दु हरिश्चन्द्र ने चैत्र विक्रम संवत् 1939 (1882 ई.) में लिखित *विद्यासुन्दर* की द्वितीय आवृत्ति के उपक्रम में स्वयं कहा है—"विद्यासुन्दर की कथा बंग देश में अति प्रसिद्ध है। कहते हैं चोर कवि जो संस्कृत में चौरपंचाशिका का कवि है यही सुन्दर है। कोई इस चौरपंचाशिका को वररुचि की बनाई मानते हैं। जो कुछ हो विद्यावती की आख्यायिका का मूल सूत्र वही चौरपंचाशिका है। प्रसिद्ध कवि भारतचन्द्र राय ने इस उपाख्यान को बंगभाषा में काव्य स्वरूप में निर्माण किया है और उसकी कविता ऐसी उत्तम है कि बंगदेश में आबाल वृद्ध वनिता सब उसको जानते हैं। महाराजा यतीन्द्रमोहन ठाकुर ने उसी काव्य का आलम्बन करके जो विद्यासुन्दर नाटक बनाया था उसी की छाया लेकर आज पन्द्रह बरस हुए, हिन्दी भाषा में निर्मित हुआ है।"

बंगभाषा में लिखित यतीन्द्रमोहन ठाकुर के *विद्यासुन्दर नाटक* की छाया लेकर भारतेन्दु हरिश्चन्द्र ने अपने प्रथम नाटक *विद्यासुन्दर* की रचना की थी, यह तथ्य स्वयं उन्होंने अर्थात् भारतेन्दु हरिश्चन्द्र ने स्वीकार किया है। यह अनूदित रचना मूल रूप से हिन्दी नाटक के रूप में स्वीकार नहीं की जा सकती।

आनन्द रघुनन्दन एक मौलिक नाटक है। यह हिन्दी का सर्वप्रथम मौलिक

नाटक है।

रामचन्द्र शुक्ल का कथन है कि *आनन्द रघुनन्दन* नाटक को भारतेन्दु हरिश्चन्द्र ने हिन्दी का प्रथम नाटक माना है (हिन्दी साहित्य का इतिहास : रामचन्द्र शुक्ल, संस्करण वि.सं. 2040, पृष्ठ 237)

पुनः उन्होंने अपने इतिहास में कहा है कि अपनी *नाटक* नाम की पुस्तक में भारतेन्दु ने लिखा है कि हिन्दी में मौलिक नाटक उनके पहले दो ही लिखे गये थे—महाराजा विश्वनाथ सिंह का *आनन्द रघुनन्दन नाटक* और बाबू गोपालचन्द्र का 'नहुष' नाटक। किन्तु ये दोनों ब्रजभाषा में थे (हिन्दी साहित्य का इतिहास: रामचन्द्र शुक्ल संस्करण वि.सं. 2040, पृष्ठ 314)

भारतेन्दु हरिश्चन्द्र ने *आनन्द रघुनन्दन नाटक* के सम्बन्ध में जो कुछ लिखा है, वह उपर्युक्त पंक्तियों में यथावत् अविकल उद्धृत है। नाटकीय यावत नियमों के प्रतिपालन का अभाव और छन्द प्रधान ग्रन्थ होने का लांछन इस नाटक में आरोपित कर उन्होंने इसे विवादग्रस्त भी बना दिया है।

किन्तु भारतेन्दु हरिश्चन्द्र ने *आनन्द रघुनन्दन नाटक* को हिन्दी का प्रथम नाटक होने को स्पष्ट प्रमाणपत्र कहीं और कभी भी नहीं दिया। यह रामचन्द्र शुक्ल की गलत-बयानी है। इस मुद्दे पर शुक्ल जी गलत तथ्य और गलत बयान देने के दोषी हैं।

नेवाज पन्ना नरेश महाराजा छत्रसाल के यहाँ प्रतिनियुक्त थे और सतरहवीं शताब्दी के उत्तरार्द्ध में वर्तमान थे। उनके द्वारा विरचित *सकुन्तला नाटक* का रचनाकाल 1680 ई. है।

यह नाटक दोहा, चौपाई, सवैया और घनाक्षरी में है। यह 1864 ई. में लाइट प्रेस, बनारस से लीथो-मुद्रण में पहली बार छपा था। इस संस्करण की एक हजार प्रतियाँ छपी थीं। इसके प्रथम संस्करण के आवरण पृष्ठ की सत्य प्रतिलिपि अधोलिखित है—

सकुन्तला नाटक

अथ नेवाज कवि कृत नाटक दोहा चौपाई धनाक्षरी में।

अपूर्व प्राचीन ग्रन्थ बहुत दिनों से निरर्थक पड़ा था, बाबू अविनाशी लाल ने श्रम से उपार्जन करके बनारस लाइट यन्त्रालय में गोपीनाथ पाठक को आज्ञा देके मुद्रित करवाया।

BENARES

[1864 पहली बार छापी गई 1000]

Printed at the Light Press By Gopinath Pathak

अर्थात् किसी बाबू अविनाशी लाल ने इसका प्रकाशन निज व्यय से कराया था। यह 114 पृष्ठों की पुस्तक है। काशी निवासी दुर्गा प्रसाद ने इसकी भाषा का संशोधन-परिमार्जन किया था। इस नाटक की अन्तिम पंक्तियों में इस तथ्य का संकेत है—

सकुन्तला भई अब पटरानी। कवि नेवाज सब कथा बषानी।
ऐसे नेवाज कवि स्वरयाहि सकुन्तला नाटक की करी भासा सो।।
बिगरी बहुत काल को पाई जहाँ तहाँ याके भये पदनासा।।
सोधि के सुद्ध करी इहिँ कौं दुरगा परसाद स्व बुद्धि विलासा।।
याहि जुलै पढ़िहैं सुनिहैं तिनके घर लेय है आनँदबासा।।

॥ दोहा॥

याके पढ़िबे तँ कबहु होत न साजन वियोग।
बिंछुरिवो हू बहुकाल कोया वेगिसंजोग।। 2।।
आदौजेपुर से कै अब कासी में धाम।
है दुरगा परसाद पुनि इति सोधक को नाम।। 3।।
इति सकुतला नाटक कथा समाप्त।

सकुन्तला नाटक नेवाज कवि कृत (प्रथम लीथो संस्करण 1864 ई., पृ. 113-114)। तत्पश्चात् नेवाज कृत *शकुन्तला उपाख्यान* नवलकिशोर प्रेस, लखनऊ से 1895 ई. में प्रकाशित हुआ। इसका एक अन्य संस्करण 1904 ई. में भारत जीवन प्रेस, बनारस से भी छपा था। तात्पर्य यह कि इस तथ्य से कृति की महत्ता और उपादेयता का बोध होता है।

नेवाज के सम्बन्ध में रामचन्द्र शुक्ल का कथन है कि, ''इनके फुटकर कवित्त बहुत स्थानों पर संगृहीत मिलते हैं जिनमें इनकी काव्य-कुशलता और सहृदयता टपकती है। भाषा इनकी बहुत परिमार्जित व्यवस्थित और भावोपयुक्त है। इसमें भरती के शब्द और वाक्य बहुत ही कम मिलते हैं। इनके अच्छे शृंगारी कवि होने में सन्देह नहीं। संयोग शृंगार के वर्णन की प्रवृत्ति इनकी विशेष जान पड़ती है जिसमें कहीं-कहीं ये अश्लीलता की सीमा के भीतर जा पड़ते हैं।'' (हिन्दी शब्दसागर, प्रधान सम्पादक श्यामसुन्दर दास, प्रस्तावना—हिन्दी साहित्य का विकास—रामचन्द्र शुक्ल, पृष्ठ 143)

नेवाज के सम्बन्ध में अपने कथन की पुनरावृत्ति शुक्ल जी ने *हिन्दी साहित्य*

का इतिहास (संस्करण 2041 वि.) की पृष्ठ संख्या 182 पर की है। नेवाज कवि कृत *सकुन्तला* काव्य है।

कहा जाता है कि नेवाज औरंगजेब के पुत्र आलमशाह के यहाँ रहते थे। इस नाम के दो अन्य नेवाज भी हुए हैं। *सकुन्तला नाटक* की कथा, दोहा, चौपाई, सवैया आदि छन्दों में है। ब्रजवासी दास वृंदावन के थे और वल्लभ सम्प्रदाय में दीक्षित थे। 1770 ई. में उन्होंने तुलसीदास के अनुकरण पर *ब्रजविलास* नामक प्रबन्ध काव्य की रचना की थी। उन्होंने *प्रबोध चन्द्रोदय नाटक* का अनुवाद भी किया था। सोलहवीं शताब्दी की रचना *देवमायाप्रपंच* नाटक नाटक नहीं, शुद्ध ज्ञानवार्ता है। *प्रभावती नाटक* किस लेखक की रचना है, भारतेन्दु हरिश्चन्द्र ने इसके रचनाकार के नाम का उल्लेख नहीं किया।

कृष्ण मिश्र की संस्कृत रचना के आधार पर 1759 ई. में लिखित ब्रजवासी दास का *प्रबोधचन्द्रोदय नाटक* उल्लेखनीय है। लाल कवि के पौत्र और गुलाब कवि के पुत्र गणेश ने *प्रद्युम्न विजय नाटक* की रचना सात अंकों में की थी। उनका आविर्भाव काल 1793-1853 के बीच माना जा सकता है। किन्तु उपर्युक्त दोनों तथाकथित नाटकों में नाट्यशास्त्र के सिद्धान्तों की पूर्ण अवहेलना की गयी है। वस्तुतः ये काव्य-ग्रन्थ हैं, नाटक नहीं।

भारतेन्दु ने अपनी पुस्तक *नाटक* में *आनन्द रघुनन्दन नाटक* के रचयिता का नामोल्लेख तक नहीं किया, मात्र श्री महाराजा रीवा का *आनन्द रघुनन्दन नाटक* कहा है। ऐसा प्रतीत होता है कि उन्होंने इस नाटक को पढ़ा नहीं था और सुनी-सुनाई बातों के आधार पर इस नाटक का नामोल्लेख कर दिया।

भारतेन्दु हरिश्चन्द्र के अनुसार, बाबू गोपालचन्द्र अर्थात् गिरिधर दास का *नहुष* हिन्दी का पहला नाटक है। उन्होंने *आनन्द रघुनन्दन नाटक* को नकार कर नहुष को सर्वप्रथम हिन्दी नाटक घोषित कर पक्षपात ही किया है। बाबू गोपालचन्द्र (पौष कृष्ण 15, विक्रम संवत् 1890—बैशाख शुक्ल 7, विक्रम संवत् 1917) भारतेन्दु बाबू हरिश्चन्द्र के पिता थे। *आनन्द रघुनन्दन नाटक* का रचनाकाल 1830 ई. के पूर्व का है। इसकी रचना के अनेक दशकों के बाद *आनन्द रघुनन्दन नाटक* के रचयिता के साकेतवास के पश्चात् *नहुष* नाटक की रचना हुई। *नहुष* की रचना के अनेक दशक पूर्व विरचित *आनन्द रघुनन्दन नाटक* को न्यायोचित अधिकार से वंचित नहीं किया जा सकता।

1904 ई. में सर्वप्रथम प्रकाशित *भारतेन्दु बाबू हरिश्चन्द्र का जीवन चरित्र* शीर्षक पुस्तक में उसके लेखक बाबू राधाकृष्ण दास (अगस्त 1865 ई., 2 अप्रैल 1907 ई.) ने कहा था कि *नहुष* नाटक भाषा का पहला नाटक है (संस्करण 1976

ई., पृष्ठ 40)। उन्होंने भारतेन्दु हरिश्चन्द्र की *नहुष* नाटक विषयक अवधारणा की ही पुनरावृत्ति की है।

नागरीप्रचारिणी सभा, वाराणसी द्वारा प्रकाशित *नागरीप्रचारिणी पत्रिका,* 1905 ई., के चतुर्थ अंक में पृष्ठ संख्या 187-199 पर बाबू राधाकृष्ण दास द्वारा लिखित *हिन्दी का पहला नाटक* शीर्षक आलेख का प्रथम प्रकाशन हुआ। इसमें उन्होंने *नहुष* को हिन्दी का प्रथम नाटक घोषित किया। उन्होंने गिरिधर दास (बाबू गोपालचन्द्र) द्वारा विरचित *नहुष* की प्रस्तावना सहित प्रथम अंक को अविकल प्रकाशित करते हुए एक टिप्पणी भी लिखी थी जिसका मुख्यांश अधोलिखित है—

"हिन्दी का पहला नाटक

यह नाटक जो आगे दिया जाता है, हिन्दी का प्रथम नाटक है। इसके रचयिता पूज्य भारतेन्दु जी बाबू हरिश्चन्द्र जी के पिता श्रीकवि गिरिधर दास प्रसिद्ध नाम बाबू गोपालचन्द्र थे। भारतेन्दु जी जब 9 वर्ष के थे तब यह नाटक बना था। अतएव सन् 1859 ई. में यह बना था। इसके पहले जो कई ग्रन्थ नाटक के नाम से प्रसिद्ध थे, जैसे ब्रजवासी दास का प्रबोधचन्द्रोय नाटक या नेवाज का *शकुन्तला नाटक,* ये सब काव्य के ढंग पर थे। पात्र-प्रवेश आदि नाटक के नियम इनमें नहीं बरते गए थे।

इस नाटक की पूरी प्रति का कहीं पता नहीं लगता है, केवल प्रथम अंक कविवचनसुधा के पहले वर्ष के एक अंक में संयोग से रद्दियों में मिल गया। उसे पाठकों के विनोदार्थ प्रकाशित करता हूँ।"

श्यामसुन्दर दास (14 जुलाई 1875 ई.—8 अगस्त 1945 ई.) द्वारा संकलित सम्पादित और 1930 ई. में इंडियन प्रेस, इलाहाबाद से प्रकाशित राधाकृष्ण दास ग्रन्थावली (प्रथम खंड) में उपर्युक्त 'हिन्दी का पहला नाटक' नहीं है। इस ग्रन्थावली के द्वितीय खंड का प्रकाशन उक्त सम्पादक के आश्वासन के बावजूद अब तक नहीं हो सका।

भारतेन्दु हरिश्चन्द्र के दौहित्र ब्रजरत्न दास ने भी नहुष नाटक की भूमिका के सोलहवें पृष्ठ पर इसे हिन्दी का 'प्राय: प्रथम नाटक' घोषित किया है। किन्तु सत्य इसके विपरीत है।

गोपालचन्द्र उपनाम गिरिधर दास ने मात्र 26 वर्ष 4 माह और 7 दिन की अल्पायु प्राप्त की थी। अत्यधिक भाँग सेवन के कारण जलोदर रोग से उनका असामयिक निधन हो गया था। इस अत्यन्त संक्षिप्त आयु में ही उन्होंने हिन्दी साहित्य मे अपनी विशिष्ट पहचान कायम कर ली थी। कहा जाता है कि इसी

अवस्था में उन्होंने चालीस ग्रन्थों की रचना की थी। भारतेन्दु ने स्वयं कहा था—

जिन श्री गिरिधरदास कवि रचे ग्रन्थ चालीस।
तासुत श्रीहरिचन्द्र को को न नवावै सीस।।

भारतेन्दु के हिन्दी उद्धार व्रत का श्रीगणेश *कविवचनसुधा* से हुआ। भादों विक्रम संवत् 1924 (1868 ई.) में उनके मासिक पत्र *कविवचनसुधा* का प्रकाशनारम्भ हुआ। प्राचीन कवियों की रचनाओं का प्रकाशन इसका प्रधान उद्देश्य था। इसी मासिक पत्र के प्रकाशन के प्रथम वर्ष में गिरिधरदास कृत *नहुष* नाटक का प्रथम अंक पहली बार छपा था।

नहुष नाटक का रचना-वर्ष 1859 ई. है।

भारतेन्दु हरिश्चन्द्र ने सम्पूर्ण *नहुष* नाटक नहीं पढ़ा था। इसकी सम्पूर्ण प्रति उन्हें उपलब्ध नहीं हो सकी थी। उनके और भारतेन्दु मंडल के किसी भी लेखक के जीवन-काल में यह नाटक सम्पूर्ण रूप से नहीं छपा। उनके जीवन-काल में यह नाटक विलुप्त ही था। प्रायः एक शती से ज्यादा अवधि तक विलुप्त और अलक्ष्य रहने के पश्चात् ब्रजरत्न दास के सम्पादन में नागरीप्रचारिणी सभा, काशी से 1954 ई. में यह सर्वप्रथम प्रकाशित हुआ था। कांकरौली के विद्या विभाग के सरस्वती भांडार में इसकी प्रतिलिपि थी जिसका लिपिकाल आश्विन शुक्ल 2, विक्रम संवत् 1923 है। गोपालचन्द्र अर्थात् कवि गिरिधर दास का निधन विक्रम संवत् 1917 में हुआ। अतएव यह रचनाकाल के बहुत निकट की प्रति है। ब्रजरत्न दास ने नहुष की भूमिका के नवम पृष्ठ पर लिखा है कि गोपालचन्द्र अपनी रचनाओं की बड़ी सुन्दर प्रतिलिपियाँ तैयार कराते और चित्रों से सजवाते थे। फलतः मूल रफ प्रतियाँ नष्ट हो जातीं तथा ये प्रतिलिपियाँ पुस्तक प्रेमियों की शिकार होती थीं। इसी प्रवृत्ति के कारण उनके जीवन-काल में ही यह नाटक गुम हो गया था। उक्त भूमिका के बारहवें पृष्ठ पर ब्रजरत्न दास ने ठीक ही कहा है कि प्रतिलिपिकार इस नाटक की सुन्दर प्रतिलिपि करने ले गये होंगे तथा मूल एवं प्रतिलिपि दोनों ही उनके पास रह गयी होंगी। भारतेन्दु उस समय ग्यारह वर्ष के थे। इस नाटक के नाम की जानकारी तथा कुछ प्राप्त अंश प्रस्तावना सहित प्रथम अंक, *कविवचनसुधा* में प्रकाशित करने के बावजूद पूर्ण पुस्तक वे नहीं प्राप्त कर सके।

जब भारतेन्दु ने पूरा नाटक देखा और पढ़ा ही नहीं तो किस आधार पर उन्होंने इसे हिन्दी का पहला नाटक घोषित कर दिया? इसकी महत्ता मात्र इतनी ही थी कि यह नाटक उनके पिता द्वारा विरचित था।

भारतेन्दु की तथाकथित न्यायशीलता इस दृष्टि से हास्यास्पद हो गयी है। राजा नहुष की कथा महाभारत के उद्योग और अनुशासन पर्वों में विस्तार से है। गोपालचन्द्र उपनाम गिरिधरदास ने अपने नाटक की कथा महाभारत के उक्त पर्वों से ही ली है। किन्तु नाटक में यह कथा विशेष सुसंगठित नहीं है। ब्रजरत्न दास ने भी *नहुष नाटक* की भूमिका के तेरहवें पृष्ठ पर इसकी आलोचना करते हुए कहा था—"यह नाटक विशेष सुगठित तथा सुन्दर नहीं बन सका है। इसके पद्य की भाषा भी खड़ी हिंन्दी बोली मिश्रित ब्रजभाषा ही है और गद्य का जो थोड़ा अंश इसमें आया है, वह भी खड़ी बोली मिश्रित ब्रजभाषा ही है।"

नहुष की कथा पर संस्कृत और हिन्दी में इसके पूर्व किसी नाटक की रचना नहीं की गयी थी। पद्य भाग इस नाटक में अत्यधिक है। प्रत्येक पात्र के प्रवेश के साथ उसके स्वरूप-वर्णन पर भी एक पद दिया गया है। यह प्रवृत्ति संस्कृत नाटकों की परम्परा के प्रतिकूल है। इस नाटक में प्रस्तावना और छः अंक हैं। इसका मुख्य रस श्रृंगार और वीर है। राजा नहुष को इस नाटक का नायकत्व प्रदान किया गया है।

1913 ई. में लिखित व प्रकाशित 'श्री राधाकृष्ण दास' शीर्षक जीवनी-पुस्तक में पृष्ठ संख्या 99 पर उसके लेखक रामचन्द्र शुक्ल ने नहुष नाटक को 'हिन्दी का पहला नियमबद्ध नाटक' घोषित किया था यद्यपि उन्होंने यह भी कहा था कि, "इस नाटक का एक ही अंक मिला है।" किसी नाटक के मात्र एक अंक के आधार पर सम्पूर्ण नाटक पर फतवा कैसे जारी किया जा सकता है? यह लेखकीय दायित्वहीनता ही है।

किन्तु जनवरी 1929 ई. में समग्र रूप से प्रकाशित 'शब्द सागर' की प्रस्तावना में शुक्ल जी के उपर्युक्त मत में आमूलचूल परिवर्तन हो गया।

'प्रथम हिन्दी साहित्य सम्मेलन काशी कार्य विवरण'—दूसरा भाग (1910 ई.) में पंडित गणेश बिहारी मिश्र, पंडित श्यामबिहारी मिश्र और पंडित शुकदेव बिहारी मिश्र अर्थात् मिश्रबन्धुओं ने 'हिन्दी साहित्य का इतिहास' लिखा था जो उक्त कार्यविवरण की पृष्ठ संख्या 49-56 में प्रकाशित हुआ था। किन्तु मिश्रबन्धुओं ने महाराजा विश्वनाथ सिंह अथवा उनके नाटक *आनन्द रघुनन्दन* का नामोल्लेख नहीं किया।

सप्तम हिन्दी साहित्य सम्मेलन, जबलपुर कार्य विवरण—दूसरा भाग विक्रम संवत् 1974 (1917 ई.) में 'हिन्दी भाषा में नाटक ग्रन्थ और वर्तमान नाटक' कम्पनियाँ शीर्षक लेख में पंडित हनुमान प्रसाद जोशी (मुम्बई) ने उक्त कार्य विवरण की पृष्ठ संख्या 134 पर उन्नीसवीं शताब्दी के पाँच नाटकों का उल्लेख

किया था, जिसमें पहला नाटक था आनन्द रघुनन्दन—'महाराजा विश्वनाथ—आनन्द रघुनन्दन'।

1920 ई. में एफ.ई.के (F.E. Keay) ने *ए हिस्ट्री ऑफ हिन्दी लिट्रेचर* में कहा कि, ''सन् 1857 में गोपालचन्द्र (उपनाम गिरिधर दास) द्वारा लिखित हिन्दी का पहला वास्तविक नाटक 'नहुष' था। यह नहुष द्वारा इन्द्र को उसके सिंहासन से हटाने और उसकी आगामी (उत्तरकालीन) पुनःस्थापना का निरूपण करता है। दूसरा नाटक राजा लक्ष्मण सिंह (सन् 1826-1899) का शकुन्तला (सन् 1862) देखने को मिला जो अतिप्रसिद्ध और बहुप्रशंसित है। उस समय हरिश्चन्द्र नाटक लिखने लगे थे और उनका पहला नाटक 'विद्यासुन्दर' था। हिन्दी नाटकों के अन्य लेखक थे श्रीनिवासदास, तोताराम, गोपालराम, काशीनाथ खत्री, पुरोहित गोपीनाथ, लाला सीताराम। इनके अतिरिक्त बहुत-से अन्य लेखक भी थे। पहला हिन्दी नाटक सन् 1868 में पूरा हुआ था।'' (हिन्दी साहित्य का इतिहास, एफ.ई.के. कृत अनुवादक डॉ. किशोरी लाल, पृष्ठ 138)

एफ.ई.के. ने *नहुष* को हिन्दी का पहला वास्तविक नाटक घोषित कर इतिहास की धारा को विपरीत दिशा में मोड़ने का प्रयास किया है। उक्त इतिहासकार ने भी सम्पूर्ण *नहुष* नाटक नहीं पढ़ा था—1920 ई. तक यह नाटक सम्पूर्ण रूप से नहीं छप सका था। तब उसने इसे हिन्दी का पहला वास्तविक नाटक कैसे घोषित कर दिया? पुनः उसका कथन है कि पहला हिन्दी नाटक 1868 ई. में पूरा हआ। यह विसंगतिपूर्ण और भ्रान्तिपूर्ण कथन है—विरोधभासों से परिपूर्ण।

तत्पश्चात् *आनन्द रघुनन्दन नाटक* पर सबसे अच्छी टिप्पणी पहली बार रामचन्द्र शुक्ल ने ही की है। शुक्ल जी ने हिन्दी साहित्य का इतिहास (संस्करण 2041 वि.) में पृष्ठ 224 पर लिखा है कि, ''रीतिकाल के भीतर रीवा के महाराजा विश्वनाथ सिंह ने हिन्दी का प्रथम नाटक (आनन्द रघुनन्दन) लिखा।'' उक्त इतिहास की पृष्ठ संख्या 237 पर उन्होंने पुनः कहा—''ब्रजभाषा में नाटक पहले पहल इन्होंने लिखा। इस दृष्टि से इनका आनन्द रघुनन्दन नाटक विशेष महत्त्व की वस्तु है।...यद्यपि इसमें पद्यों की प्रचुरता है पर संवाद सब ब्रजभाषा गद्य में हैं, अंक विधान और पात्र विधान भी है। हिन्दी के प्रथम नाटककार के रूप में ये चिरस्मरणीय हैं।''

इसके पूर्व हिन्दी *शब्दसागर* (1929 ई.) की प्रस्तावना के उपखंड *हिन्दी साहित्य का विकास* की पृष्ठ संख्या 178 पर *आनन्द रघुनन्दन नाटक* के विषय में इन्होंने इसी मत को प्रकट किया था। तात्पर्य यह कि हिन्दी साहित्य का विकास में शुक्ल जी ने *आनन्द रघुनन्दन नाटक* के विषय में जो कुछ लिखा, उसकी मात्र

पुनरावृत्ति उन्होंने अपने इतिहास-ग्रन्थ में की।

विजयेन्द्र स्नातक ने भी *हिन्दी साहित्य का इतिहास* की पृष्ठ संख्या 172 पर लिखा है कि "आनन्द रघुनन्दन नाटक हिन्दी का प्रथम नाटक माना जाता है जिसके कारण महाराजा विश्वनाथ सिंह का नाम अत्यन्त प्रसिद्ध है।"

महाराजा विश्वनाथ सिंह अनेक ग्रन्थों के प्रणेता और रीवा के नरेश थे। उन्होंने 1721 ई. से 1740 ई. तक रीवा रिसायत (मध्य प्रदेश) पर शासन किया। विजयेन्द्र स्नातक ने *हिन्दी साहित्य का इतिहास* की पृष्ठ संख्या 172 पर यह भी लिखा है कि महाराजा विश्वनाथ सिंह का जन्म 1789 ई. में हुआ था, जो विश्वसनीय नहीं है। वे विद्यारसिक और विद्वानों, कवियों के आश्रयदाता थे। वे स्वयं एक रससिद्ध कवि थे। रामचन्द्र शुक्ल ने उनके द्वारा विरचित बत्तीस पुस्तकों की एक सूची दी है जो निम्नलिखित है—

(1) अष्टयाम आह्निक, (2) आनन्द रघुनन्दन नाटक, (3) उत्तमकाव्यप्रकाश, (4) गीता रघुनन्दन शतिका, (5) रामायण, (6) गीता रघुनन्दन प्रामाणिक, (7) सर्वसंग्रह, (8) कबीर बीजक की टीका, (9) विनयपत्रिका की टीका, (10) रामचन्द्र की सवारी, (11) भजन, (12) पदार्थ, (13) धनुर्विद्या, (14) आनन्द रामायण, (15) परमधर्म निर्णय, (16) शान्ति शतक, (17) वेदान्त पंचक शतिका, (18) गीतावली पूर्वार्द्ध, (19) ध्रुवाष्टक, (20) उत्तम नीतिचन्द्रिका, (21) अबोधनीति, (22) पाखंड खण्डिका, (23) आदिमंगल, (24) वसन्त चौंतीसी, (25) चौरासी रमैनी, (26) ककहरा, (27) शब्द, (28) विश्वभोजन प्रसाद, (29) ध्यानमंजरी, (30) विश्वनाथ प्रकाश, (31) परम तत्व एवं (32) संगीत रघुनन्दन।

महाराजा विश्वनाथ सिंह मूलतः रामोपासक थे। हिन्दी का सबसे पहला रामश्रयी नाटक *आनन्द रघुनन्दन* की रचना उन्होंने ही की थी। उनकी साहित्यिक रचनाएँ मुख्य रूप से रामचरित पर ही आधारित हैं।

उनकी कविता, शुक्ल जी के अनुसार, अधिकतर या तो वर्णनात्मक है अथवा उपदेशात्मक। भाषा स्पष्ट और परिमार्जित है। (हिन्दी शब्दसागर, प्रस्तावना, हिन्दी साहित्य का विकास, पृष्ठ 178) और हिन्दी साहित्य का इतिहास : रामचन्द्र शुक्ल संस्करण वि.सं. 2040 पृष्ठ 237)

शुक्ल जी ने स्पष्ट घोषणा की है कि भारतेन्दु के पहले नाटक के नाम से जो दो-चार ग्रन्थ ब्रजभाषा में लिखे गये थे उनमें महाराजा विश्वनाथ सिंह के *आनन्द रघुनन्दन नाटक* को छोड़ किसी में नाटकत्व न था। (हिन्दी साहित्य का इतिहास—रामचन्द्र शुक्ल, संस्करण 2040 वि.सं., पृष्ठ 308)

आनन्द रघुनन्दन नाटक सात अंकों में वर्णित है। इसमें ब्रह्मर्षि विश्वमित्र

की यज्ञ-रक्षा से लेकर मर्यादा पुरुषोत्तम रामचन्द्र के राज्यारोहण तक की कथा है।

इसकी रचना रीतिकाल के अन्तिम चरण में हुई। उस काल में मात्र शृंगार-चेतना की कविताएँ ही नहीं की गयीं अपितु मर्यादा पुरुषोत्तम श्रीराम के जीवन पर आधृत नाटक की रचना भी संस्कृत, प्राकृत और हिन्दी गद्य-पद्य में की गयी। इसके लेखक ने हिन्दी को देवनागरी घोषित की है—देवनागरी मात्र लिपि नहीं, देवनागरी भाषा भी है। देवनागरी अर्थात् नागरी उन्नीसवीं शताब्दी तक मात्र लिपि नहीं अपितु हिन्दी भाषा भी थी। इस नाटक में उन्नीसवीं शताब्दी के पूर्वार्द्ध का हिन्दी गद्य है।

ईसा की चौदहवीं शताब्दी के पूर्वार्द्ध से ही प्राचीन ब्रजभाषा गद्य के आरम्भिक सूत्र मिलते हैं। भक्तिकाल में कृष्णभक्ति शाखा के अन्तर्गत श्री वल्लभाचार्य के सुपुत्र गोंसाई बिट्ठलनाथ ने *शृंगार रस मंडन* नामक एक गद्य ग्रन्थ की रचना की थी जो अपरिमार्जित और अव्यवस्थित ही है। तत्पश्चात् वल्लभ सम्प्रदाय में *चौरासी वैष्णवों की वार्ता* और *दो सौ बावन वैष्णवों की वार्ता* की रचना गद्य में की गयी। इसमें प्रथम ग्रन्थ का अनुमित रचना काल ईसा की सतरहवीं शताब्दी का उत्तरार्द्ध है। उपर्युक्त द्वितीय ग्रन्थ का रचनाकाल औरंगजेब का शासनकाल (1658 ई.—1707 ई.) ही है। नाभादास ने सतरहवीं शताब्दी के आरम्भ में ही *अष्टयाम* नामक एक ग्रन्थ ब्रजभाषा गद्य में लिखा था जिसमें श्रीराम की दिनचर्या वर्णित है। बैकुंठमणि शुक्ल ने 1723 ई. के आसपास ब्रजभाषा गद्य में *अगहन माहात्म्य* और *बैशाख माहात्म्य* शीर्षक दो लघु पुस्तिकाओं की रचना की थी। वे ओरछा के राजदरबार के आश्रित थे। 1703 ई. के पश्चात् *नासिकेतोपाख्यान* की रचना सुव्यवस्थित ब्रजभाषा गद्य में की गयी थी। इसकी रचना से ही ब्रजभाषा गद्य के व्यवस्थित और परिमार्जित स्वरूप का आरम्भ माना जा सकता है। 1710 ई. में सुरति मिश्र ने संस्कृत से कथा उधार लेकर *बैताल पचीसी* लिखी, जिसको कालान्तर में लल्लू लाल ने खड़ी बोली गद्य में रूपान्तरित किया। 1795 ई. में तत्कालीन जयपुर नरेश सवाई प्रताप सिंह के आदेशानुसार लाला हीरालाल ने वृहद् गद्य ग्रन्थ *आईने अकबरी की भाषा चयनिका* की रचना की थी। इसकी भाषा सरल, सुबोध और बोलचाल की है।

ब्रजभाषा गद्य में प्रचलित अरबी फारसी शब्दों की घुसपैठ *चौरासी वैष्णवों की वार्ता* और *दो सौ बावन वैष्णवों की वार्ता* से शुरू हो गयी थी। तत्कालीन *आईने अकबरी की भाषा चयनिका* और *आनन्द रघुनन्दन नाटक* में भी प्रचलित अरबी फारसी शब्दों के प्रयोग मिलते हैं।

ईसा की चौदहवीं शताब्दी के पूर्वार्द्ध से अठारहवीं शताब्दी के आरम्भ तक हिन्दी गद्य का कोई व्यवस्थित और क्रमबद्ध विकास-क्रम नहीं पाया जाता। पद्य में ही साहित्य की रचना होती थी। प्रतिभा और कला का चमत्कार पद्य में प्रस्फुटित हो रहा था। गद्य की ओर रचनाकारों की रुचि नहीं थी। हिन्दी काव्य जनोन्मुखी नहीं था। उसका सामाजिक सरोकार नहीं था।

रामचन्द्र शुक्ल का कथन है कि "जिस समय गद्य के लिए खड़ी बोली उठ खड़ी हुई उस समय तक गद्य का विकास नहीं हुआ था, उसका कोई साहित्य नहीं खड़ा हुआ था, इसी से खड़ी बोली के ग्रहण में कोई संकोच नहीं हुआ।" (हिन्दी साहित्य का इतिहास, पृष्ठ 279 संस्करण वि.सं. 2041)

1741 ई. में पटियाला दरबार के आश्रित कथावाचक राम प्रसाद निरंजनी ने *भाषा योगावशिष्ठ* की रचना परिष्कृत और स्वच्छ खड़ी बोली गद्य में की थी। रामचन्द्र शुक्ल ने *भाषा योगावशिष्ठ* को परिमार्जित गद्य की प्रथम पुस्तक और राम प्रसाद निरंजनी को प्रथम प्रौढ़ गद्य लेखक के रूप में मान्यता प्रदान की है। 1761 ई. में बसवा (मध्य प्रदेश) निवासी पंडित दौलतराम ने हरिषेणाचार्य कृत जैन *पद्मपुराण* का गद्य भाषानुवाद किया था जो सात सौ पृष्ठों का एक वृहद् ग्रन्थ है। खड़ी बोली में गद्य की परम्परा का सूत्रपात अंग्रेजों की प्रेरणा से नहीं हुआ। भारत में अंग्रेजी शासन की प्रतिष्ठापना की अनेक शताब्दियों पूर्व से ही हिन्दी में गद्य की छिटपुट परम्परा चल रही थी।

उन्नीसवीं शताब्दी के आरम्भ में 1800 ई. के पश्चात् मुंशी सदासुख लाल 'नियाज', सैयद इंशाअल्ला खाँ, लल्लू लाल और सदल मिश्र ने खड़ी बोली में गद्य का प्रवर्तन किया। तत्पश्चात् ईसा की उन्नीसवीं शताब्दी के पूर्वार्द्ध में रीवा (मध्य प्रदेश) के महाराजा विश्वनाथ सिंह ने *आनन्द रघुनन्दन नाटक* की रचना की। इसमें ब्रजभाषा गद्य का परिष्कृत रूप परिलक्षित होता है। यह हिन्दी के आरम्भिक गद्य काल की रचना है। यह 1830 ई. के पूर्व की ही कृति है। यह उन्नीसवीं शताब्दी में अत्यधिक लोकप्रिय उर्दू नाटक 'इन्दरसभा' के बहुत पूर्व का नाटक है।

डॉ. दशरथ ओझा के अनुसार, *आनन्द रघुनन्दन* की रचना विक्रम संवत् 1900 अर्थात् 1843 ई. के आसपास हुई (हिन्दी नाटक : उद्‌भव और विकास, पृष्ठ 380)। किन्तु उनका यह कथन सर्वथा भ्रान्तिपूर्ण है।

हिन्दी ही नहीं, सम्पूर्ण भारतीय साहित्य में स्त्री चेतना का प्रथम प्रस्फुटन *आनन्द रघुनन्दन* नाटक में हुआ था। इसके प्रथम अंक में पृष्ठ संख्या 5 पर नट का कथन है—'*नारी गंगा है*'।

भारतेन्दु हरिश्चन्द्र ने कहा—'नारि नर सम होहिं।' किन्तु उसके बहुत पूर्व नारी को गंगा अधिघोषित कर महाराजा विश्वनाथ सिंह ने नारी को जो सम्मान दिया, वह भारतीय साहित्य की स्त्री चेतना के इतिहास में अद्भुत ही है।

गद्य-पद्य मिश्रित रूप में विरचित इस नाटक में भुजंगप्रयात, सवैया, गीतिका, दोहा, नराच, त्रिभंगी, कवित्त, चामर आदि छन्दों का वैविध्य है। इसमें एक पद मैथिली भाषा में भी है। मैथिली मुख्यत: उत्तर बिहार के मधुबनी क्षेत्र की जनभाषा है। मैथिली भाषा का उक्त पद अधोलिखित है—

मुनि के संग दुई नेना ऐलिछि।
सुन्दर रूप जादूगर छवि से पथरा की पुतरी कमा उगि बनौलिछि।
हो पड़ाय कहुंएतै अैलहु से बिरतांत अहांकै सुनवलिछि।
अवभूपति विशुनाय होई जै-जै कछु करैक करू मन भव लिछि।

इस मैथिली पद का अर्थ गद्य में इस प्रकार दिया गया है—

"मुनि के संग दुई लरिका आये हैं तिनकर सुन्दर रूप है, जादूगर है। पथरा की पुतरी का स्त्री बनाइनि हे मैं पराई कै इहां आयेउ सो बिरतांत अपना का सुनायउं है। विश्वनाथ भूप तुम्हार जय होय जो कछु करै का हौय सो मन भावा करो।"

सीता जी की जन्मभूमि की भाषा मैथिली ही जानी जाती है। अतएव प्रसंग, पात्र और वातावरण के अनुसार मैथिली पद का प्रयोग कर नाटककार ने स्वाभाविकता का संचार किया है।

सात अंकों के इस नाटक की कथावस्तु संक्षिप्त और सुगठित है। इसके प्रथम अंक में प्रस्तावना को छोड़ 13 दृश्य, द्वितीय अंक में 6 दृश्य, तृतीय अंक में 10 दृश्य, चतुर्थ में 8, पंचम में 6, षष्ठ में 10 और सप्तम में 3 दृश्य हैं। अर्थात् प्रस्तावना सहित इसमें साठ दृश्य हैं। दृश्यों के आधिक्य के कारण इसकी रंगमंचीय अनुकूलता बाधित भी हुई है। इसके संवाद ब्रजभाषा और रंग-निर्देश संस्कृत में हैं।

आनन्द रघुनन्दन में सम्पूर्ण नाटक का 50 प्रतिशत से अधिक अंश गद्य में है जबकि *नहुष* नाटक में गद्य का प्रयोग सम्भवत: एक प्रतिशत से अधिक नहीं हो सका है।

इस नाटक की वस्तु-विशालता एक बड़ा दोष माना जा सकता है। इसमें श्रीराम की बृहद् कथा को एक ही नाटक के कलेवर में समाहित कर देने के प्रयास में अनेक प्रमुख प्रसंगों के महत्त्व को गौण कर दिया गया है। ऐसा प्रतीत होता है कि इसकी रचना नाटक की दृष्टि से नहीं होकर 'रामलीला' की दृष्टि से हुई

है।

चरित्रों के पूर्व परिचित नामों को पूर्णतया परिवर्तित कर नाटककार ने अभिनव प्रयोग अवश्य किया है किन्तु इस चरित्र-नाम-परिवर्तन-दोष से नाटककार अपने को बचा सकता था, जो नहीं हुआ।

सैयद आगा हसन अमानत (1826 ई.—1856 ई.) कृत प्रेमाख्यानक नाटक *इन्दरसभा* (1853 ई.) की लोकप्रियता उन दिनों अत्यधिक थी। प्रायः आधी शताब्दी तक इसकी लोकप्रियता अभूतपूर्व रही। इसने हिन्दी रंगमंच को आन्दोलित कर दिया। लोकरुचि और लोकरंजन की दृष्टि से इस नाटक ने नवीन इतिहास की रचना कर दी। इसके अनुकरण पर हिन्दी में अनेक नाटक लिखे गये। उन्नीसवीं शताब्दी के उत्तरार्द्ध में सम्पूर्ण हिन्दी पट्टी ही नहीं, कलकत्ता में भी *इन्दरसभा* नाटक बहुत लोकप्रिय था। 1880 ई. के आसपास तत्कालीन कलकत्ता में *इन्दरसभा* का अभिमंचन अक्सर होता रहता था और यह नाटक सामान्य जनता में आशा से अधिक लोकप्रिय था। कलकत्ता से प्रकाशित हिन्दी साप्ताहिक पत्र *सारसुधानिधि,* विक्रम सवंत् 1937 आश्विन 12 चन्द्रवार तदनुसार 27 सितम्बर 1880 ई. (भाग 2, अंक 25) में पृष्ठ संख्या 295 पर 'हिन्दुस्तानी नाटक' नाम से एक सम्पादकीय टिप्पणी छपी थी। इसके कथनानुसार, 1880 ई. में तत्कालीन कलकत्ता में दि इंडस्ट्रियल हिन्दुस्तानी अपरेटिक क्लब नामक एक थिएटर बाबू दुर्गाप्रसाद उर्फ बंगाली लाल खत्री (71 क्रास स्ट्रीट, बड़ा बाज़ार, कलकत्ता) ने स्थापित किया था। इस क्लब के तत्त्वावधान में निर्धारित टिकट पर *इन्दरसभा* के अभिमंचन का लाभ वहाँ की जनता उठाती थी। *इन्दरसभा* का अभिमंचन वहाँ के थिएटर रायल चौरंगी नाचघर में भी किया जाता था। विज्ञापनों में *इन्दरसभा* 'मनोहर तमाशा' अथवा 'अपूर्व तमाशा' होगा आदि शब्दावलियों का प्रयोग किया जाता था। (द्रष्टव्य : *सारसुधानिधि,* विक्रम संवत् 1937 भाद्रपद 29 चन्द्रवार 13 सितम्बर 1880 ई. भाग-2 अं 23, पृष्ठ 272, कॉलम 2) अभिमंचन के नाटक तत्कालीन युग में 'तमाशा' कहे जाते थे। लाला काशीनाथ वर्मा खत्री के *ग्राम पाठशाला* नाटक (1883 ई.) के मंगलाचरण में नाटक को सुन्दर तमाशा ही कहा गया है। कलकत्ता के थियेटर रायल चौरंगी नाचघर में *इन्दरसभा* के अभिमंचन की आवृत्ति जनता के आग्रह पर बार-बार होती रहती थी। वहाँ टिकट दर निर्धारित था। *सारसुधानिधि,* 27 दितम्बर 1880 ई. के एक समाचार से ज्ञात होता है कि *इन्दरसभा* का तमाशा तीन बार हुआ। फिर 27 सितम्बर 1880 ई. को सुलेमानशाह का तमाशा होने वाला था, किन्तु जनता के अनुरोध पर पुनः *इन्दरसभा* का 'तमाशा' हुआ, बाद में सुलेमानशाह मंचित हुआ। *इन्दरसभा* आदि नाटकों के अभिमंचन के विज्ञापन

यथासमय कलकत्ता के स्थानीय पत्रिकाओं में किये जाते थे।

इस थिएटर के अभिनेता कलाकार सुघड़ थे। स्त्रियों का स्वांग पुरुष नहीं करते थे अपितु एतदर्थ उम्दा तवायफें नियुक्त थीं। 1859 ई. में गिरिधरदास ने नहुष नाटक की रचना की थी। यद्यपि भारतेन्दु हरिश्चन्द्र का *विद्या सुन्दर* नाटक 1868 ई. में प्रकाशित हो गया था तथापि उनका पहला मौलिक और सामाजिक नाटक *वैदिकी हिंसा हिंसा न भवति* 1873 ई. में पहली बार प्रकाशित हुआ। तत्पश्चात् *प्रेमयोगिनी* (भारतेन्दु हरिश्चन्द्र, 1874 ई.), *जयनार सिंह* (पंडित देवकीनन्दन त्रिपाठी, 1876 ई.), *सज्जाद सुम्बुल* (पंडित केशवराम भट्ट, 1877 ई.), *जैसा काम वैसा परिणाम* (पंडित बालकृष्ण भट्ट, 1878 ई.), *रक्षाबन्धन* (पंडित देवकीनन्दन त्रिपाठी 1878 ई.), *एक-एक के तीन और स्त्री शिक्षा* (पंडित देवकीनन्दन त्रिपाठी 1879 ई.) *दुखिनी बाला* (राधाकृष्ण दास, 1880 ई.), *बाल विधवा संताप* नाटक (काशीनाथ खत्री 1881 ई.) आदि सामाजिक नाटक; धनंजय विजय, सत्य हरिश्चन्द्र, चन्द्रावली नाटिका (भारतेन्दु हरिश्चन्द्र, क्रमशः 1873 ई., 1875 ई., 1876 ई.), *ललिता नाटिका* (पंडित अम्बिकादत्त व्यास, 1878 ई.), *अभिमन्यु नाटक* (लाला शालिग्राम वैश्य, 1880 ई.) आदि पौराणिक नाटक; *इश्क चमन* (लाला शालिग्राम वैश्य, 1854 ई.), *तप्तासंवरण* और *रणधीर-प्रेममोहिनी* (लाला श्रीनिवास दास, क्रमशः 1874 और 1877 ई.), शामशाद सौसन (पंडित केशवराम भट्ट, 1881 ई.) आदि प्रेमाख्यानक नाटक; *नीलदेवी* (भारतेन्दु हरिश्चन्द्र, 1880 ई.) नामक ऐतिहासिक नाटक और *विषस्य विषमौषधम्, भारत दुर्दशा* (भारतेन्दु 1876 ई.), *न्यायसभा* (बाबू रतनचन्द, 1880 ई.), *अंधेर नगरी* (भातेन्दु हरिश्चन्द्र, 1881 ई.) आदि राजनीतिक नाटक लिखे जा चुके थे।

उन्नीसवीं शताब्दी के उत्तरार्द्ध में हिन्दी पट्टी में नाटकोत्थान की चेष्टा का प्रारम्भ हुआ। यह नाटकोत्थान उक्त शती के सत्तर के दशक से ही प्रारम्भ हो सका। यह सत्य है कि दोहा, चौपाई, सवैया और घनाक्षरी में नेवाज कवि द्वारा विरचित *सकुन्तला* नाटक का मुद्रण लाइट प्रेस, बनारस से 1864 ई. में लीथो-मुद्रण में पहली बार हुआ था। किन्तु इसका प्रभाव नाटकोत्थान और हिन्दी—प्रचार की दिशा में नहीं हो सका था। एक सौ चौदह पृष्ठों का यह नाटक हिन्दी भाषा के प्रति विशेष जागृति उत्पन्न नहीं कर सका।

कविवचनसुधा, 17 अगस्त 1872 ई., में भारतेन्दु हरिश्चन्द्र ने निवेदन किया था —

"हे नाटक-विरोधी मानवगण! आप लोग इस चमत्कार कार्य में क्यों उत्साह नहीं बढ़ाते और इस आनन्दमय रस-समुद्र में क्यों नहीं स्नान करते...अब हमारी

प्रार्थना है कि आप लोग इस बात को सुनकर कान में रुई देके न बैठें, जहाँ तक हो सके इसकी उन्नति में प्रयत्न करें जिससे हमारे देशवासियों का उपकार हो।''

काशीपत्रिका, 31 अगस्त 1875 ई. (भाग 01 संख्या 6) ने लिखा था—

''जबसे इस देश की हानि होने लगी तब से नाटकों का बनना भी बन्द हो गया और फिर थोड़े दिनों पीछे यह हाल हो गया था कि बहुत से मनुष्य तो नाटक शब्द ही को भूल गये। मुझको खूब याद है कि छः बरस हुए एक अंग्रेजी मदरसे के अध्यापक लड़कों को पढ़ा रहे थे कि पुस्तक में ड्रामा शब्द आ गया, अध्यापक महोदय ने उसका अर्थ नाटक बताया परन्तु लड़के न समझे, यद्यपि पश्चिमोत्तर देश में अब भी ऐसे बहुत से लोग हैं जो नाटक का नाम तक नहीं जानते, परन्तु बंगाले का यह हाल नहीं, इस देश की भाषा में सैकड़ों नाटक बन गये हैं और उनके अभिनय होते हैं।''

हिन्दी में नाट्य-रचना की ऐसी ही परिस्थितियों में हिन्दी पट्टी में अनेक नाट्य-संस्थाओं का उद्भव हुआ, जिनके माध्यम से हिन्दी भाषा के प्रचार को विशेष बल मिला।

हिन्दी भाषा के प्रचार-प्रसार में उन्नीसवीं शताब्दी के उत्तरार्द्ध में अनेक नाटक मंडलियों ने यथोचित योगदान दिए।

पंडित केशवराम भट्ट (आश्विन कृष्ण 5 विक्रम संवत् 1911, सन् 1854 ई.—माघ कृष्ण विक्रम संवत् 1961, सन् 1904 ई.) ने 1876 ई. में पटना में नाटक मंडली की स्थापना की थी। यह बिहार की प्रथम नाट्य-संस्था थी। उक्त भट्ट जी कृत *शमशाद सौसन* नाटक का प्रथम अभिमंचन बिहार बन्धु छापाखाना, पटना के परिसर में 1876 ई. में हुआ था। तब तक इसका प्रकाशन नहीं हुआ था। यह बिहार का प्रथम अभिमंचित हिन्दी नाटक है। पटना नाटक मंडली ने हिन्दी भाषा के प्रति अभिनय प्रदर्शन के माध्यम से जनरुचि परिष्कृत की। भट्ट जी कृत *सज्जाद सुंबुल* (1879 ई.) और *शमशाद सौसन* (1880 ई.) प्रख्यात नाटक हैं।

उन्नीसवीं शती के आठवें दशक में बिहार की अनेक नाट्य मंडलियों और नाट्य-संस्थाओं ने विभिन्न पौराणिक और धार्मिक नाटकों का सार्वजनिक अभिमंचन कर हिन्दी भाषा के प्रचार-प्रसार में यथोचित योगदान किया। हिन्दू नाटक कम्पनी ने हरिमन्दिर गली, पटना सिटी में 2 अप्रैल 1881 ई. को *कीचक बध* नामक नाटक का अभिनय किया था। यह नाटक महाभारत के विराट् पर्व पर आधारित था। ऐसा उत्कृष्ट नाट्य प्रदर्शन पटना में इसके पूर्व कभी नहीं हुआ था। यह नाट्य-प्रदर्शन सशुल्क था—विशिष्ट महानुभावों के लिए दो रुपये, प्रथम श्रेणी एक रुपया, द्वितीय श्रेणी आठ आने और तृतीय श्रेणी चार आने। तत्कालीन भारत के आर्थिक

परिप्रेक्ष्य में यह टिकट दर अधिक थी। इस नाट्य-प्रदर्शन का वृहत् विज्ञापन हिन्दी साप्ताहिक पत्र बिहार बन्धु, 31 मार्च 1881 ई. (जिल्द 9 नवम्बर 8) की पृष्ठ संख्या 4 पर 'इश्तिहार' शीर्षक से प्रकाशित हुआ था।

1881-82 ई. में बनारस के शिक्षित भद्र समाज ने एक नाटक समाज वहाँ के दशाश्वमेध घाट पर नियत किया था जिसका नाम था—हिन्दू नेशनल थिएटर। *अन्धेर नगरी चौपट्ट राजा टके सेर भाजी टके सेर खाजा* शीर्षक भारतेन्दु हरिश्चद्र के हास्य रस रूपक की रचना इसी हिन्दू नेशनल थिएटर के निमित्त हुई थी और प्रकाशन के पूर्व ही इसका अभिमंचन उक्त थिएटर के तत्त्वावधान में 1882 ई. में बनारस में दशाश्वमेध घाट पर हुआ था। भारतेन्दु की यह सर्वप्रथम और एकमात्र नाट्य-रचना थी जो प्रथम प्रकाशन के पूर्व ही अभिमंचित हुई। मात्र बाईस पृष्ठों के इस नाटक के प्रथम संस्करण के 'उपसंहार' में तेईसवें पृष्ठ पर इसके प्रकाशक रामदीन सिंह ने लिखा था—"बाबू हरिश्चन्द्र ने यह सोच कर कि बिना किसी काव्य-कल्पना के वा बिना कोई उत्तम शिक्षा निकले जो नाटक खेला ही गया तो उसका फल क्या, इस कथा को काव्य में बाँध दिया। यह प्रहसन पूर्वोक्त बाबू साहब ने उस नाटक के पात्रों की अवस्थानुसार एक ही दिन में लिख दिया है। आशा है कि परिहासप्रिय रसिकजन इससे परितुष्ट होंगे।"

इसका प्रथम प्रकाशन 1882 ई. में खड्गविलास छापाखाना, पटना से हुआ था। इसके प्रथम संस्करण के आवरण पृष्ठ पर यह शब्दावली मुद्रित है—"हिन्दू नेशनल थिएटर के अर्थ निर्मित और तद्वारा अभिनीत हुआ."

यह उल्लेखनीय है कि उपर्युक्त 'उपसंहार' उक्त नाटक के अन्य सभी संस्करणों में नहीं है।

लाला काशीनाथ खत्री (सिरसा, इलाहाबाद) द्वारा विरचित *ग्राम पाठशाला* और *निकृष्ट नौकरी* नाटकों का प्रथम प्रकाशन 1883 ई. में बाबू रामकृष्ण वर्मा (कचौड़ी गली, बनारस) ने किया था जिसका मुद्रण चन्द्रप्रभा प्रेस, बनारस ने किया था। 15 फरवरी 1883 ई. को लिखित इसकी भूमिका में काशीनाथ खत्री ने लिखा था—

"आजकल कितने विद्वान और देशहितैषियों के चित्त में यह अभिलाषा है कि नाटकों की रचना की यथोचित वृद्धि हो और वे इसके लिए बहुत कुछ परिश्रम कर रहे हैं परन्तु कोई-2 जन ऐसे हैं जो नहीं जानते कि इसकी रचना से क्या प्रयोजन सिद्ध होता है। यहाँ की अपेक्षा बम्बई और बंगाल में सभ्य जनों ने इसका बहुत प्रचार बढ़ाया है और वहाँ सर्व साधारण लोगों की रुचि इसकी ओर ऐसी

बढ़ी हुई है कि बहुधा वहाँ की नाट्यसभाओं को सहस्रों रुपयों का लाभ होता है।

नाटक में लोगों के सुरीति से मन बहलाव और उपदेश के अर्थ मनुष्य के गुण अवगुण, चित्त की चंचलता, संकल्प-विकल्प, भूल-चूक, आस, भय, शोक, विषाद, मन की लहर और तरंगों को नकल करके इस रीति से दरसा देते हैं कि असल और नकल में भेद नहीं रहता और तमाशा देखने वालों के चित्त में बड़ा ही असर होता है। बहुधा सभ्य देशों में विद्वान जन नाटक की रचना के द्वारा मदिरापान, वस्त्र व्यसन, परस्त्रीगमन, असभ्य व्यवहार, बहुत स्त्री व्याहना, कायरी, चोरी, काम, क्रोध, मोह, दुःशीलता, लंपटता आदि अवगुणों की निन्दा ऐसी अपूर्व रीति से करते हैं कि बहुतेरे दुष्ट स्वभाव इनके प्रभाव से सुधर कर और कुछ के कुछ होकर नाट्य-भवन से निकलते हैं।

अब ध्यान दीजिए कि यह वैसी सुन्दर रीति है कि मनबहलाव भी हो और उसके संग ऐसा उपदेश भी हो। क्या यह हमारे देश के भांड़ों के असभ्य बकवाद और निर्लज्ज खेल तमाशों और वेश्याओं के नाच से सहस्रों गुणा बढ़कर नहीं है?''

काशीनाथ खत्री ने हर्ष व्यक्त करते हुए कहा था कि ''हमारी मातृभाषा में भी अब धीरे-2 नाटक लिखे जाने लगे हैं और लोगों की रुचि इस तरफ हो चली है...।''

उन्होंने उक्त भूमिका में यह स्वीकार किया था कि ''हिन्दी पढ़ने वालों की नाटकों के पढ़ने में बहुत रुचि बढ़ती जाती है...।''

रामकृष्ण वर्मा खत्री ने *ग्राम पाठशाला* और *निकृष्ट नौकरी* नाटकों (1883 ई.) की प्रकाशकीय भूमिका में हिन्दी भाषा में नाटकों के बड़े अभाव को स्वीकार करते हुए उनसे होने वाले देशोपकार का भी उल्लेख किया था। उनके ही मूल शब्दों में, ''यह बात सबको विदित है कि हमारी हिन्दी भाषा में नाटकों की बड़ी कमी है और नाटकों से जो देशोपकार होना सम्भव है इसमें तो कुछ पूछना ही नहीं है...।''

इसीलिए अपने सम्पादन में बनारस से प्रकाशित हिन्दी साप्ताहिक पत्र *भारत जीवन* के प्रकाशनारम्भ के पूर्व ही रामकृष्ण वर्मा प्रत्येक दूसरे महीने की पहली तारीख को एक नये नाटक का प्रकाशन करते थे। इस दिशा में उन्होंने *शेर अली* नामक नाटक अप्रैल 1883 ई. को प्रकाशन कर शुरुआत कर दी थी और शेक्सपीयर के सभी नाटकों को हिन्दी भाषा में अनुवाद कराकर प्रकाशित करने की योजना की घोषणा भी की थी क्योंकि यह उनके अनुसार देशहितैषी कार्य था।

उन्नीसवीं शताब्दी के उत्तरार्द्ध में जनता के हितेच्छु और उन्नत्यभिलाषी हिन्दी लेखकों का ध्यान नाट्य-रचना और उसके अभिमंचन की ओर तीव्र गति से गया।

दिसम्बर 1884 ई. में पटना में बिहार थियेट्रिकल ट्रूप नामक नाटक कम्पनी की स्थापना हुई थी। उसने प्रथम अभिमंचन 30 दिसम्बर, मंगलवार, 1884 ई. को पटना में आरम्भ किया था। 31 दिसम्बर, बुधवार, 1884 ई. को उसने *इन्दरसभा* नामक नाटक का प्रदर्शन किया था। (बिहार बन्धु : 01 जनवरी 1885 ई., जिल्द 13 नंबर 1, पृष्ठ 2) जैसा कि इसके पूर्व बताया जा चुका है कि भारतेन्दु काल में *इन्दरसभा* एक अति लोकप्रिय नाटक था जिसका अभिमंचन हिन्दीभाषी विभिन्न नगरों में अक्सर किया जाता था। भारतेन्दु हरिश्चन्द्र ने भी इसका अभिनय देखा था।

'बिहार बन्धु', 01 जनवरी, वृहस्पतिवार, 1885 ई. (जिल्द 13 नंबर 01), ने पृष्ठ संख्या 2 पर यह सच लिखा था कि "बिहार में थियेटर का नाम तक लोग नहीं जानते थे सो अब दो एक कम्पनियाँ यहाँ कायम हो गईं, गनीमत है।?"

'बिहार बन्धु', 8 जनवरी, वृहस्पतिवार, 1885 ई. ने अपने द्वितीय पृष्ठ के प्रथम कॉलम पर लिखा था—

"बिहार थियेट्रिकल ट्रूप वाले आजकल अच्छे-अच्छे अभिनय कर रहे हैं। खासकर के 'इन्दरसभा' का अभिनय बहुत उम्दा होता है।"

इस नाट्य-संस्था में तत्कालीन बम्बई, मद्रास आदि के लोग भी व्यावसायिक दृष्टिकोण से शामिल हो गये थे। इसी कारण इसकी हिन्दी भाषा की सर्वांगीण शुद्धता पर कुप्रभाव पड़ गया था। इसलिए इसके विरुद्ध 'बिहार बन्धु' 15 जनवरी, वृहस्पतिवार, 1885 ई. (जिल्द 13 नंबर 3) ने अंक के द्वितीय पृष्ठ के प्रथम और द्वितीय कॉलम में टिप्पणी की थी। पटना में इस नाट्य-संस्था का सम्मान नहीं हो सका क्योंकि इसने भाषा-सुधार करने की चेष्टा नहीं की और संगीत का समुचित प्रबन्ध भी नहीं था। यह नाट्य मंडली अल्पजीवी ही रही।

आनन्द रघुनन्दन नाटक के प्रकाशन के कालखंड में हिन्दी रंगमंच की तीन दिशाएँ थीं—पारसी रंगमंच, रामलीला रंगमंच और भारतेन्दु एवं भारतेन्दु मंडल के नाट्य साहित्य का रंगमंच। इन तीनों रंगमंचों के सम्मिश्रण से आधुनिक रंगमंच का निर्माण हुआ। पारसी रंगमंच में कृत्रिम अभिनय और अश्लीलता को प्रश्रय मिला। रामलीला नाटक मंडली पर भी पारसी रंगमंच का कुप्रभाव पड़ा। उन्नीसवीं

शताब्दी के उत्तरार्द्ध में रंगमंच के दो रूप प्रचलन में थे—अव्यावसायिक और व्यावसायिक अर्थात् पारसी रंगमंच। पारसी रंगमंच ने अत्यधिक लोकप्रिय होने के बावजूद जनमानस और नाट्य प्रस्तुति को अत्यधिक विकृत कर दिया था। पारसी रंगमंच के अभिनीत नाटकों में वासनोन्मुख प्रेम ही मुख्य प्रतिपाद्य विषय होता था। ऐसे नाटकों से सदुपदेश और देशप्रेम अथवा नवजागरण की आशा नहीं की जा सकती थी। अर्थोपार्जन ही इस रंगमंच का मुख्य उद्देश्य था। गरीब और मेहनतकश जनता अपने गाढ़े पसीने की स्वल्प कमाई पारसी रंगमंच के बुकिंग काउंटरों से टिकट खरीदने में खर्च कर देती थी। यह उनके सस्ते मनोरंजन का साधन था। उसके दर्शकों में ऐसे भी बहुत लोग थे जो अपनी चीजें गिरवी रखकर ये तमाशे देखते थे। दिन भर की मेहनत-मजदूरी से प्राप्त दो-चार आने कमाने वाले गरीब लोग भी शाम को थियेटर-तीर्थ के पारसी पंडों को चार आने की बछिया देकर चले आते थे। भीड़ की गर्मी से लोगों के दम घुटते थे, तेज प्यास से जान पर भी आफत आ जाती थी। किन्तु तमाशा खत्म हुए बिना लोग टस से मस नहीं होते थे। यदा-कदा पर्दा गिरने पर हुल्लड़बाजी, अप्रिय कर्णकटु शोर से हर प्रकार की मर्यादा खंडित हो जाती थी। तमाशा सस्ता होने से शहरों के आवारा लोग वहाँ ज्यादा जमा होते थे, रईस और भलेमानुष बहुत कम। साधन अथवा साध्य की उत्कृष्टता के प्रति जनमानस का रुझान नहीं था। इससे जनता का रुझान कुप्रवृत्तियों के प्रति हो जाता था। हिन्दी भाषा की उन्नति से उसका प्रयोजन नहीं था। उसकी भाषा भ्रष्ट उर्दू रहती थी। पारसी थियेटर के कारण शिक्षोपयोगी नाटकों के प्रति जनसाधारण में अरुचि थी। परिपक्व एवं प्रौढ़ जनमानस का अभाव था।

हिन्दी प्रदीप, प्रयाग, चैत्र कृष्ण 7, विक्रम संवत् 1940 तदनुसार 1 अप्रैल 1883 ई. (जिल्द 5 संख्या 8) में प्रकाशित 'पारसी थियेटर से हमारा क्या फायदा है' शीर्षक सम्पादकीय अग्रलेख में यह सत्य उभर कर आया था—

"नाटकों से हम लोगों का यत्न यह था कि लोगों की तबियत ऐसे बेहूदा खेल तमाशों से रोक सुसभ्य विनोद की ओर रुजू करते सो इन पारसियों ने चौपट कर डाला। अब इनकी चमक-दमक के आगे हमारे शिक्षा सम्मिलित नाटक क्योंकर किसी को रुच सकते हैं....इन पारसियों ने नाटक को भ्रष्ट और हानिकारक हमें जचा दिया। इनके तमाशे की जियादती हमारे देश के लिये निस्सन्देह बड़ी हानि है।"

उन्नीसवीं शताब्दी के उत्तरार्द्ध में देश-हित और हिन्दी-हित में प्रकाशित किसी पत्रिका का वार्षिक ग्राहक शुल्क देने में शिक्षित लोगों में घोर अरुचि थी। हिन्दी पत्रिकाएँ घोर आर्थिक संकट में रहती थीं। किन्तु पारसी थियेटरों के स्वत्वाधिकारी

और व्यवस्थापक जनता की गाढ़ी कमाई के पैसों से मालामाल हो रहे थे।

पंडित बालकृष्ण भट्ट ने मासिक पत्र *हिन्दी प्रदीप*, प्रयाग, चैत्र कृष्ण 7, विक्रम संवत् 1940 तदनुसार 1 अप्रैल 1883 ई. (जिल्द 5 संख्या 8) में 'पारसी थियेटर से हमारा क्या फायदा है' शीर्षक सम्पादकीय आलेख में कहा था—''इन पारसियों ने नाटक को जो सभ्य समाज का परमोत्कृष्ट विनोद था, बिगाड़ कर भांड़-पतुरियों के तमाशों से भी विशेष कर डाला। इनके नाटकों से शिक्षा इश्क और आशिक माशूकी की तरक्की के किसी तरह का सदुपदेश, जो नाटकों के अभिनय का मुख्य उद्देश्य है, कोई नहीं निकलता, न इससे हम लोगों की किसी तरह की सहानुभूति है जो हमारा इसी तरह का उपकार इन तमाशों से इन्होंने कभी सोचा हो। इनको केवल रुपया कमाने से मतलब है...।''

1883 ई. में मल्लिकचन्द्र ऐंड कम्पनी, बनारस द्वारा प्रकाशित पुस्तक *नाटक* में पृष्ठ संख्या 44 पर भारतेन्दु हरिश्चन्द्र ने भी कहा था कि ''काशी में पारसी नाटक वालों ने नाचघर में जब शकुन्तला नाटक खेला और उसमें धीरोदात्त नायक दुष्यन्त खेमटेवालियों की तरह कमर पर हाथ रखकर मटक-मटक कर नाचने और 'पतरी कमर बलखाय' गाने लगा तो डॉ. बाबू प्रमदादास मित्र प्रभृति विद्वान यह कहकर उठ आये कि अब देखा नहीं जाता। ये लोग कालिदास के गले पर छुरी फेर रहे हैं। यही दशा बुरे अनुवादों की भी हो रही है।''

उन्नीसवीं शताब्दी के उत्तरार्द्ध में निरक्षर धनी वर्ग द्वारा पर्याप्त धनराशि के व्यय के बावजूद रामलीला का रूप-स्वरूप विकृत हो गया था और उससे जनता को वास्तविक लाभ नहीं मिल पाता था। अतएव पंडित दामोदर शास्त्री कृत *रामलीला* नाटक का प्रकाशन 1882 ई. में खड्गविलास प्रेस, पटना से हुआ तो, हिन्दी प्रदीप, अप्रैल 1882 ई., ने इसकी प्रशंसा में, पृष्ठ संख्या 2 पर, रामलीला करने वालों के लिए इसे बहुत ही उत्तम और सभ्य समाज का प्रमोद करनेवाला घोषित किया था।

ऐसे ही विरोधाभास की स्थिति में *आनन्द रघुनन्दन नाटक* का पुनःप्रकाशन जनवरी 1881 ई. में हुआ था। किन्तु अपनी ऐतिहासिक महत्ता के बावजूद पर्याप्त सम्मान उस युग में इसे नहीं दिया जा सका।

रचनाकार के निधन के सत्तरह वर्ष पश्चात् उनके सुपुत्र रघुराज सिंह के रीवा राज्यकाल में *आनन्द रघुनन्दन नाटक* लाइट यन्त्रालय, बनारस में 1871 ई. (विक्रम संवत् 1928) में मुद्रित हुआ था। किन्तु इसकी प्रतियाँ सम्भवतः तत्कालीन नरेश के सरदारों और सम्बन्धियों में ही वितरित हो जाने के फलस्वरूप दुर्लभ एवं दुष्प्राप्य हो गयीं और यह नाटक जनसुलभ नहीं हो सका। इस नाटक का प्रकाशन इसके लेखक के जीवनकाल में नहीं हो सका था। तत्पश्चात् इस नाटक का अन्य

संस्करण जनवरी 1881 ई. में मुंशी नवलकिशोर छापाखाना, लखनऊ से लीथो मुद्रण में प्रकाशित हुआ। यह इसका द्वितीय संस्करण था। किन्तु इसके नवलकिशोर प्रेस संस्करण में, आवरण पृष्ठ पर पहली बार अर्थात् प्रथम संस्करण मुद्रित है। इस तथ्य से यह भी निष्कर्ष निकाला जा सकता है कि इस प्रेस को लाइट यन्त्रालय संस्करण का परिज्ञान नहीं था। यह संस्करण अब अत्यन्त दुर्लभ, अलभ्य और दुष्प्राप्य हो गया है।

यह संस्करण इसके लेखक के देहान्त सताईस वर्षों के पश्चात् प्रकाशित हुआ था जब उनके सुपुत्र और श्रेष्ठ साहित्यकार रीवा नरेश रघुराज सिंह (राज्य काल 1854 ई.—4 फरवरी 1880 ई.) का हो गया था।

मुंशी नवलकिशोर भार्गव (3 जनवरी 1836 ई.—19 फरवरी 1885 ई.) द्वारा 1858 ई. में लखनऊ में स्थापित नवलकिशोर प्रेस ने हिन्दी और उर्दू भाषाओं में उन्नीसवीं शती के उत्तरार्द्ध में प्रकाशन के इतिहास में एक अभूतपूर्व कीर्तिमान स्थापित कर दिया था। अतएव हमने *आनन्द रघुनन्दन नाटक* के नवलकिशोर प्रेस संस्करण को शुद्ध पाठ का प्रमाण माना है।

तत्पश्चात् इसका तृतीय संस्करण पौष विक्रम संवत् 2017 तदनुसार दिसम्बर 1960 ई. में विन्ध्य प्रादेशिक हिन्दी साहित्य सम्मेलन, रीवा से राममित्र चतुर्वेदी के प्रबन्ध सम्पादकत्व और दीपचन्द जैन (तत्कालीन प्राध्यापक, राजकीय महाविद्यालय सतना), शंकर शेष और कृष्णकान्त पाण्डेय (तत्कालीन प्राध्यापक, राजकीय महाविद्यालय, शहडोल) के सम्पादकत्व में, लेखक के निधन के एक सौ छः वर्षों के उपरान्त प्रकाशित हुआ। विन्ध्य प्रादेशिक हिन्दी साहित्य सम्मेलन संस्करण अर्थात् रीवा संस्करण को भी सम्पादक मंडल ने प्रथम संस्करण ही घोषित किया है, जो भ्रान्तिपूर्ण है। यह संस्करण अत्यन्त क्षेत्रीय स्तर पर प्रकाशित होने के कारण सर्वजनसुलभ नहीं हो सका और अध्ययन-अध्यापन अथवा समालोचना के स्तर को स्पर्श नहीं कर सका।

अब *आनन्द रघुनन्दन* की रचना के प्रायः एक सौ अस्सी-बेयासी और उसके लेखक के देहान्त के मात्र 159 (एक सौ उनसठ) वर्षों के पश्चात् इसका भारतीय ज्ञानपीठ संस्करण प्रकाशित हो रहा है। इसके किसी संस्करण के प्राक्कथन, भूमिका अथवा प्रस्तावना में इसके लेखक की जीवनी का प्रकाशन नहीं हुआ था। इस संस्करण की खोजपूर्ण प्रस्तावना में इस अभाव का निराकरण कर दिया गया है। लेखक का दुर्लभ किन्तु प्रामाणिक चित्र भी इसमें दे दिया गया है।

यह नाटक हिन्दी का सर्वप्रथम मौलिक नाटक है।

यह ब्रजभाषा का सर्वप्रथम नाटक है।

यह नाटक हिन्दी की राष्ट्रीय धरोहर है।

यह हिन्दी का सबसे पहला रामाश्रयी नाटक है।

यह सांस्कृतिक चेतना का पहला हिन्दी नाटक है।

यह भारत और भारतीयता, भारत के प्राचीन गौरव पर आधारित पहला हिन्दी नाटक है।

यह उस कालखंड के हिन्दी गद्य में विरचित है जब गद्य का मानक स्वरूप निश्चित नहीं हो सका था और हिन्दी गद्य भी अत्यन्त स्वल्प और विखंडित था।

यह ईसा की उन्नीसवीं शताब्दी के आरम्भिक दशकों के दुर्लभ हिन्दी गद्य की अखंडित कृति है। उन्नीसवीं शताब्दी के आरम्भिक कालखंड का हिन्दी गद्य अत्यन्त दुर्लभ है।

1940 ई. में प्रकाशित *रीवा राज्य का इतिहास* (प्रथम भाग) की पृष्ठ संख्या 110 पर विश्वनाथ सिंह की चर्चा के क्रम में उसके लेखक यादवेन्द्र सिंह प्रकाश ने लिखा है—''बघेलखंडी भाषा में एक 'आनन्द रघुनन्दन' नाटक नाम का ग्रन्थ बहुत ही अनूठा है और उससे महाराज की भाषा सम्बन्धी बहुत बड़ी योग्यता और विद्वत्ता झलकती है।''

अर्थात् उक्त इतिहास पुस्तक में *आनन्द रघुनन्दन नाटक* की भाषा बघेलखंडी घोषित की गयी है।

आनन्द रघुनन्दन के पूर्व कथित बघेलखंडी भाषा में किसी भी नाटक की रचना नहीं की गयी थी। यह उक्त भाषा का भी प्रथम नाटक है।

नासिकेतोपाख्यान की रचना (1703 ई.) ब्रजभाषा गद्य में की गयी थी जिसके कर्ता का नाम अज्ञात है। तत्पश्चात् *आनन्द रघुनन्दन नाटक* की रचना ब्रजभाषा से प्रभावित गद्य में की गयी, जिसके कर्ता का नाम ज्ञात, सर्वस्वीकृत एवं निर्विवाद है।

यह किसी भी भारतीय नरेश और देशीय रजवाड़े के स्वत्वाधिकारी राजा, महाराजा द्वारा विरचित किसी भी भाषा का सर्वप्रथम नाटक है।

यह नट-नाट्य कला सहित उत्तमोत्तम ललित नाटक भाषा अर्थात् हिन्दी भाषा और साहित्य की बहुमूल्य धरोहर है।

यह संस्कृत को छोड़कर अन्य किसी भी आधुनिक भारतीय भाषा में सुव्यवस्थित रंगमंच के अभ्युदय के बहुत पूर्व विरचित सर्वप्रथम नाट्यकृति है।

यह भारत में ईस्ट इंडिया कम्पनी शासन के पूर्वार्द्ध में विरचित हिन्दी गद्य की मौलिक साहित्यिक कृति है।

यह हिन्दी नाटकों के इतिहास में हमारी समृद्ध सांस्कृतिक विरासत का प्रथम गौरवपूर्ण शिखर है।

यह विलुप्तप्राय नाटक अब पाठकों के समक्ष आ रहा है। यह अब तक

प्राय: अत्यन्त दुर्लभ, दुष्प्राप्य, विस्मृत, अलभ्य एवं प्राय: अगवेषित ही रहा है।

ईस्ट इंडिया कम्पनी शासन के आरम्भिक रणनीतिकारों की मान्यता थी कि भारतवर्ष के धर्म, परम्परागत धार्मिक विधि-विधान और स्थानीय परम्पराओं में किसी भी प्रकार का हस्तक्षेप ब्रिटिश शासन के विध्वंस का कारण बन सकता था। न्याय के प्रत्येक सिद्धान्त के अनुसार जनता को अपनी धार्मिक मान्यताओं के पालन का अखंडित अधिकार था। एच.डी. कोलब्रुक कृत *ए डाइजेस्ट ऑफ हिन्दू लॉ ऑन कॉन्ट्रैक्ट्स एंड सक्सेसन्स* चार भागों में तत्कालीन कलकत्ता से 1797-९8 ई. में प्रकाशित हुआ था।

लन्दन की रॉयल सोसाइटी की पद्धति पर 15 जनवरी 1784 ई. को तत्कालीन कलकत्ता में एशियाटिक सोसाइटी की स्थापना की गयी थी जिसके प्रथम संरक्षक भारतवर्ष के तत्कालीन गवर्नर जनरल वारेन हेस्टिंग्स और प्रख्यात भारतविद् विलियम जोन्स (1746 ई.—27 अप्रैल 1794 ई.) प्रथम अध्यक्ष थे। भारतवर्ष ही नहीं, अखंडित और वृहत्तर भारत ही नहीं, एशिया में भी बहुआयामी नवजागरण और पुनरुत्थान की नींव उक्त तिथि को ही सर्वप्रथम डाली गयी। उसी समय एशियाटिक सोसाइटी के तत्त्वावधान में सर विलियम जोन्स ने *ए डिसर्टेशन ऑन दि आर्थोग्राफी ऑफ एशियाटिक वर्ड्स इन रोमन लेटर्स* (A Dissertation on the Orthography of Asiatic Words in Roman Letters) शीर्षक निबन्ध लिखा था जिसमें देवनागरी लिपि की स्वाभाविक व्यवस्था को अन्य लिपियों की अपेक्षा सर्वाधिक उत्कृष्ट, वैज्ञानिक एवं श्रेष्ठ घोषित करने के बावजूद भारतीय ही नहीं, सम्पूर्ण एशियाई भाषाओं के लिए अनिवार्य स्वर लिपियों से युक्त संशोधित रोमन लिपि को एकमात्र लिपि के रूप में अनुशंसा की गयी थी। यह भारतीय भाषाओं के विरुद्ध सबसे पहला सुनियोजित षड्यन्त्र था। यह भारतीय भाषाओं के रोमन लिप्यान्तरण का सर्वप्रथम प्रयास था। यह लोकास्था की लिपि देवनागरी की अखंडित गरिमा के विरुद्ध सर्वप्रथम कुठाराघात था।

भारत में ईस्ट इंडिया कम्पनी के शासनकाल के आरम्भिक दौर में संस्कृत ही नहीं, अपितु हिन्दी और अन्य प्रमुख भारतीय भाषाओं के पुनरुत्थान का बीज-वपन हो गया था। श्रीमद्भगवद्गीता का प्रथम अंग्रेजी अनुवाद 1780 ई. में हुआ था जिसकी एक प्रति का मूल्य था—सोने की एक अशर्फी। एक वर्ष में ही श्रीमद्भगवद्गीता का यह संस्करण समाप्त हो गया था। चार्ल्स विलकिन्स ने संस्कृत, बांग्ला और फारसी भाषाएँ सीखी थीं और 1770 ई. के दशक में उसने श्रीमद्भगवद्गीता और हितोपदेश का अंग्रेजी अनुवाद प्रकाशित कराया था। कालिदास कृत *अभिज्ञान शाकुन्तल* का अंग्रेजी अनुवाद 1789 ई. में सर विलियम जोन्स ने प्रस्तुत किया था। श्रीमद्भगवद्गीता का प्रकाशन 1809 ई. में फोर्ट विलियम

कॉलेज, कलकत्ता में हुआ था। इसका मुद्रण बाबूराम प्रेस, खिदरपुर, कलकत्ता ने किया था। तत्पश्चात् श्रीमद्भगवद्गीता के अंग्रेजी अनुवाद भारतीय और अंग्रेज अनुवादकों ने अनेक बार उन्नीसवीं शताब्दी में किये जिनका प्रकाशन उक्त शताब्दी में लन्दन और तत्कालीन मद्रास से हआ। कालिदास के *ऋतुसंहार* का मूल पाठ सहित अंग्रेजी अनुवाद—*दि सीजन्स* (The Seasons)—1792 ई. में कलकटा गज़ट ऑफिस, कलकत्ता से प्रकाशित हुआ था। यह संस्कृत में मुद्रित-प्रकाशित प्रथम पुस्तक थी। इसका तत्कालीन मूल्य दस रुपये था। भर्तृहरि (संस्कृत) का प्रथम लैटिन अनुवाद पी.ए. बोहलेन (P.A. Bohlen) ने किया था जो 1833 ई. में प्रकाशित हुआ। एच.एच. विल्सन (Horace Hayman Wilson) ने कालिदास के नाटकों के मूल संस्कृत से अंग्रेजी अनुवाद प्रस्तुत किये थे जो बहुत लोकप्रिय हुए।

बाइबिल का सर्वप्रथम संस्कृत अनुवाद मिशन प्रेस, श्रीरामपुर से 1811 ई. और हिन्दी अनुवाद 1814 ई. में प्रकाशित हुआ था। यह ध्यातव्य है कि विलियम कैरे फोर्ट विलियम कॉलेज में संस्कृत के प्रोफेसर थे। 17 अगस्त 1761 ई. को वह पहली बार भारत आये थे और उन्होंने अपने हिन्दी-प्रेम के कारण बाइबिल का हिन्दी अनुवाद प्रस्तुत किया जो 1818 ई. में प्रकाशित हुआ।

1806 ई. में वाल्मीकि रामायण का प्रकाशन हुआ था—मूल संस्कृत, गद्य में अंग्रेजी अनुवाद और व्याख्यात्मक टिप्पणियाँ भी। अनुवादक और प्रस्तोता थे विलियम कैरे (17 अगस्त 1761—9 जून 1834 ई.) और जोशुआ मार्शमैन (20 अप्रैल 1768—05 दिसम्बर 1837 ई.)। विलियम कैरे कृत *ए ग्रामर ऑफ दि संस्कृत लैंग्वेज* श्रीरामपुर मिशन प्रेस, श्रीरामपुर से 1806 ई. में प्रकाशित हुआ था। यह प्रथम मुद्रित-प्रकाशित संस्कृत व्याकरण है। मास्टर ऑफ मिन्ट, कलकत्ता के हेनरी पी. फोर्सटर (Henry Pitts Forster, निधन 10 सितम्बर 1815 ई.) कृत पुस्तक *एन एसे ऑन दि प्रिंसपल्स ऑफ संस्कृत ग्रामर* 1810 ई. में प्रकाशित हुई थी।

बम्बई लिटरेरी सोसाइटी, तत्कालीन बम्बई ने 1806 ई. में एशियाटिक सोसाइटी से आग्रह किया था कि महत्त्वपूर्ण संस्कृत कृतियों के अंग्रेजी अनुवाद तथा प्रकाशन और अनुवादकों को समुचित मानदेय प्रदान करने हेतु एक कोष का गठन किया जाय (कलकटा जर्नल : 08 जुलाई 1819 ई.)।

श्रीरामपुर कॉलेज, श्रीरामपुर के प्रथम वार्षिक प्रतिवेदन (1818 ई.) में इस कॉलेज से चारों वेदों के अंग्रेजी अनुवाद और उसके प्रकाशन की योजना बनाई गयी थी। 1819 ई. में विल्सन का संस्कृत-अंग्रेजी शब्दकोश प्रकाशित हुआ था।

तात्पर्य यह है कि ईस्ट इंडिया कम्पनी के शासन के आरम्भिक दौर में

भारतीय संस्कृति और संस्कृत के पुनरुथान की भव्य किरणों का अभ्युदय हुआ। ऐसी ही परिस्थितियों में विश्वनाथ सिंह ने श्रीराम कथा पर केन्द्रित *आनन्द रघुनन्दन* नाटक की रचना की, जिसके मुख्य आधार मुख्यतः वाल्मीकीय रामायण और आंशिक रूप से रामचरितमानस थे।

विश्वनाथ सिंह के रचना-काल का आरम्भ जॉन बॉर्थविक गिलक्राइस्ट (John Borthwick Gilchrist) प्रोफेसर हिन्दुस्तानी भाषा, फोर्ट विलियम कॉलेज, बंगाल कलकत्ता के लेखन के कालखंड में हुआ।

17वीं से 19वीं शताब्दी के पूर्वार्द्ध तक विरचित मात्र पन्द्रह हिन्दी नाटकों में सर्वाधिक अर्थात् छः नाटक रामचरित सम्बन्धी ही हैं, तीन कृष्ण विषयक, एक दुर्गा विषयक हैं। इस सुदीर्घ कालखंड में सम्पूर्ण रूप से विरचित पन्द्रह नाटकों में दस धार्मिक नाटकों की ही रचना मुख्य रूप से हुई। अधिसंख्य नाटक वैष्णव धर्म के प्रभाव और भक्त नाटककारों की अन्तःप्रेरणा से ही विरचित हुए। इनका मूल उद्देश्य ईश्वर भक्ति ही है।

हिन्दी में नाटक का सूत्रपात संस्कृत नाटकों के अनुवाद से ही हुआ। किन्तु ऐसे अनूदित नाटकों में नाटक के मूल तत्त्वों का अभाव था, यद्यपि वे नाटक के नाम से अधिघोषित किये गये। ब्रजवासी दास का *प्रबोध चन्द्रोदय नाटक भाषा* (1759 ई.) संस्कृत नाटक का अनुवाद है, यह नाटक कहाजाता है, किन्तु इसमें नाटक के तत्त्वों का अभाव है। ऐसे अनेक उदाहरण दिये जा सकते हैं।

आनन्द रघुनन्दन पूर्व और ईस्ट इंडिया कम्पनी के शासनकाल तक विरचित हिन्दी नाटकों में प्रायः गद्य-शैली अलक्ष्य है और यदि वह संयोगवश अति संक्षिप्त रूप से कहीं है तो वह महत्त्वहीन अथवा स्थानच्युत है। हिन्दी नाटकों के सुदीर्घ इतिहास में विश्वनाथ सिंह ने ही सर्वप्रथम अपने मौलिक नाटक *आनन्द रघुनन्दन* में ब्रजभाषा गद्य-शैली का समुचित प्रयोग अपने प्रमुख पात्रों से सफलतापूर्वक कराया। उन्होंने भरत मुनि के निर्देशानुसार भाषा विषयक नियम का पालन किया कि पात्रों की भाषा में स्वाभाविकता की रक्षा अनिवार्य है। इसलिए, इस नाटक में भारत की अनेक भाषाएँ परिलक्षित हैं। मिथिला के गायक स्वयंवर काल में मैथिली का प्रयोग करते हैं। राम के वनगमन काल में ग्रामीण महिलाएँ अपभ्रंश का व्यवहार करती हैं। राम के किष्किन्धा आगमन पर मराठी भाषा का व्यवहार किया गया है। इसमें द्रविड़ भाषा का प्रयोग है, पैशाची का भी।

हिन्दी नाटकों में गद्य का शास्त्रीय नीति-रीति से सर्वप्रथम प्रयोग विश्वनाथ सिंह ने ही किया। नान्दी, सूत्रधार, विष्कभ्भक, भरतवाक्य को किसी भी हिन्दी नाटक में सबसे पहली बार *आनन्द रघुनन्दन* में ही स्थान मिला। इसमें चरित्रचित्रण और संवाद-योजना के क्षेत्र में सफलता की रश्मियाँ दीप्तिमान हैं। हिन्दी नाटकों

के इतिहास में विश्वनाथ सिंह ने नयी ज़मीन तैयार की, भविष्य के नाटककारों के पथप्रदर्शक के दायित्व का सफल निर्वहन किया।

इसमें वीररस की प्रधानता है। यहाँ वीररस का स्थायी भाव उत्साह भी है। वीररस के सहायक करुण और भयानक दोनों रस यहाँ उपस्थित हैं। इसमें वीररस ही सर्वोपरि है। इसकी रस-निष्पत्ति नाटक की शास्त्रीय परम्परा के अनुरूप है।

यह एक नीतिप्रधान नाटक है। इसमें जीवन-दर्शन है, आनन्दप्रद रस भी—दोनों आरम्भ से परिसमाप्ति तक सह-अस्तित्व के सिद्धान्त का सफल सार्थक प्रतिपादन करते हैं।

विश्वनाथ सिंह कवि थे, श्रेष्ठ कवि थे, रामोपासक रामभक्त कवि थे, कवियों के आश्रयदाता थे। किन्तु उनका नाटकतत्त्व उनके काव्यत्व से आगे निकल गया है। उनका रामोपासक चरित्र विभिन्न पात्रों के चरित्र-विधान में सन्निविष्ट हो गया है।

डॉ. दशरथ ओझा ने ठीक ही कहा है कि विश्वनाथ सिंह नाटकीय परिस्थितियों के सच्चे पारखी थे। प्रकृति की लीलाओं को पात्रों की लीलाओं के साथ उन्होंने ऐसी कला के द्वारा समन्वित कर दिया कि चकोर भी राम के साथ रोदन करता था, सुपर्ण गृद्ध भी उनके लिए युद्ध करता था, सागर ने भी मार्ग दे दिया। आख्यान-परिवर्तन में कुशलता दिखाने का अधिक अवसर नहीं पाकर चिरविश्रुत कथानक के अनुसार ही करुणा और हास्य, वीर और भयानक, अद्‌भुत और रौद्र रसों का परिपाक उन्होंने ऐसी कुशलता के साथ किया कि उसी चिरपरिचित आख्यान में पग-पग आनन्दानुभूति होने लगती है। जहाँ-जहाँ उन्होंने क्रियाशीलता और वर्णन का पथ छोड़कर व्यंजना-शक्ति का आश्रय लिया, वहाँ नाटक अधिक आकर्षक बन गया है। (*हिन्दी नाटक : उद्‌भव और विकास* : डॉ. दशरथ ओझा, पृष्ठ 147)

विश्वनाथ सिंह ने ही, हिन्दी नाट्य साहित्य के इतिहास में, सर्वप्रथम संस्कृत नाट्यशैली सफलतापूर्वक ग्रहण की।

यह संस्कृत नाट्यशैली में हिन्दी का सर्वप्रथम मौलिक नाटक है।

हिन्दी ही नहीं, किसी भी भारतीय भाषा की सर्वप्रथम आत्मकथा *अर्ध-कथानक* के रचयिता कवि बनारसीदास (जन्म 1586 ई.—निधन अनुमानतः 1643 ई.) कृत *नाटक समयसार* आत्मतत्त्व के गूढ़ गहन रहस्य दोहा, चौपाई, सोरठा, छप्पय, सवैया, मनहर, कवित्त, अड़िल्ल, कुंडलिया आदि 1707 छन्दों में संयोजित-समाहित काव्य-कृति है, नाटक नहीं। नाटक शब्द से यहाँ किसी को भी भ्रम हो सकता है।

आनन्द रघुनन्दन नाटक की रचना के पूर्व भारत में अंग्रेजी रंगमंच का उद्भव हो गया था। 1912 ई. के पूर्व, ब्रिटिश शासन में कलकत्ता भारत की राजधानी था। 1756 ई. में कलकत्ता में जनसहयोग से नाट्यगृह का निर्माण हुआ था। तत्पश्चात् 1775 ई. में कलकत्ता थिएटर अस्तित्व में आया। भारतवर्ष में अंग्रेजी रंगमंच का उद्भव अठारहवीं शताब्दी के अन्तिम चरण में कलकत्ता में हुआ। 18 अक्टूबर, सोमवार, 1784 ई. को शेक्सपीयर कृत *मर्चेन्ट ऑफ वेनिस* का अभिमंचन भारत में पहली बार हुआ (दि कलकटा गज़ट एंड ओरिएन्टल एडवर्टाइजर, साप्ताहिक पत्र: कलकत्ता, 21 अक्टूबर, वृहस्पतिवार, 1784 ई.)। दर्शकों से थिएटर हाल बिल्कुल भरापूरा था। इसी तिथि को भारत के शेक्सपीरियन रंगमंच का उद्भव हुआ। तत्पश्चात् अंग्रेजी नाटकों का अभिमंचन कलकत्ता में अक्सर किया जाता था जिसमें आभिजात्य दर्शकों की अत्यधिक भीड़ लगती थी। कलकत्ता थिएटर का टिकट दर 1789-94 ई. में बॉक्स में एक स्वर्ण मोहर, प्रथम श्रेणी बारह रुपये और गैलरी का छः रुपये था। अभिमंचन के पूर्व अंग्रेजी समाचार पत्रों में इसके विज्ञापन भी दिये जाते थे—टिकट दर सहित। 1789 ई. में कलकत्ता की चौरंगी में एक प्राइवेट थिएटर था जिसका नाम चौरंगी थिएटर था। अक्टूबर 1789 ई. में चौरंगी थिएटर में *सुल्तान ऐंड दि पैडलॉक* का अभिमंचन हुआ था जिसमें नौ सौ से ज्यादा दर्शकगण थे, दृश्य-विधान अत्यन्त रुचिकर था और प्रस्तुतीकरण से भी दर्शकगण अत्यन्त सन्तुष्ट थे। अभिनय अंग्रेजों ने ही किया था। कलकटा गज़ट 29 अक्टूबर 1789 ई. के सम्पादकीय में इस नाटक के अभिमंचन की भूरि-भूरि प्रशंसा की गयी थी। 1814 ई. में भी चौरंगी थिएटर पूर्ववत् सक्रिय था। इस वर्ष बॉक्स का टिकट दर बारह सिक्का रुपये था और अन्य क्लास के छः रुपये।

अंग्रेजी नाटकों के लोकप्रिय अभिमंचन से हिन्दी ही नहीं, भारतीय लेखकों को नयी प्रेरणा मिली। संस्कृत के अध्ययन-अध्यापन को भी नयी गति और ऊर्जा प्राप्त हुई।

आनन्द रघुनन्दन संस्कृत शैली का प्रथम गद्य नाटक है। हिन्दी नाट्य साहित्य को मौलिकता का आरम्भ इसी नाटक से हुआ। इसके पूर्व के सभी हिन्दी नाटक अनूदित ही थे।

मध्य काल संस्कृत नाटकों का ह्रास काल था। भारत पर मुसलमानों के आक्रमण और उनकी धार्मिक असहिष्णुता के कारण नाटकों की रचना और रंगमंचीय विकास में अभूतपूर्व गतिरोध उत्पन्न हो गया था। अतएव उस काल में वैष्णव भक्ति आन्दोलन ने नाट्य-रचना को गौण कर दिया। संस्कृत नाटकों के ह्रास काल से ही नाटकों में प्रचुर पद्यात्मकता का विकास हुआ और नाटकों में संस्कृत की

शास्त्रीय परम्परा गौण हो गयी, उसके पुनरुत्थान के मार्ग में सघन धुन्ध थी।

आनन्द रघुनन्दन में ही संस्कृत की शास्त्रीय परम्परा का पुनरुत्थान पहली बार सम्भव हो सका। इस दृष्टि से भी यह हिन्दी का सबसे पहला मौलिक नाटक है। इस कृति में संस्कृत नाटकों के सैद्धान्तिक पक्ष का आधार है। हिन्दी नाटकों के इतिहास में ऐसा सबसे पहली बार हुआ। संस्कृत नाट्य-शैली के पुनरुत्थान में प्रथम प्रकाशस्तम्भ की भूमिका का निर्वहन *आनद रघुनन्दन* ने ही हिन्दी में सफलतापूर्वक किया। इस दृष्टि से भी यह हिन्दी का सर्वप्रथम नाटक है। इस नाटक का स्पष्ट प्रभाव गिरिधरदास के *नहुष* नाटक पर भी है।

आनन्द रघुनन्दन सात अंकों में संयोजित-प्रायोजित है। इसके प्रथम छः अंक के घटनाक्रम का आधार रामचरितमानस है। इसका सप्तम अंक रामचरितमानस के उत्तरकांड के विपरीत नाटककार की अनुभूत राजकीय संस्कृति के वैभव की झाँकी प्रस्तुत करता है। अतएव रामचरितमानस और *आनन्द रघुनन्दन* के समष्टिगत प्रभाव में बहुत अन्तर है।

रामचरितमानस की परिसमाप्ति शान्त रस में हुई। किन्तु वीररस प्रधान इस नाटक की परिसमाप्ति अनुचित नहीं है। आनन्द रघुनन्दनकार ने नाटकीय आग्रह के फलस्वरूप ही रामचरितमानस से भिन्न परिसमाप्ति इस नाटक में की है।

यह सत्य है कि आनन्द रघुनन्दनकार ने रामचरितमानस की घटनावली का अधिग्रहण करने के बावजूद उसके बुद्धिमत्तापूर्ण चयन में अपने नाटकीय कौशल का परिचय दिया है। उसने ऐसे ही राम विषयक घटनाक्रम का चयन किया है जो नाटक की मूल कथावस्तु से प्रत्यक्ष रूप से सम्बन्धित हो और नायक को सिद्धि के मार्ग में नव-नवीन, ऊर्जा और गति प्रदान करे। उसका नाटकीय लाघव प्रशंसनीय है। घटनाओं का सतर्कतापूर्ण चयन नाटकीय प्रासंगिकताओं और आवश्यकताओं के आधार पर किया गया है और रामचरितमानस की मुख्य घटनाओं की संरक्षा-सुरक्षा भी की गयी है। घटनाओं को संसूचित करने में नाटककार की मौलिक उद्भावनाएँ प्रशंसनीय हैं।

हिन्दी का सर्वप्रथम मौलिक नाटक होने के बावजूद रामचरितमानस के कथा-सागर के मर्यादित निर्वहन में संस्कृत परम्परा के अर्थोपक्षेपकों का प्रयोग नहीं करते हुए भी कथा के एकत्व को सर्वथा सुरक्षित-संरक्षित रखने में विश्वनाथ सिंह को पूर्ण सफलता मिली है जो उनकी मौलिक प्रतिभा का ही प्रतिफल था। इसकी मौलिक उद्भावना की ऊर्जा ने उनके परवर्ती नाटककारों को भी दीप्तिमान किया। *आनन्द रघुनन्दन* की कथा एक विश्वप्रसिद्ध धार्मिक आख्यान पर आधृत है।

इसकी कथा-योजना में अंक-विभाजन है, दृश्य-विभाजन विलुप्त है। यह अभाव तो है। इसके प्रत्येक अंक की कथावस्तु के लिए घटना स्थल में परिवर्तन

नहीं किया गया है। कथोपकथनों से ही स्थान-परिवर्तन का अप्रत्यक्ष परिज्ञान होता है। इसका रंगमंचीय विधान बहुत उन्नत और विकसित नहीं है। इसके अंक-विभाजन पर संस्कृत-परम्परा और दृश्य-विभाजन पर रास-परम्परा का स्पष्ट प्रभाव है।

जैसा कि मैंने निवेदन किया था कि *आनन्द रघुनन्दन* ब्रजभाषा का सर्वप्रथम नाटक है अतएव इसमें गद्य और पद्य में ब्रजभाषा का प्रयोग किया गया है। पात्रों की नामावली और रंगशाला विषयक सूचानाएँ संस्कृत में हैं। रामायण के पात्रों की नामावली के पर्यायवाची देकर नाटककार ने नाटक में अभूतपूर्व नवीनता का संचार किया है। इसमें यत्र-तत्र बहुसंख्यक छन्दों और पदों का भी समावेश किया गया है। हिन्दी नाटकों में गीतों की योजना भी रही है। हिन्दी नाटकों में गीतों की इस योजना का सूत्रपात्र *आनन्द रघुनन्दन* से ही हुआ, इसमें सन्देह नहीं।

इसके पात्र प्राकृत भाषा का भी व्यवहार करते हैं और उनकी प्राकृत भाषा का अर्थ भी लेखक ने दिया है।

इसके पद विभिन्न भाषाओं में हैं—मैथिली, कर्नाटकी, द्राविड़ भाषा और पैशाची बोली में। इनका तिलक अथवा अर्थ भी समाविष्ट है। कुछ पात्र स्वदेशीय भाषा का भी प्रयोग करते हैं। बंगप्रान्तीय पात्र बांग्ला भाषा का व्यवहार करता है। राज्यारोहण के सुअवसर पर चौतीस अप्सराएँ गायन करती हैं। गौरंगदेशीय नर्तक अपनी भाषा अर्थात् अंग्रेजी भाषा में गायन करता है। इस प्रकार अनेक गान हैं और इन सब पर कवि की छाप है। इसीलिए इस कृति के सम्बन्ध में पंडित विश्वनाथ प्रसाद मिश्र का कथन है कि इसका निर्माण नाटक के रूप में निश्चित हुआ।

आनन्द रघुनन्दन की कथावस्तु घटना-प्रधान है, घटनाओं का बाहुल्य है जिसके फलस्वरूप पात्रों के अन्तःकरण का दिग्दर्शन नहीं हो सका। घटनाओं के प्रवाह में पात्रों के अन्तःकरण की धूप यहाँ नहीं उगी। विभिन्न पात्रों के आचरण की व्याख्या यहाँ विशेष रूप से है, सूक्ष्म मानसिक मनोवैज्ञानिक विश्लेषण-विवेचन गौण है।

आनन्द रघुनन्दन में मुख्य पुरुष मात्र बत्तीस हैं और नारी पात्र आठ। नाटकीय दृष्टि से यह संख्या बहुत अधिक है। इसके पात्रों के दो संवर्ग हैं—प्रथम उदात्त और द्वितीय अधम अथवा नैतिक दृष्टि से हीन।

आनन्द रघुनन्दन के नायक श्रीराम हैं। धीरोदात्त नायक के नाम पर ही इस नाटक का नामकरण नाटककार ने किया है।

आनन्द रघुनन्दन पूर्व तथाकथिक हिन्दी नाटकों में पद्यात्मक कथोपकथन की ही एकमात्र प्रधानता रही है और पद्यात्मक संवाद ही कथोपकथन मान लिये जाते

थे। उन पद्यात्मक संवादों में श्रव्य-काव्य का आनन्दानुभव होता था, दृश्य-काव्य का नहीं। किन्तु *आनन्द रघुनन्दन* में परम्परा से हटकर गद्य का व्यापक प्रयोग हुआ है। यह आद्योपान्त गद्य नाटक नहीं होने के बावजूद पद्यों से नितान्त पृथक् नहीं है। किन्तु यह हिन्दी का सर्वप्रथम नाटक है जिसमें गद्य का व्यापक प्रयोग हुआ। इसके कथोपकथन अधिकांश गद्य में ही हैं। नाटक के शास्त्रीय नियमों का अनुकरण भी इसमें किया गया है। इसमें नाटक के सभी प्रमुख तत्त्व हैं। इसीलिए यह हिन्दी का सर्वप्रथम मौलिक नाटक है।

भरत मुनि के मतानुसार, नाटकों में भाषा-विधान का मूलाधार जीवन के वाक्-व्यवहार की अनुकृति है। विभिन्न कोटियों के पात्रों के लिए उनके अनुरूप भाषा-विधान का प्रावधान है जिसमें पात्रों के जीवन-स्तर, उनके सामाजिक परिवेश और प्रादेशिकता की भी मान्यता प्रदान की गयी है। *आनन्द रघुनन्दन* के रचयिता ने उपर्युक्त भाषा-विधान और भाषा-संस्कार का प्रतिपादन निष्ठापूर्वक किया है। उसने अपने नाटक के सार्वजनिक और लोकधर्मी स्वरूप की संरक्षा-सुरक्षा की है।

राम-कथा के इस नाटक में कथानक जन्मोत्सव से आरम्भ होकर रावण-विजय तक है, तत्पश्चात् राजभवन-प्रवेश और उसके उपलक्ष्य में राम-स्तुति एवं गन्धर्व-नृत्य-गान है जिसमें नायिकाभेद भी समाविष्ट है।

संस्कृत नाट्य-शैली के अनुरूप होने के कारण इसमें नान्दीपाठ, सूत्रधार, मारिष और पारिपार्श्वक के कथोपकथन के माध्यम से पूर्वरंग, प्रस्तावना, विष्कम्भक, अवस्थाओं, अर्थप्रकृतियों, संधियों, सूत्रधार, भरतवाक्य आदि के सफल प्रयोग हिन्दी नाटक साहित्य में सर्वप्रथम हुए। यद्यपि संस्कृत का वाक्य-विन्यास इसमें हर जगह शुद्ध नहीं है। गद्य-पद्य मिश्रित इस नाटक में खड़ी बोली के आरम्भिक रूपों का भी प्रयोग हुआ है; जैसे 'आप जनवासे को जाइये सकल चार करिये' आदि।

डॉ. लक्ष्मीसागर वार्ष्णेय ने ठीक ही कहा कि "यह ग्रन्थ हिन्दी की नाट्य-परम्परा की दृष्टि से ही नहीं, भाषा की दृष्टि से भी अत्यन्त रोचक है।......वास्तव में छन्द, गद्य, पात्र-प्रवेश आदि तथा अन्य नाट्य-लक्षणों से समन्वित 'आनन्द रघुनन्दन' आगामी नाट्य-युग का अग्रदूत है।" (*आधुनिक हिन्दी साहित्य की भूमिका,* डॉ. लक्ष्मीसागर वार्ष्णेय, द्वितीय संस्करण 1966, पृष्ठ 497-498)

आनन्द रघुनन्दन का गद्य ईस्ट इंडिया कम्पनी के शासनकाल का गद्य है— मुंशी सदासुख लाल (1746 ई.—1824 ई.), सैयद इंशाअलाह खाँ (निधन वर्ष 1818 ई.), लल्लू लाल (1763 ई.—1825 ई.) और पंडित सदल मिश्र (अनुमित 1767-68 ई. —अनुमित 1847-48 ई.) के लेखन काल का गद्य है। यह पूर्व

भारतेन्दु काल का गद्य है। यह गद्य हिन्दी की ऐतिहासिक धरोहर है।

पाठ-निर्धारण

आनन्द रघुनन्दन की मात्र तीन हस्तलिखित पांडुलिपियाँ किला संग्रहालय, रीवा में हैं—एक पूर्ण प्रति है, शेष खण्डित और अपूर्ण। इन पांडुलिपियों में लिपिकाल और लिपिकार का उल्लेख नहीं है। 1871 ई. में प्रकाशित लाइट प्रेस, बनारस के संस्करण में संवादों में शब्द पृथक्-पृथक् हैं। किन्तु छन्दों के मुद्रण में हस्तलिखित पांडुलिपियों का ही अनुसरण किया गया है। यह संस्करण अब दुष्प्राप्य और अत्यन्त दुर्लभ है। यह संस्करण तत्कालीन रीवा नरेश के दरबारियों और सम्बन्धियों में आनन्द रघुनन्दनकार के सुपुत्र महाराजा रघुराज सिंह के रीवा राज्य शासनकाल (1854 ई.—04 फरवरी 1880 ई.) में ही वितरित हो जाने के कारण सर्वजनसुलभ नहीं हो सका और अत्यन्त दुर्लभ हो गया। *आधुनिक हिन्दी के विकास में खड्गविलास प्रेस की भूमिका* शीर्षक ग्रन्थ की पृष्ठ संख्या 68 पर डॉ. धीरेन्द्रनाथ सिंह ने लिखा है कि *आनन्द रघुनन्दन* नाटक का प्रकाशन काशी के बनारस लाइट प्रेस से 1868 में हुआ था। इसका प्रथम प्रकाशन वर्ष डॉ. सिंह ने गलत दिया है।

आनन्द रघुनन्दन का यह प्रामाणिक संस्करण है। इस भारतीय ज्ञानपीठ संस्करण के पाठ निर्धारण में रीवा स्थित किला संग्रहालय में सुरक्षित इस नाटक तीन हस्तलिखित पोथियों (एक पूर्ण शेष दो खंडित), 1871 ई. में बनारस के लाइट प्रेस और जनवरी 1881 ई. में मुंशी नवलकिशोर का छापाखाना, लखनऊ से प्रकाशित *आनन्द रघुनन्दन* को मैंने आधार बनाया है। इस नाटक के लाइट प्रेस संस्करण (1871 ई.) की अपेक्षा इसका नवलकिशोर प्रेस संस्करण विशेष परिष्कृत है। विन्ध्य प्रादेशिक हिन्दी साहित्य सम्मेलन, रीवा से दीपकचन्द जैन, शंकर शेष और कृष्णकान्त पांडेय के सम्पादन में दिसम्बर 1960 ई. (पौष, विक्रम संवत् 2017) में क्षेत्रीय स्तर पर प्रकाशित इस नाटक के अन्य संस्करण का आवश्यकतानुसार सदुपयोग इसके पाठ निर्धारण में किया गया है। इसके रीवा संस्करण के सम्पादकद्वय को इसके लखनऊ संस्करण का परिज्ञात नहीं था। उन्होंने अपने सम्पादन क्रम में इसका कहीं भी उल्लेख नहीं किया। इस पर नवलकिशोर प्रेस संस्करण लीथो मुद्रित है। *आनन्द रघुनन्दन* का सटिप्पण प्रस्तुतीकरण आधुनिक पाठकों के लाभार्थ ही है। पाद टिप्पणियों में ला. यं. का तात्पर्य बनारस का लाइट यन्त्रालय है। इस प्रेस की स्थापना 1860 ई. में पंडित गोपीनाथ पाठक ने की थी जो इसके मुद्रक भी थे। यह मुद्रणालय बनारस में दशाश्वमेध घाट के समीप किसी स्थान पर स्थित था। इस प्रेस से प्रायः दो सौ से अधिक हिन्दी पुस्तकों

के प्रकाशन हुए। आरम्भिक काल में भारतेन्दु हरिश्चन्द्र की अनेक पुस्तकों के मुद्रण-प्रकाशन का श्रेय इसी प्रेस को है।

लेखन मेरे लिए पूजा है। प्रतिकूल स्वास्थ्य, गया में अनियमित आंशिक विद्युत आपूर्ति, योग्य सहायकों का अभाव, टंकण की असुविधा, प्रतिकूल परिवेश, नाना प्रकार की घरेलू परेशानियाँ, समुचित संसाधनों का अभाव, पेंशन की अनियमितता और उम्र के कुप्रभाव के कारण इस पूजा में आंशिक विलम्ब भी हो जाता है। किन्तु इस पूजा की निष्ठा में किसी प्रकार की कमी कभी नहीं होती अपितु नित्य प्रतिदिन यह निष्ठा तीव्र से तीव्रतर ही होती जाती है। मेरी ओर से साहित्य-यज्ञ में अनेक आहुतियाँ अभी शेष हैं। जिजीविषा है हिन्दी साहित्य को कुछ और, कुछ और निःस्वार्थ भाव से प्रदान करने लिए—अपने लिए नहीं। अपनी बहुसंख्यक प्रतिकूल परिस्थितियों की बाढ़ में प्रेमपूर्वक तैरता रहा हूँ। इसी बाढ़ के दिनों में थोड़ा-सा कुछ कर पाता हूँ—यही मेरा आत्मसुख है। किन्तु मैं तो कुछ और करना चाहता हूँ—हिन्दी साहित्य की श्रीवृद्धि ही मेरा अन्तिम लक्ष्य है, मेरे जीवन का एकमात्र ध्येय भी।

अपनी धर्मपत्नी डॉ. रेणु वर्मा के विषय में क्या कहूँ? कैसे कहूँ? कितना कहूँ? मेरी मौलिक रचनाएँ नहीं पढ़ने के बावजूद मेरे लेखन, मेरी ख्याति और प्रतिष्ठा से उन्हें मौन प्रसन्नता होती है। इसी मौन प्रसन्नता में मेरा अव्यक्त सुख सन्निहित है।

कृतज्ञता ज्ञापन

डॉ. किशोरी लाल (नैनी, इलाहाबाद), प्रोफेसर कमला प्रसाद (प्रधान सम्पादक, *प्रगतिशील वसुधा,* भोपाल, मध्य प्रदेश), डॉ. चन्द्रिका प्रसाद द्विवेदी 'चन्द्र' (15/663, रतहरा, इलाहाबाद रोड, रीवा), डॉ. सेवाराम त्रिपाठी (प्राध्यापक, हिन्दी विभाग, शा. ठाकुर रणमत सिंह महाविद्यालय, रीवा), राजेन्द्र सिंह गहलौत (सिंह प्रिंटिंग प्रेस, बुढार, शहडोल, म.प्र.) आदि के प्रति सहयोग और सद्भावना हेतु आभारी हूँ। डॉ. चन्द्रिका प्रसाद द्विवेदी 'चन्द्र' को अवधेश प्रताप सिंह विश्वविद्यालय, रीवा ने सितम्बर 1975 में *हिन्दी में रीवा के भक्त कवियों का समीक्षात्मक अध्ययन* शीर्षक शोध-प्रबन्ध पर पीएच.डी. की उपाधि प्रदान की थी। खेद है कि प्रकाशन की अनिवार्यता के बावजूद यह शोध-प्रबन्ध अद्यावधि अप्रकाशित है। उनके सौजन्य से मुझे महाराजा विश्वनाथ सिंह का चित्र उपलब्ध हो सका।

24 सितम्बर 2010 के पत्र में रीवा से डॉ. सेवाराम त्रिपाठी ने मुझे लिखा था—

"महाराजा विश्वनाथ सिंह हमारे अंचल के ही नहीं, हिन्दी के पहले नाटककार हैं। उनके नाटक 'आनन्द रघुनन्दन' की ख्याति से हिन्दी संसार भली-भाँति परिचित है। आप उस ऐतिहासिक कृति का सम्पादन कर रहे हैं, यह हमारे लिए गौरव की बात है।...'आनन्द रघुनन्दन' के नये सिरे से प्रकाशन होने से इसका लाभ हिन्दी संसार को फिर से मिल सकेगा। आपके इस महत्त्वपूर्ण कार्य के लिए आपको पुनः बधाई।"

डॉ. चन्द्रिका प्रसाद 'चन्द्र' ने मुझे 2 अक्टूबर 2010 के पत्र में लिखा था—"आपके भगीरथ प्रयास का सम्मान करना मेरा लेखकीय दायित्व है। इस उम्र की इस साधना के सामने नतमस्तक हूँ।"

इन पत्रों से मुझे नयी ऊर्जा मिली। एतदर्थ, उनके प्रति कृतज्ञताज्ञापन।

दुःख है कि इस नाटक के भारतीय ज्ञानपीठ संस्करण के प्रकाशन के पूर्व ही प्रोफेसर डॉ. कमला प्रसाद ने 25 मार्च 2011 को प्रातःकाल अखिल भारतीय आयुर्विज्ञान संस्थान, नयी दिल्ली में अन्तिम साँस ले ली और उसी दिन वायुयान से उनका शव भोपाल लाया गया जहाँ उनका अन्तिम संस्कार सम्पन्न हुआ। यदि वे जीवित होते तो इस नाटक के प्रकाशन से उन्हें हार्दिक प्रसन्नता होती। बन्धुवर डॉ. किशोरी लाल भी 03 फरवरी 2012 को इलाहाबाद में चल बसे। उन दोनों के प्रति हार्दिक श्रद्धांजलि।

हिन्दी के पाठकों, शोधार्थियों और विद्वानों को इस नाटक के भारतीय ज्ञानपीठ संस्करण से बहुत लाभ होगा, ऐसी आशा ही नहीं अखंडित विश्वास भी है। *आनन्द रघुनन्दन* के प्रकाशन के लिए भारतीय ज्ञानपीठ का आभारी हूँ।

—रामनिरंजन परिमलेन्दु

पूर्व यूनिवर्सिटी प्रोफेसर (हिन्दी)
दक्षिण दरवाजा,
गया 823 001 (बिहार)

आनन्द रघुनन्दन

श्री गणेशाय नमः

अथ आनन्द रघुनन्दन नाम नाटक[1]

प्रथम अंक

छन्द *शिखा*

अशरण-शरण शरण, दशमुख-मुख-दलन, दलन-दलि दलिहै।
अकरन-करन, करन धनु-शर-प्रण, उधरन रन चलि चलिहै।
सदयन-सदय, सदय सद कर-कर, जनन-जनन पर रति है।
जस जग जगत, गनत न त गुनगन, गनप, अहिप, पसुपति[2] है ॥ 1 ॥

मृदु-पद-पदुम, पदुम-महिपन-मन, अलि-अलि रमि-रमि है[3]।
चष-चल-चलनि, करत बरबस बस, सुवय, वयन अमि-अमि है[4]।
अति-मद-मदन, मदन-मरदन-सर[5], सरसुत रसपति तन है।
जय-जय-जयत, विबुध-बुध छन-छन, मम पति, पति त्रिभुवन है[6] ॥ 2 ॥

सूत्रधार[7] : (नान्द्यन्ते) अरे मारिष! मोकौं राजकुंवर की नाट्य करिबे की आज्ञा भई। से समय जो तैं सहायक मिल्यौ सो तो बड़ो काज भयो।

---

1. मूल पाठ (एक ही पंक्ति में लिखित) श्री गणेशाय नमः अथ लिष्यते आनन्द रघुनन्दन नाम नाटक। 2. जस...पसुपति है—निखिल विश्व में व्याप्त आपके यश के गुणसमूह की गणना गणेश, शेष और महेश भी नहीं कर पाते। (गणप-गणेश, अहिप-शेषनाग) 3. मृदु...रमि है—2 वर्ण कम हैं। अलि अलि को अलिन अलिन कर लेने पर 27 वर्ण पूरे हो जाएँगे। 4. सवय...अमि है। वयः सन्धि की अवस्था व वाणी अमृत तुल्य है। 5. मदन...सर—काम के गर्व को चूर्ण करने वाले। (सर, मस्तक, गर्व) 6. छन्द-27 वर्ण 7, 9, 11 पर यति।

आशीर्वचन संयुक्ता स्तुतिर्यस्मात्प्रयुज्यते।
दैवद्विजनृपादीनां तस्मान्नांदीति संज्ञिता॥
मांगल्य शंख चन्द्राब्ज कोक कैरववंशसिनी।
पदैर्युक्ता द्वादशाभिरस्टारभिर्वा पदैरुत॥—साहित्यदर्पण

प्रस्तुत नान्दी में भगवान रामचन्द्र की स्तुति की गयी है।

7. सूत्रधार-निर्देशक। नाटक में नान्दी के बाद आने वाला पात्र। इसके साथी का नाम परिपार्श्वक होता है। नट या नटी नामक साधारण अभिनेता भी इसके सहायक बनते हैं।

मारिष : अरे, बड़े-बड़े नाट्य वाले ह्यां नाट्य करि गये हैं। हमारो नाट्य ह्यां कब काहू को नीकौ लगि है।

सूत्रधार : (विस्मितः क्षणमनुध्याय अकाशे कर्नं दत्वा[1]) कहा कहियतु हैं। (पुनः प्रहस्य[2]) वाहबा! वाहबा!! महा आनन्द! महा आनन्द!! महा आनन्द!! मम प्रसाद आकसमाद[3] तोकौं अनुपम[4] नाटक मिलैगो। ऐसी बानी की बानी सुनी परै हैं।

(परिपार्श्वक प्रवेशः)

परिपार्श्वक : अरे सूत्रधार, परम उदार राजकुमार! आगे वह प्रकार विस्तार करुके कै; राजद्वार वार अवतार [पुत्र][5] उत्साह मोका, जो हम तुम करो हुतो!

सूत्रधार : अरे पारिपार्श्वक! ऐसी कौन नाट्य है जौन इहां नहीं भई?

(परिपार्श्वक विस्मितः)[6]

सूत्रधार : ऐरे! कहा मति अकुलानी तेरी। तैं नहीं सुनी की मोकौं बानी[7] की बानी परो है—[8] की तोकौं मम प्रसाद आक्समाद अनुपम नाटक मिलैगो। (इति प्रस्तावना)

भाव : (प्रविश्य) त्रिकालज्ञादिकवेः पत्रिकेयम्।[9]

सूत्रधार : (प्रणम्य गृहीत्वा वाचयति)[10]

भजन[11]

बहु विधि आशिष शिष्य हमारी।
है इत कुशल कुशल तव चाहैं, होवै निरमल बुद्धि तिहारी।
दिगसिर अध भू भूरि भार भव वदन विधाता विनय कराई।
अब उदार अवतार परम प्रभु, आगे[12] लेहैं पुहुमि परम मुद दाई।
ताके गुन गन भरित चरित मय, काव्य संसकृत रची अगारी।
नाट्य करन परिहै प्रभु आगे, पेखत ह्वै हैं तेऊ सुखारी।

---

1. क्षण विचार कर आकाश की ओर कान लगाकर। 2. फिर हँसकर। 3. अकस्मात्। 4. अनुपम। 5. पांडुलिपि में। 6. परिपार्श्वक विस्मित हो जाता है। 7. वाणी-सरस्वती। 8. भई पाठ लाइट यंत्रालय, बनारस (विक्रम संवत. 1928) की प्रति में। 9. त्रिकालज्ञ आदि कवियों का यह पत्र है। 10. सूत्रधार पत्र लेकर प्रणाम कर पढ़ता है। 11. नान्दी है। 12. 'आगे' शब्द लाइट यंत्रालय प्रति में नहीं है।

श्री जैसिंह भुवाल बिंधिपति[1] सुत बिसुनाथसिंह जेहि नाऊं।
सो नाटक आनन्द रघुनन्दन भाषा रचिहै आउ पढ़ाऊं॥[2]

अरे बाहवा! बाहवा!! ऐसे समय भली चीठी दई।

(इति निष्क्रान्तः)[3] (ततः प्रविशन्ति शिष्याः)[4]

शिष्य : पूजन की तैयारी करो। देषौ[5] नहीं तो गुरु चले आवै हैं।

कवित्त[6]

केते शिष्य साथ मैं, कमंडल लिए हैं हाथ,
दीन्हें ऊर्द्ध पुंड है सविंदुर माथ मैं।
सोहत जटा विशाल, कंठ कंठी उर माल,
पहिरे कोपीन, आलधोई[7] गंगा पाथ मैं।
तुलसी के भूषन किए हैं कल अंग-अंग,
लाल रंग नैन छके प्रेमहि के गाथ मैं।
गज गति आवैं, मति हरि के चरित्रन मैं,
श्रोन बेदपाठ मन बिश्वनाथ नाथ मैं।

सूत्रधार : (प्रविश्य समित्पाणि[8]) भो गुरो, दंडवत प्रणाम।

गुरु : वत्स चिरंजीव।

सूत्रधार : प्रभु पत्रिका पाई शीस चढ़ाई, आपु कृपा महाई, निज भाग[9] अधिकाई, मेरी मति परम मुद छाई, सुकृत फलघरी अब आई। ऐसो जानि प्रभु पद दरश कीनौ। अब होनहार आनन्द रघुनन्दन नाम नाटक प्रकार पढ़िबे को मेरी मति त्वरा करै है।

मुनि : वत्स, भली कही पढ़ि लेहु।

शिष्य : आपु प्रसाद अनूपम नाटक मोको आयो।

(नेपथ्ये[10] मंगल कोलाहल)

छन्द

भूपति गजान पायो पूत भगवान हो जी वाहवा है।
मोद बे प्रमान छायो सकल जहान हो जी वाहवा है॥

---

1. विन्ध्यपति। 2. 'पढ़ाऊं' पाठ ला. यं. प्रति। 3. इसके बाद निकल कर। 4. तब शिष्य प्रवेश करते हैं। 5. देखौ। 6. घनाक्षरी 31 अक्षरों के चार तुकान्त पदों से बनने वाला मुक्तक वर्ण दंडक छन्द। इसमें 16-15 अक्षरों पर यति होती है, और अन्तिम अक्षर गुरु वांछनीय होता है। 7. अलवान, उत्तरीय। 8. सूत्रधार दोनों हाथ जोड़ कर। 9. भाग्य। 10. नेपथ्य—नाटक के मंच पर यविनका के पीछे का भाग।

धाय धाय रंग बोरि देहु नारि अंग हो जी वाहवा है।
बिसुनाथ दंग सब खेलो एक संग हो जी वाहवा है॥

आदिकवि : (सहर्ष सभ्रम) अहो महा सोहिलों सौर त्रिभुवन (पूरन)✻ करै है कहा ईश ईशावतार भयो। अब अकथ (मुद मंडिता[1]) मुनिमंडली अपराजिता नाम नगरी जायगी। हमहू चलैं।

(इति निःक्रान्ताः सर्वे[2]। विष्कम्भकः सचिवः प्रवेशः।)[3]

सचिव : मारगन सुगंध सलिल सिचायौ। गिलिम बिछायौ। सिंहासन गद्दी धरावौ सकल छिति एक छत्र, (सर्व छिति[4]) पति (नछत्र पति[5]) से दिगजान (महाराज आवै हैं[6])। (पुनः श्रवणं दत्वा[7]) (अरे सोर सुनो! जाय है महराज दिगजान) बार हौ चार करि द्वार लौ, आइ मुनि मंडली को सत्कार करै है। (ससंभ्रममुत्थाय[8]) महाराज सलामत! महाराज सलामत! (सोत्साहं मित्रं प्रति[9])

छन्द झूलना[10]

छत्र चौरन वलित, भूषित, भूषन ललित,
कलित आनंद आनन सुहायौ।
चोपदारन सोर चार अति, चहु वोर गान,
जागरन, रस भरित भायौ।
सूत मागध बंदि करहिं, बंदन बृन्द,
इन्द्र इव आय आसन बिराज्यौ।
पूत उत्साह, अपराजिता नाह, लखु देत
बक्सीस बिसुनाथ भाज्यौ॥

मंत्री : (अंजलिं बध्वा[11]) महाराज! बारहौं को चार अनूपम सुनि बड़ो सुष भयौ। गुर[12] धराए चारिउ चिरंजीउ लालन के ललित नाम। ते सुनिवे कौं मेरी मति उत्कंठा करै है। (नृपः सस्मितं लज्जां लिषति। मंत्री सानन्दं वाचयति)[13] हितकारी, डहडह जगकारी, डील धरा धरः, डिंभीदरः।

✻ पांडुलिपि में नहीं है। 1. ला. यं. प्रति में। 2.-3. ला. यं. प्रति में (तत्पश्चात् सभी बाहर निकल कर। विष्कंभक सचिव का प्रवेश। 4.-5. विष्कंभक—नाटक में संसूच्य कार्य की सूचना देने के साधनभूत अर्थोपक्षेकों का एक भेद। 6. ला. यं. प्रति में। 7. फिर कान लगाकर। 8. शीघ्रता से उठकर 9. उत्साहपूर्वक मित्र के प्रति। 10.—10, 10, 10 और 7 पर यति वाली 37 मात्राओं और अंत में य ग ण से बनने वाला सम मात्रा दंडक। 11. हाथ जोड़कर। 12. गुरु पाठ ला. यं. प्रति। 13. राजा सस्मित लज्जायुक्त लिखते हैं। मंत्री आनन्दपूर्वक पढ़ता है।

सभासद : (श्रुत्वा) वाहवा! वाहवा!! भले नाम हैं।

मंत्री : महाराज, देषिए भाट, नट, विदूषक, नरतक आवै हैं।

कवित्त

कई रंग पाग लालचंदन ललाट लाग,
अंकुस बंधो है जामै, भालो लिए हाथ मै।
कम्बर कटारी कंठ कठुला, कुकाठ धारी,
याही भांति औरौ भाट केते लिए साथ मै।
आसिष समूह पढ़ै, छन्दन के व्यूह बांधि,
पावत आनन्द लोग रसन के गाथ मै।
करत प्रनाम, बार बार बिश्वनाथ आवैं,
सभा तकि धारै, दोनौ हाथ, निज माथ मै।

पद

मैं अस मनहिं विचार्‌यौ यह तो भट्‌ट है।
कांधे ढोल हाथ लकुरा यह नट्‌ट है।
यहै विदूषक नटी वोर तकि हँसत है।
बिश्वनाथ यह नरतक भाव सो लसत है।

भट्‌ट : (किंचित् समीपमागत्य[1])

कवित्त

आपको सुजस दस दिशानि अनूप छायौ,
सेत दिगपाल भये चीन्है ते कोऊ न जात।
डंकनि के सब्द ससंक सुनि बंक सत्रु,
दर के दिलन नैक बदन कढ़ै न बात।
परम प्रताप पुंज, झार ही सों जारे सारे,
खल खर[2] बृन्द नाहि येकहू कहूँ[3] देखात।
होतों जो न बिस्वनाथ, भूप दिगजान दान,
जल की सरित सिंधु बाडबागि सो सुखात।

---

1. थोड़ा सा निकट आकर। 2. स्वर पाठ ला. यं. प्रति। 3. 'एकऊ कहूँ' पाठ ला. यं. प्रति में है।

सोरठा[1]

जीवैं चारों लाल जौ लों कीरति ईश की।
निऱखत चरित रसाल लहहु सदहि मुद महिप मनि।

नट : (स्ववाद्यं टंकार्य्य देवं प्रणम्य[2]) अरी सुनौतौ, दोनौ नटी, मोसौं नट आयो, दिगजान ऐसो भूप पायौ। पुत्रोत्साह समयो बनि आयौ। कुल कल कलनि लखायो चाहिये। (आकाशे दृष्ट्वा[3]) अरे नटी, पुरहूत दैत्यनन को जुद्ध धूत होत है। सूत फेंकि तामे चढ़ि, रन रंग मढ़ि, आपने देव संग ह्वै हूँ जंग करन जात हौं। भो सभासदो सलाम है, सलाम है, मेरी नटी कौ बिलोके रहियौ।

सभासद : देखो सूत गहि चढ़ि ही गयो आकाश कों। आश्चर्य है, आश्चर्य है! (आकाशे कर्णं दत्वा विस्मिता नटी[4]) अरे गीरवान गदित बानी सुनि परे है। नट भट जूझ्यो। (अधो विलोक्य[5]) ये दूनौ बाहें गिरी, पाय गिरे, यह सिर गिऱ्यो, यह धर गिऱ्यो मेरे पति ही के हैं।

(द्वितीया नटी रोदति[6])

नटी : अरी रोवै कहा है? हौंतो बहुत रोज याके संग रही। अब सती होऊँगी। तोकौ महाराज पालिबोई करैंगे। सभासदो सर तयार कराय देउ। हों पतिसंग जरौं।

सभासद : या तो आछी जरी (द्वितीया नटी आकाशे दृष्ट्वा)
अच्चरियं अच्चरियं अइपिये अक्तागम्यइ[7]।

सभासद : अरे नट! आपनी दूजी नटी ते पूछि ले। तेरे अंग लै जरि गई।

नटी : अरी नटी! तै हूँ मिलि गई। मेरी नटी तो महाराज के भौन में है। हुकुम होई तो टेरि लेउँ।

सभासद : अरे नट! या तो बड़ी आश्चर्य कहै है। महाराज को हुकुम है टेरि ले।

नट : ये नटी! ये नटी! आवै! आवै!

नटी : (नेपथ्ये)[8] हाँ जी! हाँ जी! पहुँची! पहुँची!

(पुनः सनटिर्नटः)[9]

---

1. दोहे के सम पाद विषम और विषम पाद सम बन जाने पर बनने वाला अर्द्धसम मात्रा छन्द। 2. अपने बाजे को टंकार कर नट देव को प्रणाम कर। ला. यं. की प्रति में। 3. आकाश में देखकर। 4. आकाश में कान लगाकर विस्मित नटी। 5. नीचे देखकर। 6. दूसरी नटी रोती है। 7. आश्चर्य है, आश्चर्य है। प्रियतम यहाँ आगे आ गये। 8. नेपथ्य में। 9. फिर नटी के सहित नट।

नट–नटी : महाराज सलामत।

सभासद : आश्चर्य कौतुक कियो।

द्वितीया नटी: साहु साहु तुम ये अदि अपुव्वं कौदुअं कअं[1]।

विदूषक : अरे नट, ऐसे मुह मटकाय नैननि नचाय झूलनी झमकाय सबके उर आनन्द झरलाय हो। न समझ्यो तेरो दूजी नटी प्रथम कौन बोली बोली?

नट : एक समय मेरी कलनि[2] बखाननि सुनि कानन सहसानन सिर तनक डोलायो। महि विवर बनायो। तेहि मग मै तहं जाय, कलनि लखाय रिझाय लीन्हो। सेस कह्यो—मांगु; मांगु! मेरो मन येही तकि राग्यो। येही को मांग्यो। यह धन्या नाग कन्या है। नाग भाषा भनै है।

विदूषक : अरे नट! तैं नर यह नागिनि कैसे संग भयो?

नट : अरे विदूषक! तैं नहीं जाने है कि नारी गंगा है।

(प्रहस्य सभासदः)[3]

सभासद : अरे विदूषक! तौ दौरि याहि गहि (हरगंगा! हरगंगा! कहन लग्यो।)

नट : अरे! अरे! यह कहा करै है?

विदूषक : अरे वावरे होंहू अस्नान करो हौं।

नर्तक : (सस्मितं पुष्पांजलिं दत्वा[4]) महाराज! ये गती संगीत की है। गुलाल में मोर मांतग उपटे नजर करिये। (इति गायति)[5]

पद

नृप दिगजान[6] चारि सुत जाये गहगह बजति बधाई। टेक।
जहँ लौं देत भूप धन तहँ लौं मंगन मनहु न जाई।
जाचन चहत इन्द्र ब्रह्मादिहु, सकुचन सकत न आई।
बिस्वनाथ यह उत्सव तिहुँ पुर, गयो अनुपम छाई।

(दिगजानप्रकटितमघटितघटनोत्घाटकं
यशोवितानमनुपमसंछादितत्रिभुवनम्)[7]

---

1. साधु! साधु!! तुमने अति अपूर्व कौतुक किया। 2. कला। 3. सभासद हँसकर। 4. सस्मित पुष्पांजलि देकर। 5. गाता है। 6. राजा का नाम (दशरथ)। 7. दिगजानप्रकटितमघटित-घटनोत्घाटकं यशोवितानमनुपमताल झपतारा—संछादितत्रिभुवनं।' यह पाठ पांडुलिपि एवं ला. यं. प्रति में। 'दिगजान प्रकटित घटनोत्घाटकयशोवितानमनुपमं संछादितत्रिभुवनं' यह पाठ डॉ. सोमनाथ गुप्त के 'पूर्व भारतेन्दु नाटक साहित्य' पुस्तक में है। अर्थ है—'असम्भव को भी सम्भव करनेवाले दिगजान, जिनके सुन्दर यशोवितान से त्रिभुवन आच्छादित है—प्रकट होते हैं।'

ताल त्रिपुटा

तिऔऐ आ तिऔऐ आति ऐ ऐ आ ध ध प ध ध प प ग ग रे ग ग प ध स्तां रे रे स रे रे ध ध प ध ध सा। ⁕

ताल रंगजति

तकथुं थुंकत थुंथुं गति गदि गदि गदि गति गदि गदि। ⁕

सभासद : वाहवा, वाहवा, आछो नाच कियौ।

भूप : वांछित ते अधिक इनाम (इनको) देवाइ देउ। अब मेरी मति सुत निरषन कौ उत्कंठा करै है।

मंत्री : बहुत भली!

(इति निःक्रांतः सर्वे)[1]

(सपरिकर देवी प्रवेशः)[2]

देवी : (सषीं प्रति)[3] आजु महाराज के दरबार में नृत्तक नृत्त प्रकार सुनौ है, अनूप भयौ।

सखी : (विलोक्य सहर्षम्)[4] महारानी! महाराज आये।

(रानी ससंभ्रमंमुत्थाय पूजयति)[5]

नृप : ये कुशला! तुम जथार्थ नामा हौ। सौतिन कौ बुलाइ सत्कारौ, जाते सब सुतन (से) मैं (मम) सनेह करैं।

(कुसला सखी मुखमवलोक्यते। सखी निःक्रान्ताः। ततः ससुत सखा (सखी) सुहिता काश्मीरी प्रविशति)[6]

कुसला : सखी! पूजन की साजु ल्यावै।

नृप : ऐ! लालन पालन हित ब्राह्मन वैस्नवन[7] की सेवा करौ, जामे सब कौ कल्यान होय।

⁕ लाइट प्रेस, बनारस और नवल प्रेस की प्रति (1881 ई.) लखनऊ में सरगम इस प्रकार है—तिऐऐ या तिऐऐ या धधप धधप पगगरे गगपध सारेरे सरेरे सस धध प ध ध सा। ⁕ पांडुलिपि में नहीं है। ला. य. में सरगम इस प्रकार है— तकथुं थुंतक थुंकति गदि गदि गथैति गति गदिग दिग।

1. तत्पश्चात् सभी बाहर निकले। 2. अनुगत सहचर सहित देवी का प्रवेश। 3. सखी से। 4. सहर्ष देखकर। 5. सभ्रम सहित रानी उठकर पूजती है। 6. कुशला सखी का मुंह देखती है। सखी चली जाती है। तत्पश्चात् सुत सहित सखी सुहिता काश्मीरी का प्रवेश। 7. वैष्णव।

देव्या : (शिरसोपदेशं गृहीत्वा)[1] महाराज! हमारे सबके यह ललक है कब इनकी बधुन कौं (हम)[2] नैननि सों देषिहैं।

भूप : कछु राज (काज)[3] के हित मंत्री हमें परिखे हैं।

(इति निःक्रांतः)[4]

देव्या : (परस्पर)

पद

तबही बिचरि गोद जब आवैं,
सुत कौतुक तकि दृगन अघाहीं।
अब तो भये किसोर चारिहू,
सखि हम सब कहँ मुदमिति नाहीं॥
खेलन जात सिकार भ्रात सब,
लहहिं यहै सब लोग लुगाई।
बिश्वनाथ नृप भाज्ञ[5] चारिफल,
लिय हमहूँ सब भाग बँटाई।

(षंड-प्रवेशः)

षंड : महारानी! चारिउ कुंवरन कौं सवांरि बुलायौ है।

(इति कुमारैः सह निःक्रान्तः)[6]

रानी : चलो झरोखे लागि सुतन निरषिए।[7]

(इति निःक्रांतः। ततः प्रवेशति समात्यो भूपः)[8]

भूप : मंत्री! षंड कौं बड़ी बार लगी।

(प्रविश्य कुमाराः प्रणमन्ति)[9]

भूप : (सुतान् द्रष्ट्वा सोत्साहं मंत्रिणं प्रति)[10] पुत्र बिवाह जोग[11] भए।

मंत्री : महाराज! हौं अरजई[12] करन हार हुतौ।

---

1. शिर झुकाकर उपदेश मानकर। 2. ला. यं. प्रति में। 3. पांडुलिपि में। 4. तत्पश्चात् सभी निकल जाते हैं। 5. भाग्य। 6. इसके बाद दोनों कुमार साथ-साथ निकल जाते हैं। 7. निरखिए। 8. इसके बाद निकलते हैं। तब आमात्य के सहित भूप का प्रवेश। 9. प्रवेश करते हुए कुमार प्रणाम करते हैं। 10. पुत्रों को देखकर उत्साहपूर्वक मन्त्री से। 11. योग्य। 12. अर्ज।

(द्वारपाल प्रवेशः)

द्वारपाल : महाराज गुरु आवैं हैं।

(राजा ससंभ्रममुत्थाय चलति)[1]

मंत्री : (विलोक्य सहर्षं) अहो भाग्य! जिनके गृह ऐसे गुरु आवैं हैं।[2]

कवित्त

शास्त्र औ पुरान लीन्हें, केते शिष्य सोहैं साथ,
तुलसी की माल, तिलक सुधारे हैं।
पहिरे कौपीन, कर दंड औ कमंडल है,
सीस जटा, पीठ चर्म चारू मृगवारे हैं।
लोयेन लखे ते, सांतताइ ही बिलोकि जाति,
रूप ही ते जाने जात[3], भूप[4] सुखकारे हैं।
करत प्रनाम, पानि पंकज असीस देत,
बोलैं प्यारे बोलन पियूष श्रोन ढारे हैं॥

(भूपः दंडवत प्रणम्य, सभां प्रविश्य यथोचितं पूजनं कृत्वा)[5]

भूप : सेवक[6] के सदन स्वामी कौ आगवन मंगल मूल है।

(गुरुः सस्मितं। प्रविश्य वामदेव। जगद्योनिजश्रवणे)[7]

जगद्योनिज : भुवन हित मुनि आवै हैं। अरु यह काहू काहू के मुष सुनो है की मष रक्षन हेतु नृप कुमार मांगि है। (पुनर्विस्मितः) भो भूप! तुम्हारे पुरुषन कौ जस वषान जहान में छायो है। तुमहू दान-मान मैं भगवान ही के सम हौ। तऊ गुर धर्म बिचारि हौं, एही सीष देत हौं, जामे सुजस न मलीन होइ सो सावधान करियौ।

भूप : मैं तो कछू करन लाइक नहीं हौं। प्रभु की कृपा जो मोपै होवै वैसो ही[8] सब करन कौं समर्थ है।

---

1. राजा शीघ्रता से उठकर चलते हैं। 2. पूरी पंक्ति पांडुलिपि में नहीं है। ला. यं. प्रति में। 3. परै पाठ ला. यं. प्रति में। 4. भूत ला. यं. प्रति में। 5. राजा ने दंडवत प्रणाम किया, सभा में प्रवेश करके यथोचित पूजन किया। 6. सेव पांडुलिपि में। 7. गुरु मुस्कुराकर। वामदेव का प्रवेश। जगद्योनिज के कान में। 8. 'जो मो पै है साई' पाठ लाइट प्रेस प्रति में।

(प्रविश्य द्वारपालः)

छन्द

द्वारपाल : काया बिद्युत्छटा, भा सिर सघन जटा, घन्घटा सी विराजै।
भ्राजै बाहु प्रलंबे, अंगुलि कुसन की पैंतिका पीनि छाजै।
पीतजज्ञोपवीतं, कलित कृश कटी बलकलं, मुंज गाथं।
वक्रे तेजस्समूहं, बिमल तपस कौ ध्यान में बिश्वनाथं।

ऐसे भुवन हित महामुनि आवै हैं।

भूप : (ससंभ्रमं) अरे मुनि तो आय गये। अर्घ-अर्घ! पाद्य-पाद्य! भो मुने! दंडवत! बड़ो अपराध भयौ। आगू ते न लेन पायौ। अपराध क्षमा करिये।

मुनि : (सस्मितः) नृप आपने अैन आवत कोऊ आगू लेन कौं कहा परखै है।

भूप : यह सिंहासन है।

मुनि : अहो जगजोनिज[1] आपहूँ ह्यां बैठे हैं, बड़ौ अलभ्य लाभ भयौ। नमस्कार! नमस्कार!

जगद्योनिज : नमस्कार! आवों मिलि लेउ।

भूप : आपकौ आगमन मेरे बड़े सुकृत कौ फल है। आपके मषथल मैं भारी भय है। अथवा सर्व भूमि दक्षिण[2] जामे अैशो कोनौ जज्ञ मन मै दै, आये मोकौ अपनौ किंकर मान आज्ञा दीजै!

कवित्त

मुनि : आपको प्रताप पुंज पावक पुरारि मानि,
तीजे चख पलक लगाय ही रहत है।
पालत पुहुमि पेषि छीर सिंधु सेष सेज,
सुचित सुखी ह्वै हरि सोवत महत है।
पायदान भूमि देव देव लोक चाहैं नाहि,
बाहुबल नाक नाह नीके निबहत है।
बिश्वनाथ आपके प्रजानि पुन्य लोकन कौं,
रचत बिरंच रंच कल न रहत है।

---

1. नाम है (वशिष्ठ)। 2. दक्षिता पाठ लाइट प्रेस प्रति में।

भूप : (सलज्जित) आपतो नवीन जगत ही रचन लागे (हैं)[1]। जो कंकरी[2] हू कौ सुमेर कहन लगे तो कहा आश्चर्ज[3] है। अब जा हेत आप आये हैं, सो सुनिवे की लालसा मैं वार्ता बिक्षेप करै है।

मुनि : जाके बशिष्ट अैशे गुरु हैं सो ब्राह्मन की बांछा पुरवै, तौ कहा आश्चर्य है ?

(पुनः)

घातिका नामा राक्षसी ससुत बाधा करैं हैं। सौ जज्ञ रक्षन के हेत हितकारी, डील धराधर दोऊ कुमार दीजै।

(भूपः श्रुत्वा, वैवर्ण्य नाटयतः। गुरुः भूपं विलोक्य)[4]

गुरु : ऐ ज्ञानवान, तेज निधान! सर्व अस्त्र-शस्त्र जान, मुनिन मैं प्रधान हैं। आपने प्रभाउ ते सर्व कार्ज करिवे कौं समर्थ हैं। तुम्हारे पुत्रन की कोई बड़ी भाग्य उदय भई जाते मांगिबे कौं आए हैं। तुम ऐसौ दाता इन ऐसौ पात्र कौं संजोग दुर्लभ है।

नृप : वत्स हितकारी, डील धराधर आवो हृदय लगाइ लेउं।

(शिरस्य आघ्राय सगद्‌गदं)[5]

मुनि! ए कुमार, अपनैं प्रान अधार, आपकौं सौपौं हौं।

मुनि : नृप अभीष्ट सिद्धिरस्तु!

(इति कुमारौ निःक्रान्तौ। नेपथ्ये रोदनं कोलाहलः)[6]

पद

योगी लिये जात मम बारे। टेक॥
कैसे भूपति दिये पानि गहि,
जे प्रानहुं ते परम पियारे।
मषमल गिलि, मचलत त्रसियतु ते,
पद वन पुहुमि किमि करि धरिहैं ?
नृप बिसुनाथ दुलारे दोऊ,
किमि कोही मुनि सेवा करिहैं ?

---

1. ला. प्रे. प्रति में। 2. कंकड़ी। 3. आश्चर्य। 4. राजा, सुनकर, हतप्रभ होने का नाटक करते हैं। गुरु राजा को देखकर। 5. शिर सूँघकर गद्‌गद होकर। 6. इसके बाद दोनों कुमार निकल जाते हैं। नेपथ्य में रोदन और कोलाहल।

जगद्योनिज : तुम्हारे पुत्र मुनि ते रक्षित सुखपूर्वक जात, पंथ निवासिन के नैन सफल करिहैं। अंतहपुर मैं रोदन सोर होइ हैं। हमहूं, तुमहूं चलि तिनकी मातन कौं समुझाइये।

(इति निःक्रान्ताः सर्वे। पथिक प्रवेशः। नेपथ्ये कोलाहलः)[1]

पथिक : अइसहि अइ भोणी अइ माए, एक्की यहि औसमा अदो तम्महा दोसनि, अंजारिसां बंह्मांडं भंडो अरेण सुणी, दाता रिसाजुउल कुमारा आगम्मंति[2]।

(ततः कुमार-दर्शनार्थिनां प्रवेशः)[3]

कुमार दर्शिनार्थिन्यः (दर्शिणार्थिणः) अइसहिं जु उल कुमारा कियं दूरम्मि हुँवांति, अरे दिट्ठा! दिट्ठा![4]

(ततः सुकुमार मुनिः प्रवेशः। ततः ग्राम्मरायः)[5]

पद

कस्स दोणि पुत्ता बंचिऊण मुणिण णिदा।
पद सो अमल्ल लोहित-तणं णाजास पाइ
धरे कंट अङ्ग अंपदे हिं तं चलाविदा।
धिअ धणुब्बाण दोणि भाआ रास माणव
आसु छइ अमशसामगीर आण सोहिदा।[6]
रुवंचि अपेक्वि ऊण-पच्च अंकुणेइमणे
विकासइ इमे विस्मणाह रोइणोपि-आसुदा।

(मुनि निःक्रान्तः)

हितकारी : (इतस्ततः परिक्रम्य)[7] गुरु केतो आए।

---

1. इसके बाद सभी निकल जाते हैं। पथिक का प्रवेश। नेपथ्य में कोलाहल। 2. ये सखी, ये भगिनी, ये माता! एक पथिक आया है। उसके मुख से यह सुना है जैसा कि ब्रह्मांड भण्डोदर में नहीं सुना, वैसे युगल कुमार आए हैं। 3. इसके बाद कुमार के दर्शनार्थियों का प्रवेश। 4. ऐ सखी! कुमार कितने दूर हैं! अरे! उनको देखा? देखा? 5. सुकुमार मुनि का प्रवेश, इसके बाद ग्रामीणों का। 6. किसके दो पुत्र ठगकर मुनि लाए हैं। जिनके पद को सुकुमारता और ललाई न पाकर कमल कंठकों की धारणा किए हैं, उनको पैदल ही चलाया है। दोनों भाई समान वय, धनुष बाण धारण किए, अमित छबि युक्त, तन से शोभा युक्त हैं। रूप को देखकर मन को ऐसा प्रतीत होता है कि कोई विश्व के नाथ जो राजा हैं उन्हीं के प्रिय पुत्र हैं। 7. इधर-उधर घूमकर।

मुनि : वत्स! षट कोस आए, मोकौं बड़ो अफसोस तुम खेद पाए, होउगे अति श्रमित, अंग परम उमंग, पतंग, तुरंग, तरंगिनी पति तरंग अब अस्नान करन चहत हैं। यह बर[2] तर वास वरतर है।

हितकारी : यह जल भल है। संध्या करि

मुनि : भली कही।

डीलधराधर : सज्या[7] तयार है।

मुनि : ए हितकारी! ए तो परन[3] सज्या भली बनावै है।

हितकारी : ए डील धराधर! मुनि मुष सुनत, सुधा सी कथा, श्रवण संतोषित नहीं होय।

मुनि : अर्द्ध रेनि गई! सोवौ।

कुमारौ : दण्ड प्रनाम!

(मुनिः उत्थाय प्रातस्मरणं कृत्वा)[4]

पद

उठौ कुवर दोउ प्राण पियारे।
हिमरितु पाइ प्रात सब मिटिगे, नभ सर पसरे पुहकर[5] तारे।
जग वन में निकस्यौ हरषित हिय, बिचरन हेत दिवस मनि आए।
बिश्वनाथ यह कौतुक निरषहु, रवि मन दुति दश दिशा उजियारौ।

कुमारौ : (ससंभ्रममुत्थाय) भो गुरौ[6], दण्ड प्रनाम! बड़ो आलस्य भयौ, भोर न जागे।

मुनि : चलौ अस्नान करै, जाते सोक, मोह, भूख, प्यास, श्रम, आलस्य न होइ।

(स्नात्वा)[7]

कुमारौ : (सहर्षम्) महाराज! मन्त्र दीजै।

मुनि : बला, अति बला, ये दोऊ बिद्या लेउ।

कुमारौ : ये मन्त्र पाइ, हमकौं बड़ो आनन्द भयौ।

मुनि : पंथ चलन को होइ है। चलौ।

(ततः इतस्ततः संचरति)[8]

---

1. बट वृक्ष। 2. शैय्या। 3. पर्ण। 4. मुनि उठकर प्रातःस्मरण करके। 5. पुष्कल। 6. घबराहट के साथ। 7. स्नान करके। 8. इसके पश्चात् इधर-उधर घूमते हैं।

हितकारी : गुरो! बिशाल ताल, तमाल, साल, प्रियाल, हिंताल, आल जाल, कलित कराल, जहल-पहल, व्याल, बेताल कुल, चहल-पहल, कोलाहल, तिन ख्यालन हहल-हहल हालत लतन, बितानन यह कानन अति भयावना है।

मुनि : धर्म निदरनि, अधर्म विस्तारनि, रुधिर, मांसउदर भरनि, अति क्रूर अक्षनी, मुनि गन भक्षिनी, घातनी नाम जक्षनी, ह्यांई रहै है।

डीलधराधर : भो भाई! चाप चढ़ावो।

हितकारी : अबला बध बिधि वेद मैं नहीं लिखी। यह हमारे कुल कौ नयो कलंक होइगौ।

मुनि : वत्स हितकारी! ऐसही पाप कारनी प्रबला अबला भृगु स्त्री (कौं) मुरारि मंथरा कौं नागरिन्ह मारि जस लियौ। पुनि मम सासन किए तुमकौं कौन अघ है? कारमुक टंकार करौ! सो सोर सुनि, सो धाय आवैगी।

(नेपथ्ये कलकल:—भागौ, भागौ, आई, आई, आई। सर्वे संभ्रमित)

मुनि : अरे! यह तौ आयी ही गयी।

छन्द—शार्दूलविक्रीडित

छूटी केश लटानि मेघ घटनैनीलै समुद्घाटती।
छोटे नैन अङ्गार-ज्वाल-लतिका दिग्गैद सौपाटती।
केते मानुष दंत अंतर गड़े बौठें लोहू चाटती।
धोती बारन खाल माल ओझरी जौहै मनौं डाँटती।

अरे! वत्स! वत्स! सजुग होउ, सजुग होउ।

घातिनी : निर्बुद्ध मुने! इमे जुउल कुमारा अह्माणं यहेअं अप्पाण स्साहा मारगिदा! (साट्टहासं) अहौ मुणिदं मुणिदं तुज्झ चातुलियं। जस्मे तुम ए (सव्वेणि मंतिदा सम्ह अक्वारत्थमिमे)।[1]

(इति धावति)

डीलधराधर : अहौ गुरौ! हौ न समुझयौ आपके हुंकार ते गिरी या अग्रज के बान।

---

1. अरे दुर्बुद्धि मुनि! ये युगल कुमार हमारे कलेवा हैं, उनको अपनी सहायता के लिए ले आया है। (अट्टहासपूर्वक) अहो, जाना। जाना। तुम्हारी चतुराई। यज्ञ में तुमने सबको नेवता हमारे सत्कार के लिए दिया है।

गुरु : (प्रहस्य) बत्स हितकारी! यह बान दिगजान ते सिख्यौ या जगजोनिज ते।

हितकारी : यह राक्षसी आपके प्रताप ही तें जरि रही हुती। हौं तौ निमित्त मात्र ही हौं।

भुवनहित : अस्नान करौ। अब सब अस्त्र-सस्त्र सिषऊं।

(कुमारौ स्नात्वा)[1]

कुमारौ : हे गुरौ! अस्त्र-शस्त्र संधार पावैं।

गुरु : लेव।

हितकारी : गुरौ, बड़ौ आश्चर्य है! सकल अस्त्र-शस्त्र सरीरधारी देखे परे हैं।

गुरु : इन सौं कहौ हमारे मन में बसौं। चलौ हमारे आश्रम नियरे ही है।

(इति इतस्ततः संचरति। ततः नेपथ्ये कोलाहलः)[2]

सहाय मांगन हेत मुनिकौं अपराजिता गवन सुनि घातिनेय काबुल सौं चारुभुज कौ सहाय लै आयौ। मुनि आश्रम न पहुंचे। हाय! अब कहा होइगौ। (आकाशे कोलाहलः) बराये रफ्तने जन्नत् चराहस्ती हमा मेहनत् ज़ि राहे तेरा मन ईनक रसानम् बे दि रंगीहा। विगुफततईं नोव अखवाना विजद नारा कि ऐ यारां व जूदी रुन्कविसिकस्तान मूदा सरबत चंगीहा। कुसेद अज्जा मुमानेवद तेगे वर्क अफसां खुद वखूने खुश गंवाईं ना परे धौ हौजे मुजैयबरा। जि खुरदे पुर हलावत रब्वासशवम ईजास्तवस दिलकसवऐ सो कामरानी हाव सं साज़े मतंगी हौजे।[3]

भुवनहित[4] : (इति आकर्ण्य) अरे! हम आश्रम कौं न जान पाए। राक्षस बीच ही आए। बड़ौ अनर्थ भयौ।

(इति क्रोध (शोक[5]) मूर्छितः)

---

1. दोनों कुमारों ने स्नान करके। 2. इसके पश्चात् सब इधर-उधर चले जाते हैं। नेपथ्य में कोलाहल। 3. स्वर्ग जाने के लिये तुम लोग क्यों व्यर्थ में भ्रम करते हो? अपनी खड्ग धार के मार्ग से मैं अभी पहुँचा देता हूँ। ऐसा विरोधियों से कह कर अपने सहायकों से कहा—''सुनो शीघ्र ही स्तम्भ उखाड़ डालो और इन सभी को अपनी तलवार को भेंट करो। बाल वध करो। इनके अत्यधिक स्वादयुक्त रुधिर से कुंडों को भर कर पान करो। यह बड़ा मीठा क्षण है। आज बहुत दिनों के पश्चात् इन ब्राह्मणों को पाया, इसलिए आनन्दित हो इनका भक्षण करो।'' 4. 'भलहित' पाठ ला. प्रे. प्रति में। 5. ला. प्रे. प्रति में।

कुमारौ : (सक्रोधमुपद्रुत्य) पहुँचे हैं! न डरो, न डरौ! अरे, क्षुद्रो! इत कौं आवौ, इत कौं आवौ। हम राक्षस कुल अन्त, धनुवंत आयी पहुँचे।

(इति निःक्राता। नेपथ्ये सानंद गानं)

भजन[1]

करम न छौंड़ा दोइ गोट ऐलखिनि।
चारु भुजै यक तिरैं मरलेखिनि,
घातिनि छोड़ै तुरित उड़ौ लखिनि।
भुवनहित कर जाग सहित हम,
सब लोग बनकर जियरा बंचव लखिनि।
नरम आंग बिसुनाथ बराबर,
दोउ गोट छौंड़ा वर बलप लखिनि।[2]

भागनिते दोइठो लरिका आये हैं।
चारूभुज की येक तीर ही मारि घातिनी
के सुत की तुरतहीं उड़ाये हैं॥ भुवनहित
को जाग सहित हम सबलोगन के जोय
बंचाये हैं। जिनके अंग नरम हैं औ
विश्वनाथ कहे महादेव को बरोबर बल पाये हैं।[3],

(इति जै होय, होय।)

भुवनहित : (उत्थाय, आत्मगतं[4]) आश्रम में जै सोर होइ रहो है। कौन को है? (प्रकाशं[5]) हाय हितकारी! डील धराधर! मोकौं मूर्छित छोंड़ि कहाँ गये?

शिष्य : (प्रविश्य)—भो गुरौ! राक्षसन कौं मारि हितकारी हमारी सब की रक्षा करि अब सोच मैं हैं। गुरु कहां रहि गये? हमकौं खबरि लेन को पठाए।

गुरु : (सहर्षं) सीघ्र ही कुंवरन कौं ह्यांई ल्यावौ। ह्वांतो राक्षसन रुधिर ते मही मलीन ह्वै रही होइगी।

---

1. भोजपुरी भाषा में है। 2. अर्थ—भाग्य से दो लड़के आये हैं। चारुभुज को एक ही तीर से मारकर,घातिनि के पुत्र को तुरन्त उड़ा दिया। भुवनहित के यज्ञ सहित हम सब लोगों की प्राणरक्षा की है। जिनके अंग कोमल हैं वे (बिश्वनाथ का कथन है) महादेव के बराबर बलशाली हैं। 3. नवलकिशोर प्रेस, लखनऊ की प्रति में। 4. उठकर, स्वगत। 5. ला प्रे. प्रति में।

(शिष्यौ निःक्रान्तौ। सबंधु हितकारी प्रवेशः)

भुवनहित : वत्स! बड़ौ काम कियो। आवौ सिर सूघौं। मख सिद्धि ह्वै है। सिद्धाश्रम यथार्थ नाम भयो। चलो आश्रम कौं।

(इति निःक्रान्तः)

(ततः प्रविशति सपरिकरो दिगजानः)

दिगजान : मंत्री! कुमारन कौ गए बहुत रोज भए। सुधि न पाई।

शिष्य : (प्रविश्य, आशिषं दत्वा)—महाराज कही है की आपके कृपाते हितकारी सब राक्षसन कौं संधार कियो। हम निर्विघ्न यज्ञ करै है।

भूप : (समहामोद)—मंत्री! तुम इनकों लै गुरु पै जनावौ (सुधि जनावौ[1]) हौं अंतहपुर कों जाउहौं।

(इति निःक्रान्तः)

(ततः प्रविशति सकुमारौ मुनिः)

हितकारी : भो गुरौ! अब मष मैं बाधा नहीं है। हमकौं सेबकाई सौंपिए, सो करैं।

मुनि : महि जोतत सीलकेतु एक सुता पाई है। ताके स्वयंबर हित धनुषमख करै हैं। धनु काहू नृप कौं उठायो नहीं उठ्यो। अब फेरि स्वयंबर रचि, हमहूँ कौं नेवत पठायो है। हमारे संग तुमहूँ चलौ।

डीलधराधर : गुरौ! कन्या पाषान की है, की दारु की है, की प्राचीन धातु की है?

गुरु : (विहस्य) हे वत्स! जैसी सिंधु सुता तैसी कन्या है। चलौ।

(इति निःक्रान्ताः सर्वे। समात्य शीलकेतु प्रवेशः)[2]

सीलकेतु : मंत्री! ऐसी ततवीर करौ या यज्ञ में जे आवैं, अरु जौ लौं रहै, तौ लौं अनदिन छन-छन अपूर्व अनूपई सुखन कौ अनुभव करैं।

(चारः प्रवेशः। चारः दृष्ट्वा स्वगतं)[3]

कवित्त

द्वादश तिलक दीन्हें, तुलसी की माल लीन्हें,
धारे हौं किरीट जामें, मारितंड वारि जात।

---

1. ला प्रे. और नवकिशोर प्रेस की प्रतियों में। 2. इसके पश्चात् सभी चले जाते हैं। मन्त्री सहित शीलकेतु का प्रवेश। 3. चर का प्रवेश। चर देखकर स्वगत।

चौरं चलैं दूनौं ओर, छत्र कौ अजोर जोहिं,
भोर कैसो भयौ, सीत भानु अतिहीं लजात।
ज्ञाण औ अमानना की, ज्ञानी परसंसा करैं,
ज्ञाण सनमान एक रसना कहोण जात।
भूपनाथ बिश्वनाथ राजै छाजैं मेरो नाथ,
लोक दश चारि मध्य जाकौ सत्रु है अजात॥

मंत्री : अरे आश्चर्यित! ऐसो कहा है?

चार : महाराज! सलामत, महराज! सलामत!

पद (मैथिली भाषा में)

मुनि के संग दुइ नैंना ऐलिछि।
सुन्दर रूप जादूगर छथि से पथरा की पुतरी क मा उगि बनौ लिछि।
हों पड़ा यकहु ऐतैं ऐल हुसेबिर तांत अहां सुनवलिछि।
अब भूपति बिसुनाथ होइजै जै कछू करै ककरू मन भवलिछि।[1]

(श्रुत्वा नृपा श्रवणे सामोदः सतमोदः)[2]

सतमोद : मम पितु श्राप दै, मम मातु कौ पथ्थर की करी। यह शापोद्धार बतायो हुती की परम पुरषावतार पाय परसि फेरि नारी होयगी। हौं अनुमान करत हौं, भू भुवनहित मुनि साथ तेई आये।

नृप : (सहर्षं) मुने! अवश्य जोहन जोग हैं। चलिए भुवनहित कौं लै आवैं।

(इति निःक्रान्ताः। नेपथ्ये कोलाहलः—अच्चरियं अच्चरियं)[3]

भजन

लै आगुवान[4] पुरी पति आवत। टेक॥
मुनि के संग कुंवर लखि अनुपम,
अपनी सुछवि छटनि छितिछावत।
अस नहि दीष, सुन्यौ नहिं कतहूं,
कहत न बनत मनहि जस भावत।

---

1. अर्थ मुनि के साथ दो लड़के आए हैं। उनका रूप सुन्दर है। वे जादूगर हैं। पत्थर की पुतली को स्त्री बनाया है। मैं भागकर यहाँ आया और सारा वृत्तान्त आपको सुनाया। हे बिश्वनाथ भूप! जो आपकी इच्छा हो करें। 2. राजा को सुनाकर, सतमोद आनन्द में। 3. इसके पश्चात् सब चले जाते हैं। नेपथ्य में कोलाहल—आश्चर्य है! आश्चर्य है!! 4. अगवानी।

बिश्वनाथ तन, पन, सब नाबत,
नैननि चैन नीर बरसावत॥

मंत्री : (आकर्ण्य)[1] कहा भूप मुनि कौं लेवाइ निकट आए?

(सुकुमार भुवनहित, मुनिसहित, भूप–प्रवेशः)

भूप : (सविधि पूजयित्वा)[2]—प्रभु को आगमन भूरि भाग्य कौ फल है। आपके संग जे कुमार हैं तिनकौं निरखत नैन नहीं अघाय हैं। ये कौन के हैं?

मुनि : ये दिगजान भूप के कुमार हैं। पुरारि प्रसाद पायौ। जौ तुम्हारी पिनाक है ताको तौलौ चहत हैं।

पद

(नेपथ्ये) : महिजा, हितकारी की जोरी।
बिरची बिधि, रति, मार बिपुल रचि, सोचि–सोचि कै कल्प करोरी।
हर, गिरिजा पद प्रणबैं हम सब, सकल सुकृत कर फल यह चाहैं।
नृप मति फिरहिं कि बिश्वनाथ धनु, मृदुल होइ येइ तोरि विवाहैं।

चार : (प्रविश्य सभयं)[3] महाराज! सुरासुर दिगसिर दोऊ आवैं हैं।

भूप : (सविस्मयं आत्मगतं)[4] अहौ ईश! अब धौं कहां होय?

(ततः सुरासुर दिगसिरसः प्रवेशः। प्रविश्य बंदी स्वगतं)[5]

कवित्त

याके दस सीस बाहु डील सैल मानौ याके,
याके येक सीस बाहु दीरघ हजार हैं।
दूनौ लाल चंदन के दीन्हें हैं त्रिपुंड भाल,
पहिरे रुद्राक्ष माल, छाये तन छार हैं।
दूनौ अत बली भाए, दूनौ जग जीति पाये,
दूनौ भय देत, देखे तन बिकरार[6] है।
दूनौ धनु तौरि ताकौं, कौन है उपाय हाय,
सोक कौं उधार कौ अधार करतार है।

सर्वे : (शंकित) हाय! अब कहा हौन चहत है?

---

1. सुनकर। 2. विधिपूर्वक पूजा कर। 3. भययुक्त प्रवेश। 4. विस्मयपूर्वक स्वगत। 5. इसके पश्चात् सुरासुर और दिगशिर का प्रवेश। प्रवेश पर बन्दी स्वगत। 6. विकराल।

डीलधराधर : गुरौ! या कौन कौतुक है?

गुरु : वत्सौ, कौतुक नहीं है। यह सहसभुजबारौ दैत्य है या बीसभुजाबारौ राक्षस है।

हितकारी : गुरौ! इनके रूप देखत सकल सभा अद्‌भुत, भयानक रस सागर में डूबी देखी परै है।

दिकशिर : बताय देहु बेगहिं, सुता अनूप है जहीं।
लै जाहुं मैं असीस कै, पिनाक टूक बीस कै।

सुरासुर : गुरु को धनु है न बिचारत हौ, दस गाल निगाल निमारत हौ।
न सुनो तुम बैनन मोर कहे, मुनियै मन हौ गुर गर्व गहे।

(दिकशिराः तिर्यगवलोक्य)[1]

कवित्त

मेरे भुज दंडन ते देषि षंड-षंड (दंड)[2],
भाजि ब्रह्मांड ही ते काल कीनौ गौन है।
परम प्रचंड नव खंड में अषंड फैलो,
पेषि कै प्रताप मारतंड बोलै[3] मौन है।[4]
देत-देत दंड धननाथौ भये हंड हीन[5],
सुनत कोदंड चंड, इन्द्र मानौ मौन है।
बाहु कंड छत्र दंड सो सुमेर तौलौं जाय,
पीन मुंडमाली कों, दंउ[6] गर्व कौन है?

सुरासुर : अरे आश्चर्य है! आश्चर्य है!

कवित्त

जोरी[7] भगवान वरदान दाता तीनो लोक,
तीन पाय पृथ्वी लेन वेष बहू लीनो है।
आयो तात पास चीन्हौं तापे न निरास कीनौ,
दीनौ दान लीनौ ऊनौ, मान रोस भीनौ है।
भाषै[8] पितु लीजै मोहि दानी (दान)[9] द्रव्य तुल्य,
होंहीं पानि दोई पालरे कै तौल दीनौ है।

---

1. दिगशिर तिरछे देखकर। 2. पांडुलिपि में नहीं है। 3. डोले ला. यं. प्रति में। 4. एक-एक वर्ण कम है। 5. खीन ला. यं. प्रति में। 6. दंड ला. यं. प्रति में। 7. जोई ला. यं. प्रति में। 8. भाख्यो ला. यं. प्रति में। 9. ला. यं. प्रति में।

पर्व सर्व रीश जातें षर्व रस[1] सर्व भाषे,
रे रे! तेरौ ऐसो गर्व हौंहूँ नाह[2] कीनौ है।

सवैया[3]

दिकशिर : येक ही सीस कै कौन धरो, सिगरो जग यों सरसौ सम सोहै।
तौन ही[4] सेस कौ बैस[5] सरीर में सूक्ष्म कीन्हे अभूषन[6] जो है।
सो सिव बास कियो जेहि सैल मौं[7] कौल भयो कर टौकहि[8] कोहै?
हौ नहिं गर्व करौ करै कौन प्रसंसत जाहि हरोई हरो है?[9]

सुरासुर : (सक्रोधं)—

पीन पिनाक पुरारि को यौं, बिरच्यो बिधि लेकर बज्र को सार है।
याकी न जानत तै गुरुता, नहिं सीस गनै गुन्यो गर्व[10] गवार है।
आपनौ गर्व गंवावन कौं धनु तोरन कौं सठ कीन्हैं बिचार है।
जो बढिकै बलतैं बलकै अबलोकत है, सो तौ नाऊ को बार है॥

पद्धरी छन्द[11]

दिकशिर : (सक्रोधं) बकन होहि तौ बकहिं आन।[12]
सुरासुर : मुख नाहिं हमारे बे प्रमान।
दिकशिर : भुज भारन ढोय हौ भुलान।
सुरासुर : (दस शत भुजबल तौं तुही जान)[13]

सवैया

दिकशिर : तौलि लखाउ तुला धनु मैं, बल तोरिहौं हौंही जबै फिरिहै।
सुरासुर : लायक बंदन या धनु ते, तेहिं कैसे कुदीठतहूं हेरि है?
दिकशिर : काहे दुखावत है बदने, बक ऐसे करैंगे कहा करि है?
सुरासुर : मैं गुर भक्तन हौं तेंहि सौं, करिहौं करिबे जो इतो तोरि हैं।

दिकशिर : (सक्रोधं) तुम गर्व ही के साथ तोरौ धनुष धरि हाथ।
सुरासुर : दोउ प्रथम बरन बिहाय, जो कहै झूठन आय।

---

1. जस ला. यं. प्रति में। 2. नाहिं ला. यं. प्रति में। 3. 22 वर्णों तक के समवृत्त छन्दों का एक साधारण नाम। इसमें 23 वर्ण है। 4. तौन्हीं ला. यं. प्रति में। 5. बेस ला. यं. प्रति में। 6. 'अभुज' पांडुलिपि में। 7. 'सौ' ला. यं. प्रति में। 8. 'येकहिं' ला. यं. प्रति में। 9. 'हरो रहतो है' ला. यं. प्रति में। 10. 'पूरी' ला. यं. प्रति में। 11. छन्द पद्धरि—आठ-आठ मात्राओं पर यति के क्रम से और अन्त में ज ग ण से बनने वाला 16 मात्राओं का सम-मात्रा छन्द। 12. इस पद में दो मात्राओं की कमी है। 13. 'दश बल सुत भुजबल तै ही सुजान' पांडुलिपि में।

दिकशिर : धनु तोरि, तोरहूँ मद तोरौ हौं।

(इति परिकरं बध्वा धावति। सुबुद्धि नाम बन्दी (आत्मगतं)[1]

सवैया

करि जौ कर मैं कैलास लियौ, कसके अब नाक सकौरत है।
दै तालन बीस भुजा फहराइ, झुके धनुकौं झकझोरत है।
तिल एक हलै न हलै पहुंमी, रिसि पीसि कै दांतन तोरति है।
मन मैं ये हठीक भयौ हमरे, मद काको महेस न मोरत है।

(सहस्रकरैः तालिकां दत्वा, प्रहस्य)[2]

सुरासुर : पिनाक तुमकौं नमस्कार है।

(इति निःक्रान्तः)

(श्रमित दिक्शरा उच्छ्वस्य)[3]

दिकशिर : अरे! यामे महा जादू ऐसो जानो जाय है। वैसे ही कन्या कौ लै जाउंगो।

(आकाशे—स्वामी! स्वामी! तुम्हारी कुंभीनसी कन्या कौं मधु नामा दैत्य हरे लिये जाय है। घनध्वनि मष में है। आपको भाई भयानक जप करन गयौ है। घटकर्ण सौवे है।)

दिकशिर : (विस्मितः सकोधं) अरे! दैत्यन के हियौ की आखैं फूटि गईं?

सवैया

आजु सरा सुर कौं सरसौं बिन बाहुन सीस धरा में सोवैं हौं।
बाहुन के बल सा बलि बांधि कैं बंदि में बास बसौं तकवै हौं।
वाजिन सुंभ में सुंभ निसुंभ कौं, खूब खुदाई सिवा को रिझैहौं।
पूरि पतालहिं श्रोनित सौं, मधुसौं मधुगारि कै पानकै जैहौं।

(इति सत्वरं निःक्रान्तः)

(नेपथ्ये जय-जयति कोलाहलः)

सुबुद्धि बंदी : यह बड़ौ बिघ्न बिधाता ने बार दियौ। धनुष को गुरुवाई, दिगशिर के उठावत सबही लषि लींनो। अब जाकर उर उत्साह होइ सो उठावै।

---

1. कमरबन्द बाँधकर दौड़ता है। सुबुद्धि नाम का बन्दी (स्वगत)। 2. सहस्र हाथों से ताली देकर हँसता है। 3. थके हुए दिक्शिर उच्छ्वास लेकर।

मंत्री : ऐ तो सब सुनि सिर लटकाइ लियौ। अब कहा होइगो?

भुवनहित : वत्स हितकारी! धनुष संग सबन की संका भंजौ।

हितकारी : गुरु! आपकी कृपा कटाक्षयी कार्यकारी है।

(इति परिकरं बध्वा संचरति)

सुबुद्धि बंदी : आश्चर्य है! आश्चर्य है!! गहत उठावत तौ देष्यो नहीं। धनुष भंग ही को घोर सोर छोइ रह्यो आकासे।

सवैया

सोर उत्धत महि षूब लटपटत सब,
सिंधु संघटत, जल बेल थल छूटिगो।
शेस फन फटत, तलवासिहा रटत,
बाराह बल घुटत, जुग डाढ़ सो टूटिगो।
दंत चट चटत, महि शैल जुत छटत,
दिगदंत गम हटत, भल कुंभ थल करिगो।
दैत्य लट लुटत, अभिमान ते छुटत,
कोदंड के टुटत, ब्रह्मंड सो फूटिगो।

नृप : भो गुरौ! यह काज भुवनहित मुनि के प्रभाव ते भयौ। जो कछु उचित होइ सो करिये।

सतमोद : आतुरी करौ! कन्या जो कौं लै आवौ। जयमाल पहिराइ देइ।

(सखीभिः सह महिजा प्रवेशः)

डीलधराधर : गुरौ! यह कन्या अग्रज कौ माल पहिरावै है। कहा महिजा[2] येही है?

गुर : एस ही है।

डीलधराधर : याहि देषि मेरे मन में या संका आवे है, कै हरि सागर मथि श्री निकारी, मेदनी काहे नहीं मथी?

पद

सषी : पहिराएउ जयमालनि, पानि सकेलत है,
रही टकटकी लाय, पलक नहिं मेलति है।

---

1. सखियों सहित सीता ने प्रवेश किया। 2. सीता।

हाय कहा यहि भयो रही, है मनहु ठगी,
बिश्वनाथ एहि कुंवरि, कुंवर की दीठि लगी है।

सतमोद : कुंवरि कौ अब अन्त:पुर कौं लै जाउ।

(सुतां गृहीत्वा सख्यौ नि:क्रान्तौ)[1]

भुवनहित : भूप तुम्हारी जय होइ।

(इति सुकुमारौ नि:क्रान्तौ)[2]

नृप : गुरौ! आप आजु पत्रिका लिषि अपराजित पति पै पठाइए। मैं मनिमंडप की तयारी करावन जात हौं।

(इति नि:क्रान्त:। सपरिकर दिगजान भूप प्रवेश:)[3]

राजा : (मत्रिणं प्रति)[4]

पद

जबतें कहि सुधि शिष्य सिधारे।
तब तें खबरि सुनौ नहिं श्रवनन, तलफत प्रान हमारे।
बिकलाई तिनके जननिन की, कैसे करि कहि जाई।
बिश्वनाथ छन जात कल्प सम, दृग जल सरि सरसाई।

मंत्री : महाराज! हौं जाइ गुरू सौं प्रश्न करी हुती। तिन ध्यान धरि कह्यो— दोऊ कुमार खुसी सो हैं (अरु)[5] हितकारी कौं कछु परम हित भयो है।

चार : (प्रविश्य) महाराज! सलामत! भूप सीलकेतो पत्रिकेयम्।

(भूप: गृहीत्वा आत्मगतं वाचयति)[6]

पद

सभासद : बांचत कहा नृपति सुख छायौ।
रोमावली भली उठि राजति, वपुष पनस फल पटतर पायौ।
मुष निदरत अंभोज प्रात कौं अंबक अंब कदंब बहायौ।
बिश्वनाथ जनु अनंद हिये कौं, उमगि नैन मग बाहिर आयौ।

---

1. पुत्री को ले़कर सखियाँ निकल जाती हैं। 1. इसके पश्चात् दोनों कुमार निकल जाते हैं। 2. अनुगत सहचर सहित दिलजान भूप का प्रवेश। 3. मंत्री से। 4. ला. यं. प्रति में। 5. भूप लेकर मन में पढ़ते हैं।

भूप : (सर्वान् श्रूवयति)[1] अनंत श्री महाराज, अपराजिताधिराज, सकल महराजनि सिरताज, जग लाज कौ जहाज, गरीब निवाज, मही-मंडल महेन्द्र के उपेन्द्रसम करन काज, जस जाग्रत जहान, केते भान समान, प्रतापवान, दान-वान, सनमान सुजान, ज्ञान, प्रेम निधान, दिगजान भूपजू ऐते सीलकेतु भूप जोहार। आप अनूप कुशल हैं, इत आपकी कृपाही कुशल है। भुवनहित मुनि संग अङ्ग-अङ्ग आभा उमंग, अनंग आभा भंग करनहार, आपके युगुल कुमार आये। हम लोगन लोचन लाहु पाए। हितकारी महिपन मद मोरि, महेस धनु तोरि, मही कीर्ति छाई, महिजा पाई। साजि बरात आइए, व्याह लै जाइए।

डहडह जगगारी : (श्रुत्वा, सोत्साहं)[2] तात! पत्रिका मोकौं दीजै, मातन कौ सुनाऊं।

(इति पत्रिकां गृहीत्वा निःक्रान्तः। नेपथ्ये मंगलगान कोलाहल)[3]

पद

ललकति रही ललन लषिवे कौं, सुनौ होत बर व्याह हौ।
अब न अमात अनंद उर[4] काहू, मुनि परभाउ अथाह हो।
नृप दिगजान (भूप सुष-तरुकौं[5]), बोयौ सुकृत सुत हाथ हौ।
सोइ अब अद्‌भुत अवसर यह, फलो चहत बिसुनाथ हौ।

भूप : (मंत्रिणं प्रति) अब गुर गृह चलो चलिये।

(ततः जगद्योनिजः प्रवेशः)

नृप : (सबिधि पूजयित्वा) हौं तौ आपके पास जात हुतौ, आप बीच ही मिले, बड़ो भाग्य!

गुरु : हौं सन्यौ हितकारी, डील धराधर की षबरि आई याते आतुर चलौ आवौ हौं।

(भूपः सहर्ष वृत्तांतं कथयति)[6]

जगद्योनिज : आपके पुन्यवान पुरुषन के काज अकसमाद[7] ही होय है।

दिगजान : अब बरात चलिबे की सुघरी बताइये।

---

1. सबको सुनाकर। 2. उत्साहपूर्वक सुनकर। 3. इसके बाद पत्रिका लेकर चले जाते हैं। नेपथ्य में मंगलगान कोलाहल। 4. उमड़ि ला. यं. प्रति में। 5. बीज सुख तरु की ला. यं. प्रति में। 6. राजा सहर्ष वृत्तांत कहता है। 7. अकस्मात्।

जगद्योनिज : अबहीं आछी है।

मंत्री : (अंजलिं बध्वा) महाराज आप तो मही-महेन्द्र हैं। सब तरह की तैयारी ही बनी है।

जगद्योनिज : (गुरुं प्रति) आपकी कृपा ते यह सब काज भयौ। अब बरात लै चलिये।

(इति निःक्रान्ताः सर्वे)

(सपरिकरं सीलकेतु भूपः प्रविशति)

मंत्री : (अंजलिं बध्वा)—महाराज! अब तो बरात आगमन मात्र ही बाकी है।

(अपराजिताधिराजस्य पत्रिकेयं सानंदं भूपः गृहीत्वा वाचयति)[1]

चार : (प्रविश्य, अंजलिं बध्वा)—महाराज सलामत! दिगजान भूप सुत दरसन लालसा अति आतुर आए। हौं तौ ज्यौं-ज्यौं करि योजन मात्र बरात ते आगे आयौ।

भूप : अनेक श्री, सकल, महि-मंडल, मंडना-नंद चंद, अनंत-चंड-मारतंड (सम) प्रतापवंत, उदंड दोरदंड को दंड प्रचंडवान, नव-खंड, बैरि वरबंड, वाहुदंड षंड, करन षंड पाषंड, विज्ञान कृपान वान, जाहिर जहान, बिक्रम महान, जंग जयमान, श्रुति सेतु कीर्ति केतु, सील निकेतन सीलकेतु, भूप जू ऐते गिजान भूप की जोहार। आप पत्रिका आई, इतहूं कुसल बनाई, सुघरी आजुहि पाई, हरषि बरात चलाई। (पुनः कर्णं दत्वा ससंभ्रमं मंत्रिणं प्रति)
महाराज! निपट निकट आए निसान के नाद सुनैं परै है। चलौ, चलौ! आगे ते लीजिए।

(ततः प्रविशति सखीभिः सहिता देवी)[2]

(नेपथ्ये—धावौ! धावौ! ल्यावौ! ल्यावौ! हाथी-हाथी! घोरे-घोरे! रथ-रथ!)

देवी : (आकर्ण्य चकिता) अली अट्टालिका चढ़ि देषु तौ कहा होय है!

सखी : (दृष्ट्वा) जिन अङ्ग-अङ्ग आभा उमंग, रङ्ग-रङ्ग तुरङ्ग एक सङ्ग गमनत, धुनि-धारे, मतवारे, कारे, शैल सम भारे संवारे, दंतारै (कतारौ[3])

---

1. अपराजिताधिराज के पत्र को लेकर राजा आनन्दपूर्वक पढ़ता है। 2. इसके पश्चात् सखियों के साथ देवी का प्रवेश। 3. पांडुलिपि में नहीं है। ला. यं. प्रति से।

न, की गैल-गैल अैल-फैल, घहरि-घहरि चलत, बहल-सहल-सहलन चलत, नर महल-महल चहल-पहल, सब शहर टहल, पैर भैर है। याते बरात की अवाय आतुर जानि जाइ है।

देवी : अरी हौहूं कौतुक निरषन कौं आऊ हौं।

अन्य संखी : हे देवी! दूनौ महाराज कौं संगम देषि कै आगे ते सतमोद मुनि द्वारचार के ततवीर कौं द्वार पर आए हैं।

देवी : ह्यांई लेवाय ल्यावौ।

(ततः प्रविशति सतमोदः)

देवी : (पूजयित्वा) कैसी बरात है? कैसे नृप हैं? कैसे मिलन भयौ?

गुरु : विविध बरन वैरष, धुज पताका निशान, कुसमित कानन, महान निशान आदि बाजनन प्रधान, जांगरादि गान, कोकिलादि खग कूजन्ति, अमान परसत, पटु सुवास, जलकन जुत मृदु सिंधुर, निश्वास आठौ दिसनि औ आकाश त्रैबिधि वतास की बिलास करत, सुखमा प्रकाश जुत, अतिही हुलास ऐसी बसंत ऋतु बरात जोहत उर सुख न समात; अरु इत जात अगवान ब्रात का अद्‌भुत संगम भयौ।

देवी : ततस्ततः[1]

पद

सतमोद : शोभा सीव जगत पति दोऊ, मिलन काहि पटतरिये।
उनकी पटतर वैहैं, उनकी पटतर उन्हें बिचरिये।
हितकारी औ डील धराधर सभ अंग सुठि सुकुमारे।
बिश्वनाथ नृप संग और हैं, सुन्दर युगुल कुमारे।

द्वारपालिका : (प्रविश्य) महाराज दिगजान तौ सूधे भुवनहित ही कै निवेस चले गये अरु सुवन मिलन लषि तिनकौ अद्‌भुत सनेह प्रसंशत महाराज द्वार पर आइ मोसो कह्या कि गुरु कौं जानवै अबहीं कुमारन लै इत आवौं।

सतमोद : हों ततवीर कौ जाउ हौं।

देवी : हौहूँ झरोषन ते लषि नैन सफल करन जाउ हौं।

(इति निःक्रान्ताः)

---

1. देवी के बाद।

(सकुमार दिगजान, शीलकेतु प्रवेशः)[1]

शीलकेतु : ऐ महाराज! आपनो साषोच्चार[2] करियै।

दिगजान : हमारे गुरु करै हैं।

शीलकेतु : (सस्मित) जाके वंश शुद्ध होइ है सो कहा अपने मुख कहत लज्जित होइ है।

जगद्योनिज : महाराज के पुरोहितई बंशोच्चार करिहैं।

(इति शाखोच्चारं करोति श्रुत्वा शीलकेतुरपि)[3]

गुरु : शीलकेतु! बंश कहाई, डील धराधर के अर्थ अपनी कन्या देउ।

भुवनहित : इन तौ बंश कहाई, कन्या पाई। यह काज सब मेरो कीन्हो है। दर्भ-केतु की दूनौ कन्या डहडह जगकारी, डिंभीदर के अर्थ देउ।

शीलकेतु : हमारी बड़ी भाग्र है जो मागि कै सम्बन्ध करायौ। हितकारी तो भुज बल कन्या पाई है।

सतमोद : आप जनवास[4] कौं जाइये। सकल चार करियौ। हमहूँ ह्यां करिहैं।

(इति निःक्रान्ताः सर्वे)

मंत्री : (प्रविश्य द्वारपालं प्रति[5]) महाराज सौ जाहिर करौ, मोहि कछु अर्ज करनौ है।

(द्वारपालो निःक्रान्तः)

शीलकेतु : (प्रविश्य) आज तुम संकित ऐसे कहा हौ?

मंत्री : (भूपस्य कर्णे जयति)[6] या विवाह ऐसो भयो, जाकी सुर, नर, मुनि सब प्रशंसा करै हैं, औ सब बात सुधरि गई। अब स्नेह बस भूप को इत न राषिए। बेग ही बिदा करियै, बहुत रोज आयहूँ भये।

(संकितः नृपः किं कारणं)[7]

मंत्री : हौं मंगनन मुख षबरि पाई है हरिधनु भंग धुनि-मुनि रेणुकेय आश्रम ते गवन करन हार हैं। जौं लौं आवैं तौ लौं अपराजिता नाह आपने नगर पहुँच जाई, तौ भली बात है। अरु मोकौं दिगजानहू भूप बुलाइ या फरमायौ है—हितकारी, डीलधराधर की माता निरखन कौ बहुत उतकंठित है, बेगिहीं बिदा कराय देउ।

---

1. कुमार सहित दिगजान, शीलकेतु का प्रवेश। 2. विवाह के समय का मंगलमय मंत्र। नवलकिशोर प्रेस की प्रति में शाखोच्चार। 3. इसके बाद भी शाखोच्चार करता है। 4. बरात के रुकने का स्थान। 5. प्रवेश कर द्वारपाल से। 6. भूप के कान में जय कहता है। 7. राजा शंकित होकर सोचता है इसका क्या कारण है।

नृप : (उच्छ्वस्य) बहुत भली। चलो बिदा करैं।

(इति निःक्रान्ताः सर्वे)

(प्रविश्य सपरिकरोऽपराजितः इतस्ततः संचरति)[1]

दिगजान : गुरौ, शीलकेतु सांचे शीलकेतु हैं जिनकौ दान, सनमान, सुभाय हमकौ तौ भूलै नहीं कहा करैं। जिनसौं छन भेरि की भेट भई है, तिनकौ जनम भरि न बिसरै है।

जगद्योनिज : सत्य है! शीलकेतु नृप यही भांति के हैं।

(शंकित सत्वरमाणः बंगदेशीय छात्रः प्रविशति)[2]

छात्र : अमी गौतमेशिष्य; अमाके गुरु तगादा पठये सन। सुने धनुष भांगा अति रागित रेणुकेय आस्ते छेन येखन। जदपि तुम्हार पुत्र हैं ये मन भय किछु होबै न तुमाके। बिश्वनाथ नृप खबर जनाया छेन करीबेन तजिबिज ताके।[3]

(भूपः श्रुत्वा शंकितः विचारयति)[4]

मंत्री : (विस्मितः अंगुल्या निर्दिशति)[5] महाराज! देखिए महा उपद्रव देखो ⁕ परै है।

कवित्त

धरा तें उठावत, अपार धूरि धुंधुकार,
अंधकार लिए धरा धरनि धवाय कै।
तोरत तरून लै, झंकोरन तें साख बृन्द,
पूरि इंद्रलोक हूँको, पत्रन उड़ाय कै।
अमित ससानि ही सौ बधिर⁕ करत कान,
खेर⁕ सेस हर कीन्हें छप्पर⁕ ढहाय कै।
कासवी⁕ कंपावत, सौ कुद्धर⁕ ढहावत सौ,
हाय! ऐसो पौन कैसौ करि है धौं आय कै?

---

1. प्रवेश कर अनुगत सहचर सहित अपराजित इधर-उधर घूमते हैं। 2. बंगाल देश का छात्र शीघ्र ही सशंकित प्रवेश करता हैं। 3.हम गौतम के शिष्य हैं। हमको गुरु ने शीघ्र ही भेजा है। धनुभँग सुनकर अत्यधिक क्रोधपूर्ण हो रेणुकेय इस क्षण आ रहे हैं। यद्यपि तुम्हारे पुत्र इस भांति के हैं कि तुमकों कोई भय नहीं है, बिश्वनाथ नृप ने तुमको समाचार बताया है, उसका विचार कीजिए। 4. राजा सुनकर सशंकित सोचता है। 5. विस्मित होकर अंगुली से निर्देश करता है। ⁕ 'पेखों' ला. यं. प्रति में। ⁕ 'वाधि' ला. यं. प्रति में। ⁕ 'घर' ला. यं. प्रति में। ⁕ 'खप्पर' ला. यं. प्रति में। ⁕ 'कासिपी' ला. यं. प्रति में। ⁕ 'कुधर' ला. यं. प्रति में।

भूप : गुरौ! गुरौ! यौ कहा महा उपद्रव होइ है?

जगद्योनिज : असगुनौ (बहुत*) पेषे परै हैं, पै मृग दाहिने ओर चले आवैं हैं, याते परिणाम भलोई होइगौ।

(ततः प्रविशति रेणुकेयः)

मन्त्री : (अति शंकितो) जैसे सिंघ के समेटे लघु मृगन जुथ्थ ससेटि जाइ, ऐसो सिगरी सैन पेषी परै है।

छन्द नराच[1]

बिलोकि तेज यौं प्रचंड, मारतंड चंद भे।
बरैं न बायु बेद बान्हि बारिबेग बंद भे।
सुरेश लोक त्रि बृन्द बंसते निराश भे।
मही महेन्द्र रुद्र से मुनिंद्र ते संत्रास भे।
दिपै त्रिपुंड भाल में जटा सुसीस में छजै।
कुठार कंठ द्वै तुनीर द्वै कुदंडऊ सजै।
समुंज मेखला मृगा कौ चर्म धारनैं किये।
लसै बिशाल नैन लाल जाहिरै रिसैहिये।

छन्द भुजंगप्रयात[2]

अलंकार रुद्राक्ष के अंग कीन्है।
करे दाहिनैं दंड औ बान लीन्हैं।
हृदय में महा अस्त्र के घाय राजैं।
मिले सांत रौद्रै इन्हैं माह भ्राजैं।

जो गौतम शिष्य कहि गयो, तौते रेणुकेय निश्चय ते येई जानै जाय है।

नृप : (यानादवतीर्य) पाद्य-पाद्य, अर्घ-अर्घ!

रेणुकेय : जगजोनिज गुर धनु कौन तोर्‌यो?

जगद्योनिज : हितकारी।

रेणुकेय : (आत्मगतं) सर्वभूत हितकारी तो नारायण हैं और हर-धनु-भंग करनहार दूजौ कौन हाइगौ? (*प्रकाशम्*)

---

* 'बहुत' ला. यं. प्रति में। 1. नराच-'जरा जराजगा कहैं कबिन्द्र'। पंच चामरण जगण, रगण, जगण, रगण, जगण और गुरु से बोलने वाला अष्ठि जाति का सम वृत्त छन्द। इसे पंच चामर और नागराज भी कहते हैं। 2. चार यगणों से बनने वाला जगती जात का समवृत्त छन्द।

सवैया

पूरब हौ इतिहासन में, सुन्यों कोपि हरी भृगु नारी संघारी।
फेरि गुरू गर दाबि के नील कियौ, न मिटै वह नीलता भारी।
जद्यपि दाग भयो हियरें, रिसि-सांत करी बिती बात बिचारी।
तोरि पिनाक नवीन कियौ, हरि हौ सब गर्व जो शिष्य पुरारी।

रन पक्षपती सब पक्षन लक्षन, बान सपक्षन तें तोरिहौं।
बहु अस्त्रन-शस्त्रन सागर मैं, पर पक्षिन तक्षिन हीं बोरिहौं।
बर बिद्या महेश जो मोंहि दई, दरसाय मुकंद मदै मोरिहौं।
गहि चक्र को बक्र कै काटि कौ मोद की, टूक पिनाक के हौं जोरिहौं।

पद्मावती : (तिर्यगवलोक्य)[1]

छन्द

यह काके दल भारी है?

भुवनहित : यहि पालक हितकारी है।

रेणुकेय : कहु किन बेग मुरारी है?

भुवनहित : (शिरः संचाल्य)[2]
जिन घातिनि सर जारी है।

रेणुकेय : तिय मारि पराक्रम कौन कियौ?

भुवनहित : सर येक तनैं तेहि फेंकि दियौ।

रेणुकेय : यतनै परभाव सुनाम लियौ।

भुवनहित : पगु छ्वै जेहि पाहन नारि भयो।

रेणुकेय : तुम और कौ और बताबत हौ।
शिशु कौ कृत भाषि भुरावत हौ।

भुवनहित : तिनका सौ पिनाकहि तोरि दिये।
मुनि हो परभाव मैं संक किये?

रेणुकेय : अरे (प्रभाव) भनि भटाई कहा करै हैं? वह हितकारी कौन है सो बताउ?

भुवनहित : ये दिगजान महाराज के चारि पुत्र हैं, तिनमें अग्रज हैं।

रेणुकेय : (विस्मितः। आत्मगतं)[3] चंडहू के प्रचंड दोर दंड कोदंड करषत श्रम पावत रहे, सो बाल बाहु दंडन तें टूट्यो। काल गति जानी नहीं जाय। (प्रकाशम्)[4] कहा वह धनुष तोरनहार हितकारी है?

---

1. तिरछे देखकर। 2. सिर हिलाकर। 3. स्वगत। 4. प्रकट।

(चत्वारो भ्रातः रथादवतीर्य उपसर्यन्ति)[1]

रेणुकेय : (आत्मगतं)

कवित्त

जो पै होतौ काम, नाम सुनत महेस जू कौ,
धनु कौ प्रनाम करि दूरि ही ते भाजतौ।
होतौ जो श्रृंगार तौ, अकार ताकौ रसही है,
कैसे के प्रतेंचा पानि गहि तामे साजतौ।
होतौ हरि होते चारि, बाहु धरि शंख आदि,
और नर देवन मैं ऐसो कौन भ्राजतौ।
भारी छविधारी हठि मेरौ मन हारी यह,
को है हितकारी, रूप रोम-रोम राजतौ।

डहडह जगकारी : (अजलिंबध्वा) अग्रज! ये मुनि हैं कि छत्री हैं? निश्चै नहीं होइ?

हितकारी : दशदिग दुर दर दरन करन-करन घट-अग्रज मद हरन, हरनहार हजार करन, नर्वदा-धार धार-कुठार सौं सो नृप बोरन (रन) मुनि हैं।

(ततः चत्वारो भ्रातरः मुनि प्रतिं।[2]
पाय परियतु हैं। पाय परियतु हैं।)

(वामकरेण शिषं दत्वा रेणुकेयः)[3]

रेणुकेय : अरे मोहिं जानै न?

हितकारी : तुम्हैं कौन जानै न!

रेणुकेय : फुटे हिय जानै न?

हितकारी : कहा आप जानै न!

सवैया

रेणुकेय : तोरि पिनाक, बकै बहु वाचक है, अब आंसुहिं नाक सिधारौ।

हितकारी : बाल सुभाय ही खेलन कौं, छुयो टूट्यौ बनाये बनौ धों बिचारौ।

---

1. चारों भाई रथ से उतरकर समीप जाते हैं। 2. इसके बाद चारों भाई मुनि के प्रति। 3. रेणुकेय बाये हाथ से शिखा को स्पर्श करके।

रेणुकेय : सो बनिहै न बनै यह बात, दै पानि दोउ गृह पंथ सिधारौ।
हितकारी : हाजिर है, मुनि हाथ हजूर मैं, स्वामी सौ है कहा दास को चारौ।

रेणुकेय : अरे कहा दया करावै है! सर्व छत्रानी गर्व अर्भ वसा वासित या कुठार धार है।

(इति श्रुत्वा दिगजानः भूमौ पतति)[1]

(मूर्छितं पितरमवलोक्य ईषदरुणितनेत्रः प्रांतः)[2]

हितकारी : आपसे मुनिन के बदन ऐसे वचन नहीं खुलै हैं।

कुंडलिया[3]

रेणुकेय : भट छत्रिय छिति छत्रपति, धनुधारी वरिवंड।
तिनके रुंडन मुंड सों, पूर कियो नवखंड।
पूर कियो नवखंड, वपुष इक-इक कुठार सों।
नव विधन दिय तोंषि, येक को रूधिर धार सों।
जगजोनिज हित भुवन, भीखि मागन पटु लै पट।
अस मुनि मोहिं जनि जानु, बाल मैं मुनि हौं उद्भट।

(गुरु निंदां श्रुत्वा सक्रोधं डहडह जगकारी)[4]

डहडह जगकारी : सम्हारि बैन भाषिये।
मुनीस ह्वै न माषिये।
गुरुन निन्द नौ सुनौ।
छमा करी दुजौ गुनौ।

रेणुकेय : (सक्रोधं)
कुठार धार देखि कै।
कराल काल लेखि कै।
सपक्ष मानि भक्ष सौं।
अकक्ष जक्ष रक्ष को।

---

1. इस प्रकार सुनकर दिगजान भूमि पर गिरता है। 2. मूर्छित पिता को देख कर नेत्र के कुछ भाग रक्ताभ हो जाते हैं। 3. दो पाद और शेष चार पद रोला के होने से बनने वाला मात्र छन्द। इसमें दोहे का चतुर्थ पद इसके तीसरे पाद के पूर्वार्द्ध में दुहराया जाता है। तथा प्रायः प्रथम पाद का प्रथम शब्द ही छठे पाद का अन्तिम शब्द होता है। 4. गुरु की निन्दा सुनकर डहडह जगकारी क्रोध से युक्त होकर।

दोहा

बार यकीसनि छत्र छिति, कीन्हीं धरे कुठार।
दुजता इहिते मानिवे, लाइक मै हौं बार।

डीलधराधर : (सक्रोधं)
यकइस बारनि छत्र छिति जब कीन्ही, मुनिराजु।
हितकारी सम छत्रिनहि रह्यो, जानि हौ आजु।

रेणुकेय : (सोत्साहं) भली कही, भली कही।

छन्द *तरंगिनी*

हितकारी त्रिभुवन नाह। गुन भयो रन उत्साह।
पुनि बाल कोमल जानि, मन भई बात गलानि।
तैं बल जु बरनन कीन, रन चैन भयो नवीन।

(पुनः हितकारिणं प्रति)[1]

हितकारी ले धनु हाथ,
दरसाउ सो बल गाथ।

(सक्रोधं डिंभीदरः मंत्रिणं प्रति)[2]

सवैया

डिंभीदर : भाखत है करि क्रोध महा, अपराध कहा धनुही इक तोरिकै।
ब्राह्मन हत्यै हतो नृप हैहय, मारि कै गर्व भरयो हिय भोरिकै।
अग्रज तीनों चलैं घर कों, गुरु औ महराजउ सैन बटोरिकै।
आवत हौं हूँ चलोई अहौं, अब हीं मुनि को मद माटसो फोरिकै।

(सक्रोधं रेणुकेयः कुठारमुद्यतम्प्रति)

छन्द *पद्धरी*[3]

रेणुकेय : सुठि कठिन चाबि गनेश दंत।
तोहि भयौ हतौ रे श्रम अनंत।
भै (नाहिं) त्रिपति अति छुधित होउ।
सिसुगल श्रोणित अब घीउ पीउ।

(सक्रोधं त्रयो भ्रातरः शीघ्रं धनुर्हस्ते कुर्वन्ति)[4]

---

1. पुनः हितकारी के प्रति 2. क्रोध से युक्त डिंभीदर मन्त्री के प्रति। 3. आठ-आठ मात्राओं के यति के क्रम से और अन्त में जगण से बनने वाला 16 मात्राओं का सम मात्रा छन्द। 4. क्रोध युक्त तीनों भाई शीघ्र धनुष हाथ में धारण करते हैं।

छन्द चौपैया

हितकारी : सुनिये सब भाई, है न बड़ाई, कुद्ध विप्र सों युद्ध किये।
जो गाइ मरकही, नाहिं कोउ कही, ताहि मारिबो खंग लिये।
मुनि कह रिझाइबो, जीति पाइबो, इहै नीति श्रुति माह कही।
अब शीस नवाबो, क्षमा करावो, अस्तुति करि-करि पांय गही।

(भातृभिः सह प्रणाम हितकारी)[1]

छन्द

प्रभु पालक ये बालक क्षमा करो।
भूलेहुँ हियरे रोष न कबहुँ धरो।
कर रन जबहिं कुमारहि जीति लियो।
गौरी सहित महेसहु कृपहि कियो।

रेणुकेय : (सस्मितः) निज कुल कुलि दल हितकारी, हितकारी बात तिहारी, हारो मन है तदपि बालक क्षुद्र-क्षुद्र बचन-बचन लायक बोलत नहीं है। गुरु अपकार कारमुक भंग-भंग-अंग बिनु कीन्है कैसो सहो जाय।

हितकारी : हौं सेवक खरी खरोई हौं। जेहि रिस जाय सजाय सो करि लीजै।

रेणुकेय : मम भय क्षत्रिय ते भो ब्राह्मन, तोहि पढ़ायो।
भूलि सोक हरनत्र सेनाहि तोसों बनि आयो।
विनय करत है कहा, धनुष धरि मोहि रिझावै।
कै आसुहिं अवत हूँ, तात सम स्वांग लै आवै।

(गुरु पित्रो निंदां श्रुत्वा सक्रोधं हितकारी)[2]

छन्द पद्धरी

गुरु निदंत हौ तुम बार-बार।
दुज गुन डरियतु हम नहिं कुठार।
सब सासन करिबै कहँ तयार।
सो करहुँ कहिय जो करि बिचार।

---

1. हितकारी भाइयों के सहित प्रणाम करके। 2. गुरु पिता की निन्दा सुनकर क्रोध से युक्त हितकारी।

रेणुकेय : (सकोधं)

छन्द नाराच

कोदंड भौर माह बोरि देहुँ भूमि इन्द्र कौं।
कुठार बीचि मो बहाय, सैन बृक्ष बृन्द कौं।
कुमार चारि जारि देहुँ, क्रोध बाड़वग्नि मैं।
जो लेहुँ संभु बैर यों, तो सांच जामदग्नि मैं।

छन्द तरंगिनी

करि क्षत्रियन निरमूल।
जग राखि जन अनकूल।
अब क्रोध हेत मिटाय।
तप सुचित करिहौं जाय।

छन्द गीतिका[1]

हितकारी : जे बचन पूरब कहे, तिन तें गुन्यों गर्वहि अर्ति है।
यह बात मुनिवर, भली भाषी, करन हम कहँ सर्ति है।

रेणुकेय : (सक्रोधं)
रे बाल बढ़ि-बढ़ि यहाँ बोलत सुनी पुरषन गति नहीं।
धरु बानधनु रन गुने जो बलवान क्षत्रिय कुल महीं।

छन्द भुजंगप्रयात[2]

रनै छोनि बेदी अनी इन्ध जारौं।
बढ़ै कोप ज्वाला नृपै होमि डारौं।
कुठारै श्रुवा वा लता पुष्प धारौं।
दोउ बिप्र को सेवकै मूड़ि डारौं।

हितकारी : (सातिक्रोधं)[3] छन्द

अब लौं बिप्र मानि रिसि रोकी, पुनि मुनि गुर निंदनै ररै।
डिंभीदर दे दे धनु मेरो, देखहुँ मुनि धौं कहा करै?

---

1. गीतिका—रत रवि कला धारि कै लग अंत रचिये गीतिका। 'सजजा भरा सलगा रची बस देख लो यह गीतिका'। 2. चार यगणों से बनने वाला जगती जाति का सम वृत्त छन्द। 3. अत्यधिक क्रोध सहित।

रेणुकेय : (सक्रोधं)

वह धनु धरि तैं युद्धन लायक यह बर हरि धनु हाथ धरै।
औसर कर करि जोरि सरासन, औसर बहिरन को निबरै।

(रेणुकेय हस्ततो धनुराकृष्य आरोप्य च
हितकारी टंकारयति)[1]

(ततः जगद्योनिजं प्रति)[2]

कवित्त

भुवनहित : डोली धरा बार बार, दिग्गज चिकार कीन्हीं,
हालि गो हजार सीस, कच्छ अकुलान्यों है।
दैत्य बिकरार भय, मयहि अकार भये,
पारावार वारि बेल, छोड़ि छहरान्यों है।
जै जै शब्द देव, दार, सहित पुकार करैं,
प्रलय संसार होत, मन अनुमान्यों है।
देखौ जमदगिन वार करतें कुठार गिर्‌यौ,
सरिस हजार रुद्र राजवार जान्यों है।

छन्द *तरंगिनी*

हितकारी : सर जुरयो यहि कोदंड।
किन लेहु परस प्रचंड।
तब निजन राखेहु आघु।
कत कंपत न्हाति सो माघु।
अब रन सो मंडिय ऋष्य।
मम गुरुनि करिये शिष्य।
जेहि जोर कियो निछत्र।
प्रकटहु सो कर करि अत्र।
(सभय रेणुकेयः)

चौपैया

जै पुरुष परेसा जासु निदेसा, रबि ससि उड़गन पवन चलै।
सब केउ उपकारी, जै हितकारी, परम पुरुष जेहि जस अमलै।

---

1. रेणुकेय के हांथ से धनुष खींच कर और चढ़ा कर हितकारी टंकार करते हैं। 2. इसके बाद जगद्योनिज प्रति।

तुमहीं तें चेतन, सबही के तन, हों केहिं बल ते युद्ध करौं।
अपराध महाना, भो भगवाना, परम क्षमहुँ प्रभु पांय धरौं।

सोरठा

हितकारी : यह अमोघ सर मोर, हतहुँ कहा अब भाषिए।

(सर्वोपकारिणं हितकारिणं विचार्य्य)[1]

रेणुकेय : देखि दया दृग कोर, मोरि स्वर्ग गति मारिये।

(स्वर्गगतिं गतां ज्ञात्वा)[2]

हौं तप करन जात हौं। यह रूप तुम्हारो हमारे हिये में बन्यो रहै।

(इति प्रणम्य निःक्रान्तः)

(ततः जगद्योनिजः भूपमुत्थाप्य वृत्तांतं श्रावयति)[3]

भूप : (सहर्ष) आपसे जाके गुरु हैं, ताको सकल भय नेबारन होय, यामे कहा आश्चर्य है? अब आसु अपराजिता कों सुतर सबार जोड़ी भेजिये औ बरात चलाइये।

(इति सर्वे निःक्रान्ताः)

(सभृत्य मन्त्री प्रवेशः)[4]

मंत्री : गलिन गुलाब सिचावो। महल कल कलसन, नवल पताक चढ़ावो। सकलस, सगान, सवाद्य, कन्यन आगे चलावो। बरात निकट आई।

(नेपथ्ये कोलाहलः)

भजन

सहित बरात भूप इत आवैं। (टेक)
खैर-भैर जुत सहर लसत अति, रहँसि बिंहसि नर धावैं।
चलो चलो लोचन फल लीजै, अब आनद मिति नाँही।
ललकत रहीं कुंवर लखिबे को, लखब बधुन संग माही।

---

1. सभी का उपकार करने वाला हितकारी विचार कर। 2. स्वर्ग की गति को गया हुआ जानकर। 3. इसके बाद जगद्योनिज राजा को उठाकर वृत्तांत सुनाता है। 4. भृत्य के सहित मन्त्री का प्रवेश।

उतरहिं, चढ़हिं अंटन उत्कंठित, मातन सुख किमि कहिए।
बिश्वनाथ ऊपर बरषन हित, लाजा मोतिन गहिए।

(ततः प्रविशन्ति एकतः नीराजनं गृहीत्वा सपरिवारा
देवा अन्यतः सवधूकाः शिविकारूढाः कुमाराश्च)

सखि : (सखिं प्रति)

भजन

परछत मैयन सुख अधिकाई (टेक)
आनंद जल उमगत अबंक जुग, भूलि-भूलि बिधि जाई।
सुत-सुतबधुन तकहिं जन, चाहहिं दृग-मग हिय समाई।
बिश्वनाथ मुख चूमि तोरि तृन, पुनि-पुनि लेहिं बलाई।

पुरोहित : सुत सुतबधु, देव दरशन कराय सोवावो।

(इति निःक्रान्तः)

इति प्रथमः कांडः[1]

1.अंक के लिए कांड शब्द प्रयोग किया गया है।

द्वितीय अंक

(सशिष्य जगद्योनिज प्रवेशः)

शिष्य : गुरौ! रबि राकसन रन रुधिर की ललाई पश्चिम दिशि छाई, भाई। फेरि मारतंड सरचंड तैं खंड—(खंड)[1] करि उड़ाये, अस्थि खंडये नभ पेखे[2] परै हैं।

गुरु : (सस्मितं) यह ब्रह्म-कुंडजा तट हौ। संध्या करौं हौं। तुमहूँ (जाइ)[3] संध्या करौ।

(इति शिष्यः निःक्रान्तः)

(गुरुः संध्या-वंदनं नाटयति। प्रविश्य ब्रह्मकुंडजा प्रणमति)[4]

गुरु : पुत्रि[5] हितकारिणी अनुरागिणी भवेत्या! (आशिषं दत्वा) पुत्री, दीन मन काहे हौ?

ब्रह्मकुंडजा : हौं पितामह पग पूजन गई हुती। ताही समै इन्द्रादि सुर आय (शीस नवाइ)[6] बिनै करी।

जमक : दिगसिर दरन, रन करन, सर्व भूतहितकारी, परम पुरुष अवतरे। अब तिय संग-संग बिहार हार रचनि-रचनि चित्त की है। (सुनिये[7] धाता) कह्यौ हौं उपाउ करौ हौं, सुनि मेरी मति अकुलानी है।

गुरु : तुमकौं तौ भूरि भांवते भूलि सोक भयो है, अपराजिता मैं हितकारी को बिहार नित्य है। वे अचिंत शक्ति हैं, दोऊ बात करैंगे।

---

1. पांडुलिपि में नहीं है। 2.'फैके' पांडुलिपि में। 3. पांडुलिपि में नहीं है। 4. गुरु संध्या वन्दन करते हैं। ब्रह्म-कुंडजा प्रवेश कर प्रणाम करती है। 5. 'पुत्री' पाठ पांडुलिपि में। 6. पांडुलिपि में नहीं है। 7. 'पुनि' पाठ पांडुलिपि में।

(सहर्ष ब्रह्म-कुंडजा अंजलिं वध्वा किंचिद्वक्तुमिच्छति)[1]

(हस्तसंज्ञया वारयित्वा आकाशे कर्णं दत्वा)[2]

जगद्योनिज : मौकौं बानी की बानी यौं सुनी परी—तुम दिगजान पै जाय डहडह जगकारी, डिंभीदर कौं काश्मीर को पठाइबौ (औ उपाय करि भूप सों हितकारी कौं युवराज पद दिबाबत बन दिबाइवौं)[3]। अरु हितकारी की याही रुख है, हौं कुटिला के कंठ बैठि सुरकाज सिद्ध करन जांउ हौं। पुत्री अब तुम जाहु, हौंहूँ मातु आज्ञा करन जात हौं।

(इति निःक्रान्तः)

(प्रविश्य आदिकविः)

आदिकवि : (स्वागतम्) शिष्य! जल, फूल, दल मूलना लै आयौ। अरचन कौं आवार भई।

(ततः प्रविशति शिष्यः)

आदिकवि : अरे येती बिलम्ब करि (अब[4] ठगि ऐसौ कहा रह्यो है)।

शिष्य : (अंजलिं वध्वा) हौ जाय जामिनी बाकी छीरवती कालिंदजा संगम (अस्नान करन गयो हुतो)[5] तहीं बड़ो आश्चर्य लख्यौ।

गुरु : किं किम्?

शिष्य : सरूप धारि दोनौ सरि संबाद करि रही हुतीं।

गुरु : कथं कथम्[6]।

शिष्य : क्षीरवती पूछी, तुम जोत पिता हौ सौ पितु पद पूजन गई हुती की और कछु कारण है? कालिंदजा कह्यो, हौं पीउ परसते तपित ह्वै ज्यो ही संका करी तिन कह्यो, अति संतप्त ब्रह्मकुंडजा धार परे। होहूँ बूझयो[7] हुतो सो गदगद गर कह्यो, काश्मीरी दिगजान सौं बरदान मांगि आपने सुत कों राज लियो। अरु सबधू बंधु हितकारी कौ बन दियौ। मंत्री जान चढ़ाई, त्रिपथगा तीर लौं पहुँचाई। पुर आइ, सुधि दई। सो सुनि भूप की परमगति भई।

---

1. ब्रह्म-कुंडजा सहर्ष अंजली बाँधकर कुछ कहने की इच्छा करती है। 2. हाथ से संकेत से रोककर। आकाश में कान लगाकर। 3. ला. यं. प्रति में नहीं है। 4. पांडुलिपि में नहीं है। 5. 'नहान गयौ हुतौ' पाउ पांडुलिपि में। 6. 'कथ्याकंथाम' पाठ पांडुलिपि में। 7. 'पूछ्यौ' पांडुलिपि में।

अपराजिता निवासिन अति शोक आसुन सौं बढ़ि हौं आपको मिली आइ। ताते हे कालिंदकुमारी! होंहूँ उष्णता धारन करी। हे क्षीरवती! बड़े शोक की बात है, सुनि हौं ठग सी रही। अब बनितन कौ बिश्वास काहे को कोई करि है?

आदिकवि : हा भूप दिगजान! हा सुरपति करन त्रान! हा देन दान महान! हा भगवान सम ज्ञान! हा मुनिन कारी सनमान! हा करन बचनन प्रमान। हा यश जाहिर जहान!

(इति निश्वस्य, ततस्ततः)[1]

शिष्य : पुनि क्षीरवती पूछ्यौ, हितकारी कहाँ लौं आये होयगे? कालिंदजा कह्यौ, भाष्कर क्षेत्र में याज्ञबल्कय शिष्य तै सतकारित हो, मेरे पार उतरि आये। अब नहीं जानौं धौं कहाँ हैं? यह कहि मौकौं जानि दोऊ जल मैं प्रवेश करि गईं।

आदिकवि : शोक तो बड़ोई है। पै यामें येकु हर्षऊ है।

शिष्य : (सविस्मय) गुरौ! सोक मैं हर्ष? (हौं) न सुमझ्यौ!

गुरु : वत्स चाहिये तौ हितकारी ह्योंउ आवैं।

भजन

(नेपथ्ये) : पथिक तुम कहहु रहहु केहि देश? टेक।
अस हम दीख सुन्यो न कबहूँ, कोऊ नख सिख अनुपम वेश।
बन कंटकित चलत सुकुमारी, प्यादे संग तुम्हारे।
बिश्वनाथ सति[2] मानहुँ काँटे, गड़त करेज हमारे।

(बन्धु बधू सहित हितकारी प्रवेशः)

शिष्य : (पुरोवलोक्य)[3] गुरौ! हितकारी तौ आइ ही गये।

गुरु : अहो भाग्यं! अहो भाग्य! अर्घ, पाद्य ल्यावो। अतिथ्य करैं।

हितकारी : (मुनिं प्रणम्य) बास बताइये!

आदिकवि : वत्स! तुम्हारो बास तौ हमारे हिये मैं है।[4] दूसरो बास (ह्यां ते)[5] दक्षिन कछु दूरि विचित्र शिखर गिरिवर है। होत ही दरशन, सांत रस बरसन, लतन, तरुन, कुंजन छवि, पुंजन,

---

1. इसके बाद निश्वास ले करके, उसके बाद। 2.'सत' पाठ पांडुलिपि में। 3. आगे देखकर। 4. 'हमारे हिए मैं तुम्हारै बास है' पांडुलिपि में। 5. ला. यं. प्रति में।

सुदल, फल, फूलन मृदु मूलन, सघन वनन, खग कुल बृन्दन, मंजु अलि पुंज, गुंजन, लुंज मन करिन, दरिन-दरिन झरनन-झरन, जल कनन, दुरदिन करन, गजन, मृगन गनन, सकुल सुधा सरिस सलिल सहित, अति ललित, कूलन बलित, बिकसित बरनबरन अमल कमल, कलित-कल कारंडव, चक्रवाक जाल, मराल माल, कूजन मृदु मूलन, तकत त्रै ताप उन्मूलन, छवि भरतनि सरितनि, महामंडित है।

हितकारी : (श्रुत्वा सहर्षं) आज्ञा दीजै।

मुनि : आजु के रोज ह्यांई रहौ। रूप लखाइ हमारे नैन सफल करौ।

हितकारी : बहुत भली! हे मुने! जबतें हौं आयौ, तबतें अपराजिता की खबरि नहीं पाई। आप त्रिकालज्ञ हैं, बुझाइ सुखी करिये।

मुनि : (ध्यानं नाट्यति) डहडहजगकारी सबंधु पुर आए हैं और वृतांत सब (कछु दिन में)[1] आइ, वेइ कहैंगे।

हितकारी : आपसौं संबाद करत जामिनी जात न जान परी। प्रातसूचक पक्षी अक्षी धुनि कर रहे हैं मानौ पथिकन कौं आतुरी करावै हैं। आज्ञा पाऊँ तो त्रिचित्र शिखर जाऊँ।

मुनि : चलो ह्वां लों पहुँचाइ आऊँ।

(इति निःक्रान्ताः सर्वे)

(सकुटिला काश्मीरी प्रवेशः)

काश्मीरी : सखी! काज तो सब सुधरयो, अब एक यही बाकी है डहडह जगकारी को आइबो।

कुटिला : परम सुखद खबरि कहौं हौं चार[2] गुरु के ह्यां आयो है। ताते हौंहूँ सुनि आई हौं कि डहडह जगकारी हालइ आवनहार हैं।

डहडह जगकारी : (प्रवेशः) माई पांय परौं हौं।

काश्मीरी : (शिरं आघ्राय)[3] पूत सिगरौ काज संवारि राख्यां हौं।

डहडह जगकारी : (विस्मितः) कौन?

(काश्मीरी सर्वे वृत्तान्तं कथयति)

(डहडह जगकारी श्रुत्वा मूर्छां नाट्यति)[4]

---

1. ला. यं. प्रति में। 2. 'वा' पाठ पांडुलिपि में। 3. सिर सूँघकर। 4. डहडह जगकारी सुनकर मूर्छित होने का नाटक करता है।

काश्मीरी : हे पूत! भूप सोचन लायक नहीं हैं। अरु काल सौं (काहू कौ) कछु बस नहीं है।

पद

डहडह जगकारी : हितकारी महँ दोष गुनत बिधि कै अकास की पाटी।
दिये शुन्य सोई यहि उडगन, अवलिन जब यहि आंटी।
लखि श्रम खेद खरी धरि दीन्ही, सोई ससि यह भायौ।
बिश्वनाथ उन खोजि न पायौ, तैं बताउ कहं पायौ।

अरी! तेरी जीभि मैं काटि डारतौ। माता भई, कहा करौं?

कुटिला : अरे छोहरा, उपकार किये अपकार मानै है? तेरे लिए नीतिसार निचोरि कै मैं बुद्धि दई है, तब यह काज भयौ; नातर तेरी राज होन न वारी हुती।

डिंभीदर : (सक्रोधं) आः पापे! तुहीं सब अनर्थ को कारन है।

(इति केशान् गृहणाति)[1]

काश्मीरी : (दृष्ट्वा)

सवैया

महि मांह कढ़ीलत केस गहे, मुटका बहु लातनि मारत हौ।
कछु हीर न पीर, अहै तुम्हरे, बहु बार उठाइ पछारत हौ।
इतना ही कलंक को सोच करौ, तिय नासे ना नर्क निहारत हौ।
असु आसु न संग कढ़ोई चहै, अबहूँ नहि रोष सम्हारत हौ!

डिंभीदर : याकौ फल दै (कौ)[2] फिरि तोहू कौं समुझांउगौ।

(इति श्रुत्वा काश्मीरी सभयं निःक्रान्ता)[3]

डहडह जगकारी : नारी बध किये मोकौं हितकारी की भय लगै है।

(श्रुत्वा डिंभीदरः मुंचति)[4]

डहडह जगकारी : चलौ कुसला मा के पास।

(इत्युभौ परिक्रमतः। प्रविश्य कुसला रोदति)[5]

---

1. इसके पश्चात् केश पकड़ता है। 2. पाठ पांडुलिपि में नहीं है, ला. यं. प्रति से। 3. ऐसा सुनकर काश्मीरी भयभीत हो निकल जाती है। 4. सुनकर डिंभीदर छोड़ देता है। 5. इसके पश्चात् दोनों चक्कर लगाते हैं। कुशला प्रवेश कर रोती है।

भजन

कुसला : हितकारी, हितकारी ढोटा, रखत प्रान सम भाइनि कौ।
बधू बंधु जुत काढ़त तेहि नहिं, कसक्यो हियो कसाइनि कौ॥
मंत्री, गुरु, नृप, बैन बान सम, नहि यहि हृदै पषान गड़े।
बिश्वनाथ बिधि कहा करौ अब, चहुँ दिसि दुख सागर उमड़े॥

डहडह जगकारी : कुसला माई उर सीस कूटत ह्याई चली आवै है।

(इति उपसृत्य बिलपंतो पादयोर्नियतत:)[1]

(कुसला उत्थाप्य)[2]

भजन

कुसला : पूत तुम्हैं बिन किय तुव माता, ऐसो हाल हमारौ।
डहडह जगकारी : होइ जो संमत मोर कढौं नहिं, भोगेहुँ नर्क हजारौ।
कुसला : तुम सम कौन होइ जगमाहीं, अब धीरज उर धारौ।
डहडह जगकारी : बिश्वनाथ हितकारी बिनु किमि जीहौं मातु बिचारौ।

सुहिता : (प्रविश्य, सगद्‌गदं) गुरु कहयौ है धीरज धरि पितुकृत्य करैं, फिर जो उचित होइगो सो करैंगे।

(इति सशोकं सर्वे नि:क्रान्ता:)

(तत: प्रविशति सशिष्यो जगद्योनिज:)

जगद्योनिज : (शिष्यं प्रति) डहडह जगकारी जबते पिता का कर्म करि चुके हैं तबते मातु कृत कर्म लज्जा तें बदन नहीं देखावैं हैं। मेरी आज्ञा सुनाइ तू लेवाइ आवै।

(शिष्यस्तथेति नि:क्रान्त:)

(प्रविश्य डहडह जगकारी, दंडवत्पादयो निर्पत्य रोदनं नाट्यति)[3]

गुरु : वत्स धीरज[4] धरो। अब तुम्हारे आधार पुर है। पितु दई राज्य पालन करो।

(इति श्रुत्वा डहडह जगकारी अधरस्फुरणं नाटयति)[5]

---

1. निकट जाकर विलाप करते हुये दोनों पैरों पर गिरते हैं। 2. कुसला उठाकर। 3. डहडह जगकारी प्रवेश करके पैरों पर गिरकर दंडवत् करके रोने का अभिनय करता है। 4. ''धीर'' पांडुलिपि में। 5. ऐसा सुनकर डहडह जगकारी अधरों को हिलाता है।

गुरु : वत्स! वत्स! दिगजान (भूप[1]) के पूत हौ, हितकारी के भाई हौ, जो कछु कहिबे को होय सो धीर धरि कहो।

(व्याख्यादवरुद्ध कण्ठं डहडह जगकारी)[2]

छन्द

डहडह जगकारी : आसुनि मिसु काढ़ि बारि-बारि निधि मिलन कियो।
महा जननि कृत अघ मोहि करि, हत तेज दियो।[3]
लेतहिं लेत उसास बयारिन शेष रही,
सुमिरत हितकारी सरूप अवकाश[4] नहीं,
शोक आगमहिं अंस जरयो तन अहै बनी।
जरी रज्जु की खाखर हीऐ ठनहिं मनी।[5]
पंच तत्व बिन भयो राजि अब अवन करै,
बिश्वनाथ दरसाइय, प्रभु पद शोक हरै।

पद

हाय हौं येकहुँ काम न आयो। (टेक)
हितकारीहि जुत बंधु बधूमा पथ[6] कंटकित चलायौ।
जो होतौ संगहि बन जातौ, पीठि बिछाइ चलौतौ।
हा! हा! बिश्वनाथ हितकारी, हमहूँ पूछि सिधौतौ।

(इति मूर्छां नाट्यति)

गुरु : धीर धरौ! धीर धरौ!

डहडह जगकारी : गुरौ! हितकारी पद दरसाइये। याहि[7] में मेरो प्राण रहैगो।

गुरु : भली कही! भली कही! अब सब कोई[8] ह्वाइ चलैं, जो फिर आवैं तो सिगरी बात सुधरि जाय।

(इति निःक्रान्ताः सर्वे)

(सबंधु-बधू हितकारी प्रवेशः)

---

1. पांडुलिपि में नहीं है। 2. डहडह जगकारी अवरुद्ध कंठ से कहते हैं। 3. 'जननि कर्म कृत अघ मोहि करि हत तेज दियो' पाठ पांडुलिपि में। 4. 'आकाश' पांडुलिपि में। 5. ''जरी रज्जु की षापर ही औठन हि मानौ'' पाठ पांडुलिपि में। 6. 'वन' पाठ पांडुलिपि में। 7. ''ओही'' पांडुलिपि में। 8. 'जनै' पांडुलिपि में।

हितकारी : (महिजां प्रति) यह बिचित्र बन मेरे मन को आकर्षण करै है।

महिजा : याके बिविध बिहार स्थल में सुख ही सौं काल कटि जाइगौ।

(डीलधराधरः कुटीं विरचयति)[1]

हितकारी : यै डीलधराधर! आछी कुटी बनाई, या निपुनाई कहां पाई?

डीलधराधर : (महिजां प्रति) आप यह मारे मृगन को मासु सुखाइए. तब ताई हौं और मारि ल्याऊँ।

(इति निःक्रान्तः)

हितकारी : हे शीलकेतु कुमारी! तिहारे[2] लिये हौं आछे-आछे फूलन के हार गूंदत हौं। (इति गुम्फति)

(वायस प्रवेशः)

महिजा : पीउ यह कैसो काग है? आमिष खाय-खाय जाय है। जो हौं हांकौं हौं तो मोकौ चोच ते चोंथि भजै है।

हितकारी : (कुद्ध) आः पाप! तेरी दुष्टता कौ फल यह सींक कौ सर देइगौ।

(इति निःक्षिपति भीति वायसो निःक्रान्तः)[3]

(डीलधराधर प्रवेशः)

डीलधराधर : (मृगान् समर्प्य) अग्रज! आखेट खेलत एक मुनि सों भेट भई, ताकी बानी सुनि शंका भई है।

हितकारी : किंकिम् ?

डीलधराधर : मुनि मोसो कह्यो—शक्र सून को येक सींक कौ सर कोई चलायो है सो वाके पीछे-पीछे धावे है। वह काक सर्व लोक फिरि आयो, कोई नहीं त्राण कियो। सुनि हौं मन में विचारयो ऐसे तौ मेरे जेठे भाई ही कौ वाण है, याते त्वरा करि आयो।

हितकारी : महिजा कौ हाल नहीं देखी हौ?

डीलधराधर : (दृष्ट्वा) आः पाप! येतौ सर्व भूत हितकारी है। हौं होतो तौ याही ठौर तेरो सीस काटि डारतौ।

---

1. डील धराधर कुटी बनाता है। 2. 'तमारे' पांडुलिपि में। 3. इसके बाद सर संधान करते हैं, भयभीत काग निकल भागता है।

वायस : (प्रविश्य विकल) शरण! शरण! त्राहि! त्राहि! पाहि! पाहि! रक्षा करौ! रक्षा करौ!

हितकारी : (भामैः)[1] मेरो शर अमोघ है। याते येक नैन दै, अयन कौं जाय।

पद

काक : हौ तुम प्रभु सांचे हितकारी। टेक।
मेरो अघ भारो भुलाय कै, नाथ कृपा कीन्हीं अति भारी।
येक आंखि जो सर सों लीन्हों, जानि हेतु सो लिय मन माही।
बिश्वनाथ याते यह भूलिहु, कौनिहुं पाप करै पुनि नाहीं।

(इति प्रणम्य निःक्रान्तः)

डीलधराधर : बड़े भाई! बनजीव बड़े भय ते भाजे चले आवै हैं। धौं कहा कारण है?

हितकारी : ऊंचे तरु चढ़ि देखौ तौ।

(तथा कृत्वा डीलधराधरः)

छन्द *नराच*

उठो-उठो (कोदंड) चंड बान लेहु हाथ मैं।
न जोहि जात मारतंड धूरि धुंध गाथ मैं।
तुरंग रंग-रंग कै, मतंग अंग सैल से।[2]
सुजान बृन्द में सुजान बीर इन्द्र से लसै।
सुभाँति भाँति की पताक पांति नाक छावती।
पदाति जूह के कहें, न जीह पार पाउती।
अहो अनी अपार याहि, अद्रि बोर आबती।
हिये सुबीर रंग की, तरंगिनी बढ़ावती।

छन्द *त्रिभंगी*

डहडह जगकारी, सजि दल भारी, छुद्र विचारी, बात हिये।
दोउ भाइनि मारी, करहु सवांरी, राजि सुखारी, मातु किये।
अबहीं धनुधारी, वर सर झारी, ता सुगवारी मेटत हौं।[3]
प्रभु लहि हितकारी, त्रिन समचारी, सेंनन सारी सेटत हौं।

---

1. भय रहित हो। 2. तुरंग रंग के मतंग रंग अंग से लसै, पांडुलिपि में। 3. 'सगवारी मेटन हौं' पाठ पांडुलिपि में।

(उत्तीर्य्य धनुरारोप्य)

छन्द *नराच*

समुद्र बाहु दंडये कोदंड भौर भाय कै।
महान बान बृन्द उच्च, उर्मि कों उठाय कै।
संग्राम कै उमंग मैं, कुबन्धु (बेल फेरि कै)।[1]
छ्वोंगौ (आय) पाँय, आसु सैव विश्व बोरि कै।

आह! देखो तो काल की विषमता, पनहीं सीस चढ़न लगी।

(दंतैरधरं संपीड्य)[2]

दोहा

डहडह जगकारी महाकरी ढिठाई आय।
जो टिकिहैं रन छनक तौं, दैहौं सब समुझाय)[3]।

(पुनः धनुरसंचाल्य खड्गे मुखंग अवलोक्य च साट्टहासम्)[4]

जान्यो, जान्यो, यह हमारे सुकृत कौ फल है। भूप कृत अनीत्ति याही रीति में मिटन हारी रही है।

सवैया

आजु भरो रन रंगन मैं, रन अंगन मैं, धनु धारि कै धैहौं।
क्रोध के भरि में भूँजि सवै, दल भस्म अभागिनि के अंग लैहौं।
बन्धु दोऊ मृण बन्धु बनाय, दिगम्बर कै कै दिगन्त पठैहौं।
बाप को बंदि में राखि कै आजु, बली बड़े भाई कौ राज करैहौं।[5]

छन्द *गीतिका*

करि कोटि कायन काल रुद्रहु जो सहायहु को करैं।
यह सैन सर्पिष साथ तौ, मम बान बह्निहि में बरैं।
जिमि लवहि लेत लपेटि लगर, कलंक कुल के दोउ धरौं।
पुनि काश्मीर पिस दल हनि मैं, कालिका खप्पर भरौं।

---

1. 'खैल कोरि कै' पांडुलिपि में। 2. दांतों से अधर पीसकर। 3. पांडुलिपि में नहीं है। 4. फिर धनुष संचालित कर और तलवार की धार को देखकर अट्टहास करते हुए। 5. पांडुलिपि में नहीं है।

पद

दीजै शासन बेगि गोसाँई जाइ तुरत गहि ल्याऊँ।
डहडह जगकारी जननी के आँसुन सरित बहाऊँ।
ताही कर कुटिला की रसना कोड़न हनि कटवाऊँ।
निज रिस औ कुशला हियरे की आगी आँसु बुझाऊँ।

(इति प्रलप्य धावन्तीमवालोक्य हितकारी)

हितकारी : काहे को ऐतो रोष करो हो। तुम्हारी सी प्रीत मो पर उनहुँ की है। डहडह जगकारी लेवाइबे के हेत आवत होंइगे।

(ततः प्रविशति स गुरु मंत्रि बन्धुः डहडह जगकारी)[1]

डहडह जगकारी : पाहि! पाहि!

(इति दंडवत्याद्वयोः पततिमुत्थाप्य हितकारी गुरुपादयोः पतति)[2]

गुरु : (आशीषं दत्वा) अब तुम जाहु, पितु कृत्य करि, मातनि सों भेंट करि आवौ, तौ लौ हौं या आश्रम में आसीन हौं।

(इति सशोकं सर्वे निःक्रान्ताः)

(नेपथ्ये रोदनं कोलाहलः)

गुरु : (शिष्यं प्रति) रोदन कोलाहल होय है याते जान्यो जाय है कि हितकारी पितु कृत्य करि मातन सों भेंट करै हैं।

(बन्धुभिः सह हितकारी प्रविश्य रोदति)[3]

गुरु : भूप सोचन योग्य नहीं है। अरु अवसर और है। धीर धरि, सबको धीर धराय। डहडह जगकारी जायें डहडह जगकारी होय सो करौ।

हितकारी : (अँजलिं बध्वा) पितु, मातु आज्ञा प्रथम ही वन गमन की है। अब जो आप विचारि कै कहिये सो करौं।[4]

(जगद्योनिजः सविचारमधोमुखस्तिष्ठति)[5]

---

1. उसके बाद गुरु, मन्त्री, बन्धु डहडह जगकारी प्रवेश करते हैं! 2.उसके बाद हितकारी पैरों पर दण्डवत् गिरते हुए को उठाकर गुरु के पैरों पर गिरता है! 3. बन्धुओं के साथ हितकारी प्रवेश कर रोता है। 4. पांडुलिपि में नहीं है। 5. जगद्योनिज विचारयुक्त नीचे की ओर मुख किये हुए बैठते हैं।

(डहडह जगकारी कुशास्तरणं कृत्वा अनशनं नाट्यति)[1]

हितकारी : धरण[2] करवो क्षत्री कौ धर्म नहीं है। (पाप लग्यो[3])। उठो! जल छुवो! मोकौं छुवौ।

(डहडह जगकारी जलं स्पृष्ट्वा रोदति)[4]

हितकारी : शोक काहे करौ हौ, जो बिचारि कै तुमही कहो, सो हौं करौं।

भजन

डहडह जगकारी : मोसों अब न कछू कहि जाई। टेक।
जो यह कहौ करिय प्रभु ऐसे, सेवक रीति नसाई।
जौ फिरि चलत न आय ऐन को, प्राण कढ़त अकुलाई।
बिश्वनाथ अवलम्ब दास हित, आपुहिं समुझि बताई।

हितकारी : ये पादुका लै जाउ उनमें हमारो प्रगट्य तुमको बनी रहैगी।

(साष्टाङ्ग प्रम्णियत्य पादुके शिरसि धृत्वा)[5]

डहडह जगकारी : अवधि विताय जो आय हैं, तौ जीवन नहीं पाय हैं।

(गुरुपादौ गृहीत्वा)

हितकारी : दास जानि मोकौं न भुलायवी।

गुरु : (आशीषं दत्वा) प्राणहुँ की काहू को सुधि भूलै है?

डिंभोदर : (पादयोः पतित्वा वाष्पावरुद्धकंठम्)[6] मोकौं तो संग लै चलिये।

हितकारी : डहडह जगकारी कों पादुका दई है ताते तुमहुँ को मेरी प्रगट्य बनी रहैगी। मातन कौं शोक न होन पावै।

(इति श्रुत्वा निःक्रान्तः)

हितकारी, डीलधराधर : गुरु, मातु, बन्धुन ते वियोग भयौ। या थल आछा नहीं लगै। अब महामुनि अनीर्ष्यापति के आश्रम चलिये।

(इति निःक्रान्तः)

(अनीर्ष्या सोमजनक प्रवेशः)

---

1. डहडह जगकारी कुशा बिछाकर, अनशन का नाटक करता है। 2. पांडुलिपि में 'धरनो'। 3. पांडुलिपि में नहीं है। 4. डहडह जगकारी जल स्पर्श कर रोता है। 5.साष्टांग दंडवत कर पादुकों को मस्तक पर चढ़ाकर। 6. पैरों पर गिर कर आँसुओं से युक्त अवरुद्ध कंठ से। 7. ला. यं. प्रति में नहीं है।

अनीर्ष्या : महाराज! ऐसो सुन्यौ है की हितकारी, महिजा, डीलधराधर, विचित्र शिखर तें ह्यां कों आवै हैं।

सोमजनक : (सरोमाञ्च गद्‌गदं) अहो भाग्यम्! अहो भाग्यम्!

(हितकारी प्रवेशः)

महीजा : अनीर्ष्या तो परम वृद्धा हैं।

सवैया

केश सपेत लसैं सिर के, मुख माह वलोक सकै पल खोलै।
नाहिनै दन्त, समाति है स्वासन, ठोढ़ी बढ़ी बदतै सुर डोलै।
लंक लची, कृषकाय कपै, लकुटी कर पल्लव है सुठि लोलै।
खाल झुलै पै दिपै अति[1] तेज, छपाकर की छवि छाम निचोलै।

हितकारी : मुनिन कौं वह शरीर किशोर होय हैं।

सोमजनक : ये तो आइही गये। अर्घ पाद्य ल्यावो आतिथ्य करें।

हितकारी : (सबधू बंधु) पायं परियतु है।

दंपती : अभीष्ट सिद्धिरस्तु।

सोमजनक : शुभ आगमन भयो। तुम्हारे दरस को हमारे बहुत रोज तें आकांक्षा रही है, सो आजु पूरण भई।

हितकारी : दंडकारण्य की गैल बताइये, भोर जाउंगे।

मुनि : हौं जान्यो, जो आप कार्य करन जात हौं। आग्नेय दिशा ह्वै, वान भंग मुनि कौं दरस देत चले जाइबी।

अनीर्ष्या : पुत्री, ये पट तुम्हारे लिए संचि राखे है सो भूषित करो।

हितकारी : अब संध्या वन्दन को समय है।

मुनि : चलो होंहू चलौं।

(इति निःक्रान्ताः सर्वे।)

इति द्वितीयोऽकः

---

1. पांडुलिपि में नहीं है।

तृतीय अंक

(मैत्रावरुणिः प्रवेशः)

मैत्रावरुणि : (आत्मगतं) दरशन कौं शिष्य नहीं आयो, बहुत रोज भये, कहा कारण है?

(शिष्यः प्रवेशः)

शिष्य[1] : दंडवत् प्रणमति।

गुरु[2] : अरे! कौन कारण ते देर भई तोकौं?

शिष्य : महाराज! सबंधु बधू मेरे आश्रम हितकारी आये। तिनके संग-संग मुनिन के आश्रम बतावन दश वर्ष फिर्‌यौ, याते येते दिन बीते।

गुरु : अब[3] मेरे इष्ट केहिं मारग ह्वै, तेरे आश्रम आये?

शिष्य : जब आप हम एक ठौर रहै, तब सोमजनक कौ शिष्य ही कहि गयो तौ की हितकारी सबन्धु बधू मेरे आश्रम आये हैं। ह्यातें चलि जविसुत कौ बध करि बान भंग के आश्रम आये हैं। मुनि तिनकौ रूप निहारत-निहारत जोगाग्नि में आपनौ शरीर जारि दियौ। ह्यांते दण्डकारण्य मुनि कौ संग लिए मेरे आश्रम आये। फिर हौहूँ संग लग्यो।

गुरु : (सगद्‌गदम्) कहु, कहु इहाँ कब आवैंगे?

शिष्य : अबतई हैं हूँ। आगें ते खबरि ही जनावन आयौ हों सो जाइ लेवाई लियो आवो हौं।

(इति निःक्रान्तः)

(सबन्धु बधू हितकारी प्रवेशः)

मैत्रावरुणि : अर्घ ल्यावो। पाद्य ल्यावो। ये तौं आइ ही गये।

---

1. पांडुलिपि में नहीं है। 2.पांडुलिपि में नहीं है। 3. ला. यं. प्रति में 'अरे' पाठ।

हितकारी : (सबन्धु बधू) मुनि! पायं परियतु हैं।

मुनि : चिरंजीव! तुम्हारे दरस लिए हम यहाँ[1] टिके रहे हैं।

हितकारी : अब कहूँ हमको वास बताइये, जहाँ बसि बनवास के शेष दिन बितीत करैं।

मुनि : (पद मरहठी भाषा कौ)

गोदा तट बन अहै चांगला[2]।

दल, फल, फूल[3] मृगा परिपूरन देनाराजिय[4] जौन मांगला![5]

सुंदर पंचवट तले पानची[6] कुटी कठ, जुत कुसुम विशाला।

बिश्वनाथ[7] मी गौस्ति[8] समुझलो, अत[9] देवाच कारिय झाला[10]।

या अछेद[11] धनु या अभेद बखतरए अक्षय तूनीर लेहु।

अर्थ : चांगला कहे सुन्दर, देनारा कहे देवैया, माँगला कहै माँगे, पानची कहे पत्र को, मो कहे मैं, गोष्ठी कहे बात, अत कहे ऊब, देवाचे कहे कारिय, झाला कहे देवतन के कार्य भयो। या अछेदधनु या अभेदबखतर ये अक्षय तूनीर लेहु॥[12]

(इत्यर्पयित्वा)

वांछित तुम्हारौ सिद्ध होइ। पक्षिपति सूनु कौ दरश देत जाइयो हों, अब सुरपति पास जात हौं।

(इति निःक्रांताः सर्वे)

(प्रविश्य सौपर्णि)

सौपर्णि : (स्वागतम्) आजु मोकौं सगुन बहुत देखे परे हैं। मुनि मुख सुनि जिन राजकुमारन दरश हित बहुत बरसन तैं हौं। इत टिके हो, ते आवन हार तौन हीं हैं?

हितकारी : (प्रविश्य, पुरोवलोक्य) हे डीलधराधर! या शैल समान पक्षी रूप धरे कोई राक्षस तो नहीं है?[12]

सौपर्णि : (श्रुत्वा सत्वरम्) अहो भाग्यम्, महो भाग्यम्। हौ तौ तुम्हारे पितु को सषा हौं। आवो सिर सूँघौ। जब तुम शिकार को जइहौ, तब महिजा कौ ताके रहिहौं।

---

1. पांडुलिपि में नहीं है। 2.'मूल' पाठ ला. यं. प्रति में। 3. सुन्दर। 4. देने वाला। 5. मागे। 6. पत्तों की। 7. मैं। 8. बात व सभा। 9. अब। 10. देवताओं के कार्य हुए। 11. 'आछे' पांडुलिपि में। 12. —नवलकिशोर प्रेस की प्रति में पृष्ठ 43। 13. पांडुलिपि में नहीं है।

हितकारी : तुम तो हमारे पितु के बरोबर हौ, काहे न कहौ। या निर्जन बन में तुम्हारो मिलन मौंको अलभ्य लाभ भयो।

सौपर्णि : ये पंचवट जे देखे परैं, तहां कुटी करो होहूँ। निकट टिकन जाउ हौं।

(इति निःक्रान्तः)

हितकारी : (परिक्रम्य) डील धराधर कुटी बनावो।

डीलधराधर : (विरच्य) महाराज तैयार है।

छन्द शार्दूलविक्रीडिता

हितकारी : नीकी पंचवटी, महा सरि तटी, फूली फबै संसटी।
बेली बेनि लटी, सुपत्र निपटी, रागैं परागैं ठटी।
तापै ना समटी, अनन्द उघटी, दुष्टै दृगै दुर्घटी।
कल्यो तुल्य घटी, जोइ यहि लटी, सोहै कुटी, स्वर्नटी।

फिरी देखो यह—

(गद्य संस्कृत)

नाग, पन्नाग, शाल, ताल, हिंताल, रसाल, तमाल, कृतमाल, बकुल, सरतिल, कामल, ककुटज, लकुच, तम्कोलां, डकोल कोल, कंकोल, विकंक, कनित्था, अश्वथ्य, कंकत, विकंकत, कन्बो, दुम्बर, कुरव, कमरु, बककुन्द, तिन्दु, चन्दन, स्यन्दन, चम्पक चम्पेय, पनरु, बेतरु, पाटल, प्रियाल, पलाशादि वृक्षा-च्छादित मुच्छ लच्छ, विच्छु रनुक्षण मानन्दयाति काननम्।

गद्य (भाषा)

भल निर्मल जल कुसुमित सकल रंग कमल कल अलिकल, बकुल, करांकुल, कोकावलि, कोलाहल, लोनी लतिन कुन्ज कढ़ित अनिल[1] लहि-लहि ललित लहरिनि, नवीन, पीन पाठीन, उछलनि, कलनि, कलित, सुधारस सर, सरस बलित, सुखभरित, सरित, मनहिरत बिलसित है।

---

1. 'अलि' पाठ पांडुलिपि में।

भजन

पश्चिम[1] दिसि यह अरुन[2] सुहाई। टेक
निज पति रवि आगमन जानि जन, कुमकुम काय लगाई।
श्याम करत संसार सपदि ही, सरस सर्वरी आई।
हिय परसन उत्कंठित अति जन, रस सिंगार छवि छाई।
तारागनन गगन छवि जनु घन, सुमननि सेज बिछाई।
किरिनि परसि सुरपति कौ दिसि जौ, पेखि परति उजराई।
आवत मन भायक निसिनायक पथ पावणि बिछवाई।
बिश्वनाथ अब आइ सुधाकर रमिहि सुधा बरसाई।
रैन भई अब तुमहू सोवो!

डीलधराधर : बहुत भली! पाँय परियतु हैं।

(इति पृथक् कुट्यां शयनं नाट्यति)[3]

भजन

हितकारी : जागो भाई प्राण पियारे। टेक।
अबलोकहु आकास केस में, मलिन कुसुम ए जित तित तारे।
भये मलग जे चीर चन्द्रकर, पसरित पवन स्वास गुर धारे।
बिश्वनाथ विधु संग विहरि निसि, गमनति करि सुख सारे।

डीलधराधर : (सत्वरमुत्थाय प्रणम्य) आज्ञा होइ।

हितकारी : चलो गोदा-तट स्नान[4] करैं।

(इति सर्वे निःक्रान्ताः)

शुक : (प्रविश्य आत्मगतं) हितकारी ह्यां नहीं हैं। कुटी ते काहू कौ बास जानों जाय है, कदाचित हितकारीहि या नित्य कृत्य करन गये होइ।

(सबंधुवधू हितकारी प्रवेशः)

शुक : पाँय परियतु हैं। पाँय परियतु हैं।

हितकारी : अरे हिरावन! तैं कहाँ?

शुक : मोकौं कुशला मातु खबर लेन पठायो[5] है।

1.'पक्षिम' पांडुलिपि में। 2. 'अरुणि' पाठ पांडुलिपि में। 3. इसके बाद अलग कुटी में शयन करने का अभिनय करते हैं। 4.पांडुलिपि में 'ध्यान' पाठ। 5. पांडुलिपि में नहीं।

हितकारी : अपराजिता के सब मोटे हैं?

शुक : ब्रह्म कुंडजा मोटी है।

हितकारी : कहा उत बड़ी बरषा भई।

शुक : आपके विरह ते सबन के अश्रुपात प्रवाह पय बराबर ताको धारण कियो हैं।

हितकारी : डहडह जगकारी की का दशा है?

भजन

शुक : जब से अपराजिता सिधाये। टेक
नगर निकट एक गाँव बास करि, करत सुतप प्रभु ध्यान लगाए।
शेष दिवस कढ़ि करत काज कछु, आप पादुकन भूप बनाए।
बिश्वनाथ अति तेज काय यक, लट बँधि केस पीनता पाए।

हितकारी : अबतूँ बेगही जाइ (कुशल कहि)[1] सबको आनन्द दे।

शुक : पाँय परियतु हैं।

(इति सर्वे निःक्रान्ताः)

भजन

(नेपथ्ये) : काके चरन चिन्ह सुखदाई। टेक
निरखत मनज मोंहु उपजावत, अस नहिं सुनी लोनाई।[2]
सकल सुरेश सहित अति मोहत, मोहत मन बरिआई।
बिश्वनाथ मानुष कैसे पद, चलि देखहुँ को भाई।

(दीर्घनखी प्रवेशः)

महिजा : पीउ! यह सुन्दरी नारी भली चली आवै है।

हितकारी : या निर्जन बन में नारी कहाँ? या कोई राक्षसी सुवेष धारि आई होइगी।

दीर्घनखी : न तुमसो सुन्दर न मोंहिसी सुन्दरी, भलो योग विधि बनायो है!

हितकारी : (सस्मितं) हमारे पास तो नारी देखति ही हौ। छोटे भाई के पास जाउ।

दीर्घनखी : (तत्र गत्वा) मेरो ग्रहण करि भ्राता सरिस तुमहुँ सुखी होउ।

डीलधराधर : (सस्मितं) सेवक कों सुख कहाँ, औ तुमहीं विचारि देखो,

---

1. पांडुलिपि में नहीं। 2. पांडुलिपि में 'लुनाई' पाठ।

उनकौं रूप देखि-देखि मैं कब नीको लगिहौं। ताते उनहीं को रिझाय बुझाय मनोरथ सफल करौ।

दीर्घनखी : (पुनरावृत्या) भले सेवक पास पठावत हैं। मोको त्रिभुवन में को न चाहे। तुम अपनौ भाग्योदय जानौ।

हितकारी : हौं तो अपनो भाग्योदय तिहारे आगमन ही ते जान्यौ, पै तुम्हारी इनको कब चलैगी!

दीर्घनखी : (निजरूपं धृत्वा) हौं कामरूपिनी हों, तुम्हारी कुरूपा बधू अरु निरबुद्धि बन्धु को खाइ ह्यांई निरन्तर विहार करौंगी!

महिजा : (सभयं)

भजन

पिय, यहि पेखि मोहि भय लागै। टेक
भूरे केस कान छापर से, आंखि अंगार भौंह युग तागै।[1]
दरदुर नाक खोह सो मुखनख, रूप पयोधर लौकी ऐसे।
सूख ताल सर उदर दीह रद, बिश्वनाथ तन सैलहि जैसे!

(डीलधराधर इति श्रुत्वा हितकारिणमवलोक्य सक्रोधम् दीर्घनखी-नासां कर्णौ च छिन्नत्ति)[2]

दीर्घनखी : आहि आहि। (इति महाशब्दं कुर्वती सत्वरं निःक्रान्ता)[3]

हितकारी : अब शेष दिन हैं। चलो गोदा तट मनरंजन करैं।

(इति निःक्रान्ताः सर्वे)

(रासभ प्रवेशः)

रासभ : ये राकसौ! मख कोई न करन पावै। जाते भागि मेंह दारिन दुरे देखि दुर्बल ह्वै आसु हीं गतासु होइं। दिगशिर महाराज की ऐसी आज्ञा है।

(प्रविश्य दीर्घनखी रुदित्वा पादयोः पतिता)

कवित्त

रासभ : काके दुइ माथ कौन मीचु को बुलायो हाँथ,
काके परपंच माथ खोली तीजो आंखि है।

---

1. 'नागै' पांडुलिपि में। 2. हितकारी को देखकर क्रोधयुक्त दीर्घनखी। नाक और कान काट लेते हैं। 3. इसके बाद घोर शब्द करती हुई शीघ्र निकल जाती है।

काके परकाल लै के कर में कराल दंड के,
भूतन के साथ मुख कारि धायो माखि है।
ऐसी दशा कीन्हो जौन वेगि ही बताउ ताहि,
मेरो क्रुद्ध चित्तर हयो जुद्ध अभिलाखि है।
ह्वै है रुद्र विष्णु हू तो रन में प्रचारि बाँधौ,
छोड़ौ हाल ऐसो कै दिगानन की साखि है।

दीर्घनखी : याही बन वसे द्वै नृप कुमार, अति सुकुमार, पै वक्त कै अगार, बड़े धनुधारी, तिनके संग सुन्दरी नारी दिगशिर हित हों हरन विचारी, गहि किय ऐसी दशा हमारी।

रासभ : धनु-धनु-धनु।[1]

(नेपथ्ये) : जान-जान; बान-बान, चाप-चाप, तुरंग-तुरंग, मातंग-मातंग, ल्याउ-ल्याउ। आयो-आयो। वखतर दे, वखतर दे, लेउ-लेउ)।

(ततः प्रविशति सेना)

रासभ : (रथमारुह्य) आजु त्रिवरणा पृथ्वी करिहौं। सूत शीघ्रही रथ हाँकु।

(इति सर्वे निःक्रान्ताः)

(सबंधुबधू हितकारी प्रवेशः)

हितकारी : डीलधराधर! महासंग्राम सूचक उत्पात पेखे परै हैं। परन्तु दाहिनी भुज फरकै है। जय हमारि ही होयगी। युद्ध अवश्य होइगो। तुम ह्यांते महिजा को टारि शिखर कन्दर ते जाय, निशंक देखौ।

डीलधराधर : (सखेदम्) महाराज! स्वामी की आज्ञा पाय फेरि कछु करिवो सेबक को धर्म नहीं है। तऊ आपनौ (दुलार देखि)[2] ढिठाई करि यक अरज करौ हौं—आप लरौ हौं देखो—यह कहा उचित होइ है।

हितकारी : जद्यपि जीतन को तुमही समर्थ हौ पै यह युद्ध करिवो को मेरोई मन है।

(डीलधराधर खिन्नमन महिजासहितस्तथेति निःक्रान्तः)[3]

(आकाशे) : ये महाप्रबल चौदह सहस राक्षस हितकारी अकेले कैसे मारैंगे?

---

1. पांडुलिपि में नहीं है। 2. पांडुलिपि में नहीं है। 3. डील धराधर महिजा सहित खिन्न मन उसी प्रकार निकल जाते हैं।

छन्द

(नेपथ्ये) : कराल दंड पानि क्रुद्ध काल जीति जो लियो,
सो राजपुत्र के लिये कहा सुसैन सज्जियो।
सुनो-सुनो ये राक्षसेन्द्र एक कौतुकय लिए,
चल्यो है आजु गाजि राजि वेष युद्ध को किए।

(ससैन्यः रासभ प्रवेशः)

रासभ : अहो, यह राजकुमार तो त्रिभुवन में एक सुन्दर है। मारन जोग नहीं है। गहि दिगशिर पाठ पठौनी पठाय दीजिए, देखि ओउ अति हर्षित हौइगै।

(हितकारी परिक्रमं वध्वा धनुः सज्जी करोति)[1]

(रासभः दृष्ट्रवा कलंकनामनम् मंत्रिणं प्रति)[2]

सवैया

नख तें सिखलों सुठि सुन्दर रूप, हरे हमरे[3] मन को हठि लेत है।
सुजटानि के मंडल फलन-मंडल, (मंडि) गले में लोनाइ निकेत है।
सजि सज्जा करैं, धनु को कर लैं, यह बाल सुभायना माने सकेत है।
सब एकहिं बारहिं, धाय धरौ, द्रुत[4] ना तरु बान घने तजे देत है।

(नेपथ्ये) : यह[5] भलो ऊंचो गिरि है। सिगरो युद्ध को कौतुक आँखिन के तरे ही देखो परै है। देखिए! महिजा अग्रज कौ (कैसे धाय)[6] राकस घेरि लिए हैं, जैसे मारतंड को नीहार।

डीलधराधर : देखिए! हितकारी के छुर, दुरग, नालीक, नाराच, वत्सदन्त, दंतवक्र, नतपखा, वाराहकर्ण, कर्ण विकर्ण, वैतस्तिक, अर्द्धचन्द्र, शर-शरासन तें एक कालइव, बंक अड़त है। शिर, उर, ऊरू, भुजन, पदन, बिनु राक्षसन करत हैं। देखिए कैसे ए रनभक्त लरत हैं। गिरत उठत पुनि-पुनि कुपित डरत निज जय रहत, अंग-अंग कटत, न हटत, गरबन घटत, लट पटत, बढ़त जात शरन सतत, राक्षस छन-छन छतत, पुहिमी पतत जात हैं।

---

1. हितकारी परिक्रमा कर धनुष तैयार करता है। 2.रासभ देखकर कलंक मंत्री के प्रति। 3. ला. यं. प्रति में। 4. पांडुलिपि में 'द्रुति' पाठ। 5. पांडुलिपि में नहीं है। 6. पांडुलिपि में नहीं है।

छन्द

अनेक बान लेत, तून ते, सुचाप जोरितैं।
न जानि जात, जानिआत[1] बान गात फोरितैं।
भयो कोदंड कुंड ज्वाल, जाल अस्त्र निरस्रैं।
गजेन्द्र सुंड रुंड मुंड, खड्ड-खड्ड आहुती परैं।

रासभ : (सूतं प्रति) एक यह मेरी महा सैन संघार करो। राजकुमार बेश महाकाल है, की रुद्र है? अब मोकौं महा उत्साह भयो है। हांकु मेरौ रथ याके सम्मुख।

कलंक : मेरो युद्ध देख लीजिए, छन में रन में राजपुत्र को गहि लेत हौं। जो काल होय तौ बहुत भली भई। याहि बिनु प्रान करि बिश्व वाधा मेटे देत हौं।

(तिष्ठ तिष्ठेति जलपन् धावति)[2]

हितकारी : (सोत्साहं) अरे भलो आयो। आजु निःकलंक भूतल ह्वै है।

(इति वाणं निःक्षिपति)

त्रिमुंड : हे स्वामी! कलंक तो आपनी काय, राजकुमार शर धार में बहाय, नाम हमारे कुल में लगायो। अब मैं शरसों याकौ कंठ काटि रुधिर सौं धोवत हौं।

(इति धावति)

हितकारी : आवो! आवो! तिहारे कंठ काटि सिरन सित-कंठ को कठुला करौं।

रासभ : (स्वगतं) अरे, यह तीन मुख सो तीन भुवन भक्षन करनवारी जैसे हर सर तें त्रिपुर, जैसे वाल सर ज्वाल में जरि गयो। आश्चर्य है!

(प्रकाशः)

(पुनः दन्तानि क्रीडयित्वा सक्रोधं)[3]
ये धनुर्वेद अहा राक्षस मारि गर्व न करौ। अब त्रैलोक्य बिजयी सौं काम परयो। आपनी धनुर्बिद्या दिखाओ।

(इति सक्रोधं धावति)

---

1. पांडुलिपि में नहीं है। 2. रुको रुको ऐसा चिल्लाता हुआ दौड़ता है। 3. फिर दांत किटकिटाकर क्रोधयुक्त।

(आकाशे) : देखो देखो हितकारी और रासभ के बान आकाश कौ अनवकाश करेंगे।

छन्द *तरंगिनी*

दोउ लरत अति वर वंड, शर तज तजनु जम दंड।
बहु अस्त्र हनत्त प्रचंड, बरसत अनल नव खंड।

महिजा : अरे! यह नीच (स्वामी को सनाह, शसर[1]) शरासन काटि डर्‌यो। हाय! अब कहाँ हाइगो?

डील धराधर : धीरज धरो! हितकारी कौ जीतनवारौ जगत जायमान नहीं है। अब क्रुद्ध होय मारै डारैं हैं।

रासभ : अरे! राजकुमार अब नहीं बचे हैं। जाको सुमिरन होय ताको सुमिरि ले।

हितकारी : (द्वितीय धनुः सज्जीकृत्य)[2] स्यावास बीर, स्यावास! आछो पराक्रम कियो। अब धनुष ते जे बान कढ़े हैं तिनको पराक्रम देखु।

(नेपथ्ये) : देखिये स्वामिनी! पंच बान लिए स्वामी, पंच बानही से पेषे परै हैं। अब देखिये, चारि बान मे चारि बाजि गिराये, येक तें शिर काटि दियो।

रासभ : (रथान्निपुत्य पुनरावृत्य वृक्षमुत्पाट्य आसुरास्त्रेण अभिमंत्र्य)[3] राजकुमार! यह अस्त्र तें तुम्हारो संघार करौ हौं।

(इति नि:क्षिपति)

हितकारी : (बज्रास्त्रेण तन्निवार्य) रे, रे दुष्ट! मुनिन को मारि-मारि जेहि लोक पठाए हैं, तेहि लोक तहूँ जात है।

रासभ : (सक्रोधं) अरे! राजन सो ऐसी कोऊ नहीं कहै है, जैसी तैं कही है। जिन-जिन राक्षसन को तैं मारयो है, तिनकी नारिन के आँसू आशु या गदा ते पोछौ हौं।

(इति नि:क्षिपति)

हितकारी : (तान् शरेण चूर्णीकृत्य)[4]

---

1. पांडुलिपि में नहीं है। 2. दूसरा धनुष ठीक कर। 3. रथ से गिरकर फिर लौट वृक्ष उखाड़कर उसे आसुरास्त्र से अभिमंत्रित कर। 4. उसको बाण से चूर कर।

दोहा

जाके बल बलगे बहुत, सो ह्वै रनु समान।
मिथ्यावादी बैन सम, कीनो गगन पयान॥

(मुष्टिकां बध्वा रासभः सक्रोधमभिमुखं धावति)[1]

दोहा

(आकाशे) : हितकारी के बान तें, इमि जरि भो यह छार।
जिमि इन नाम उचारतैं, पातक परम पहार॥

(जय जयति पुष्पवृष्टिः)[2]

मैत्रावरुणि : (प्रविश्य)

छन्द मधुमती

जय-जयति हरे, रन उमग भरे।
शर धनुष धरे, मुनि अभय करे।

गद्य : पूर्णावतार तारण, संसार सार, बिज्ञान जनन, मन करन, करन क्रूरता हरन, असरन-सरन, खलन संघरन, घरन-घरन तिहुँ लोक कीर्ति बिस्तरत तरत तरतौ, जो करत प्रनाम, नाम ररत, रत रूप, प्रकाशी काशी सदा-शिव, सदा शिव देत हैं। तै आप अपनी मृदुहास प्रकाशवान मम मन करौ।

छन्द

(नेपथ्ये) : यहि समै महिजा कहि न जात, निहारि ले छबि पीय की।
धनु अभिर फेरत सर सुनत, अस्तुति मनोज मुनीय की।
तन सुभग सोहत रुधिर कन, जनु राज राय मुनीय की।
अति मुदित, ललित तमाल बैठो, लसति रंजन जीय की।
चलो अब समीप ही ते शोभा निरखैं।

(प्रविश्य महिजा-डीलधराधरौ सप्रमोदं प्रणमतः)[3]

मैत्रावारुणि : अब सब मुनि अभय भये। तुम्हारी जय होइ हौ। अब आश्रम को जाउ हों।

---

1. मुट्ठी बाँधकर रासभ क्रोधयुक्त उसकी ओर दौड़ता है। 2.जय-जय फूलों की वर्षा। 3. प्रवेश कर महिजा और डील धराधर प्रसन्नता के साथ प्रणाम करते हैं।

(इति निःक्रान्तः)

हितकारी : डील धराधर! चलो स्नान करैं।

(इति निःक्रान्ताः सर्वे)

(सामात्य दिकशिर प्रवेशः)

दिकशिर : हे मंत्री! जगत जैसो अवकाश भयौ। अब मेरे मन में ऐसो आवै है की उदधि उलीचि, गगन गंगा ल्याइ, मीठौ जल भरि दीजिए औ समर सन्ताप शमित करत यह मयंक बड़ी सेवा करी, याहू को निःकलंक कीजिए। अरु इष्ट पद पूजन जाइवे को दूर परै है, ताते कैलाश ह्याईं उठाइ ल्यावो। अरु आभरन अरपि प्रसन्न करन हित शेषऊ को ल्यावो। अघट काननतें कहो पृथ्वी पट बोढ़ि सोवै जाय।

मंत्री : महाराज! आप सब करन कौ समर्थ हैं। यह कौन बड़ी बात है। भलो मंत्र बिचार्यो।

(प्रविश्य दीर्घनखी पादयोः पतित्वा उच्चैरोहित)[1]

दिकशिर : (उत्थाप्य सक्रोधं)[2] अरी! ऐसी दशा तेरी करी। कौनौ मीचि को चुनौती दई!

(दीर्घनखी वाच्यावरुद्धकंठं)[3]

छन्द पद्धरी

दीर्घनखी : अनुपम आये द्वै नृप कुमार, रासभ पुर ढिंग बन किये अगार।
तिन संग सुन्दरी छबि अपार, तुअ हेत हरन मैं किय बिचार।
तिन हाल कियो ऐसो हमार, हौं रासभ पंह कीनी पुकार।
तिन सर सोउ भौ जुत सैन-छार, जो करन होय करिये प्रकार।

दिकशिर : (आत्मगतं) काल दिकपाल ऐसो हमारी भगिनी कौ न करेंगे। बिशाल बल हमारे भुजन को जानत है। (बिचारि स्वगतं) जान्यो! जान्यो! चक्र चलाय चक्रपानि मेरे काय की कठिनता जानि नर-नारायण रूप ते श्रीसंग बानप्रस्थ-घर्म ठानि जय-हेतु बन निकेत किये हैं। (प्रकाशं)

1.प्रवेश कर दीर्घनखी पैरों पर गिरकर ऊँचे स्वर में रोती है। 2. उठाकर क्रोध से। 3. दीर्घनखी रुँधे कंठ से।

छन्द

ल्याउ, ल्याउ जान,
सैन ले महान।
मैं करौं पयान,
मैटि देहुं सान।

दीर्घ जठर : (प्रविश्य) महाराज! आतुरी न कीजै। उनको बल प्रभाउ सुनि लीजै। जहां-जहां राक्षस भागि-भागि गए, तहां-तहां उनके बान हेरि मारि डारै। हौं भागि भूरि भागितें प्रभु को भवन देख्यो।

छन्द *गीतिका*

चाहै शरन सों विश्व जारैं, चाहै फिरि सिरिजौं नयौ।
पालैं सरहिं सौं देहिं सुख सौं कबहुँ काहुहिं नहिं भयौ।
त्रैलोक्य बिजयी रासभै, छन माह जुत सेना हयो।
सन्मुख करै जो जंग जोधा, नाहिं जगती तल जयो।

दिकशिर : (आत्मगतं) रासभ मों सम बली अगार, तासु संघार करन हार, बिन परम ईश कौन होइ जो भक्ति पथ चलौं, सो तो दुरगम दिरंग वारी है। तातै उनके शर मग मुक्ति सकुल हालइ लेंउ।

(इति नि:शिंचत्य प्रकाशं)

मंत्री : अरे! उहां ते भाजि कै मोकों डेरवावै है!

दीर्घ जठर : महाराज! हौं मंत्री धर्म बिचारि कहौं हौं, जो बैसही व्याधि जाय तौ औषधि में श्रम काहे कीजै।

दिकशिर : अरे, यह शत्रु बिन युद्ध कैसे मरैगौ?

दीर्घ जठर : महाराज! प्रानहूँ ते पियारी, बाके नारी है। ताकौ महा मायावी घातिनी सुत कौ संग लै हरि ल्याइये। बिरह तें आपुही मरि जाइगौ।[1]

दिकशिर : भली कही, भली कही!

(इति नि:क्रान्ता: सर्वे)

(तत: प्रविशति घातिनेय:)

घातिनेय : आह! आह! बड़े-बड़े अशगुन देखे परै हैं, धौं कहा होइगौ। राक्षस कुल को कल्यान न होय।

1. पूरी पंक्ति पांडुलिपि में नहीं है।

(दिकशिरः प्रवेशः)

घातिनेय : (प्रणम्य) पाद्य लीजै, अर्ध लीजै। स्वामी को आगमन सेवक के सदन बड़ो भाग्य को फल है।

दोहा

दिकशिर : शीस जटा मृग चर्म धरि, पहिरे बलकल चीर।
कबतें लिय मुनि भेष यह, कहै कहै मति धीर॥

घातिनेय : कछु दिन हम तीन राक्षस मृग भेष बनाये मुनिन भक्षन हित दंडकारण्य गए रहैं। तहां मुनि भेष बनाइकै राजकुमार आये, देखि भक्षलेखि, हम धरन धाये। उनमें एक हम सबकों परेखि शर हनि द्वै के आसु ही असुइयो। मोको धौ बचाय दियौ। तब तें देह अनित्य मानि तप ठानि इहां आनि बैठौ हौं। आपको आगमन अब जेंहि हेतु[1] भयो होइ सो आज्ञा दीजै, माथे धरि करौं।

दिकशिर : मुनि भेष बनाये राजकुमार येकैं बन आये बिन अपराध मेरी भगिनी कौ नाक कान काटि ससैन्य रासभ कौ मारि डारयो चाहिए। वेई होइ बैर लेन हित तैं मृग रूप धरि उतहीं सिधारु, उनकौ आश्रम ते ल्यावै निकारि, तब मैं ताकी प्रान पियारी नारि हरि लेंउगौ। आपही मरि जाइगौ।

सवैया

घातिनेय : अप्रिय पथ कहै सुनै मंत्र है, बक्तहुँ श्रोतहुँ दुर्लभ ऐसे।
जानत हौ नहिं काल कौ पास, परै गर में किये काम अनैसे।
कालिका राकस के कुल कौं, महिजा गृह आनि कै बाचि हौ कैसे?
पूछि कै बात बिचारि करौ, तिंहुँ लोकन मंत्री भयानक जैसे।

दिकशिर : तोसौं सीष नहीं पूछौ हौं। सासन देउं सो करु।

घातिनेय : मोको तो अब हरी दूब देखत अति डर लगै है। उनके सम्मुख कौन जाय?

दिकशिर : हे मूढ़! ह्वा मारि जाय धौं न मारि जाई। न गये इहां तो मेरी कृपाण तै अबहीं मरै है।

---

1. पांडुलिपि में 'भांति' पाठ।

घातिनेय : (आत्मगतं) याके कर मरे कहा है। उन्हई के कर तीर तीर्थ तीर तन त्यागौं।

(प्रकाशं) भुवन भट्टारक! बहुत भली आपकी आज्ञा, कौन न करै।

दिकशिर : अब तुम अपनी प्रकृति में आये, चलो।

(इति निःक्रान्ताः)

(सबन्धुबधू हितकारी प्रवेशः)

डीलधराधर : हौं आखेट को जाउँ हौं।

(इति निःक्रान्ता)

हितकारी : महिजा! छाया महिजा, इत राखि, दिकशिर बन्धात अग्नि में रहो।

(महिजा तथैति निःक्रान्तः)

(ततः प्रविश्य। विचित्र मृगप्रवेशः)

(इतस्ततः चरति, प्रविश्य)[1]

पद

छायामहिजा : कह अति अद्भुत यह मृग स्वामी। टेक
राजहिं रजत बिन्दु सुबरन तन, मनि खुर शृंग सुगामी।
चरत हरित तृन, इत उत बितरत, लागत अधिक सुहायो।
बिश्वनाथ जुत जतन आसु गहि, ल्याबहु मोहि अति भायो।

(ततः प्रविश्य डीलधराधरः)

हितकारी : भैया! भले आयो! तुम श्रमित हो, महिजा को ताके रहियो। मैं या मृग के पीछे जाइहौं।

(इति निःक्रान्तः)

(नेपथ्ये—हा डीलधराधर! हा डीलधराधर!)

छायामहिजा : (अकर्ण्य सोद्विगं)[2] हे डीलधराधर! पीतम को बड़ो कष्ट परो, तब तुमको हा कहि टेरयो है। तुम जाउ, जाउ!

---

1. प्रवेश कर इधर उधर चलते हैं। 2. सुनकर व उद्विग्न होकर।

डीलधराधर : हितकारी काहु के जीतबे लायक नहीं हैं। यह कोई राक्षस छल करि बोल्यौ है।

छायामहिजा : जात नहीं हौ, प्रति उत्तर देते हौ। ये ही अभिलाष किये रहे हौ।

डीलधराधर : (सखेदं कर्णौ पिधाय)[1] आः, आः! अरी मोको अति श्रवण कटुबानी कही है। तू महाचंडी है।

(इति धनुः कोट्या तत्परितोऽभिमंत्र्य रेखामंडलं कृत्वा निःक्रान्तः)[2]

दिकशिर : (प्रविश्य त्रिदंडिवेषो) माता, भिक्षां देहि! माता, भिक्षां देहि!

छायामहिजा : तौ लौं फल लेउ खाउ, जौ लौं स्वामी आइ, विशेष अतिथ्य करैंगे।

दिकशिर : बाँधी भिक्षा हौं नहीं लेउ हौं।

महिजा : (निःक्रम्य) लेउ!

(दिकशिरः निजरूपमास्थय रथं स्मृत्वा)[3]

दिकशिर : हौं दिकशिर हौं, जाके भय ते इन्द्रादिक देवता कपैं हैं। तुमको लै कै त्रिलोक्य की रानी करैगो।

महिजा : आः पाप! भागु, भागु! अबहीं पिउ आवत हैं, नाश कै देंइगे ।

दिकशिर : (आत्मगतं) जैसे बुध रोहिनी को लै चलैं ऐसे महिजा को लै चलौं।

(इति मानमास्थाप्य परिक्रमति)[4]

(ततः प्रविशति डीलधराधरः)

हितकारी : अरे भइया, महिजा को अकेले ही छांड़ि आयौ! या बड़ौ अनर्थ कियो।

डीलधराधर : (बाच्यावरुद्ध कंठ) महाराज! मायावी राकस की 'हा'—यह वानी सुनि मेरो समुझायौ न मानि महिजा मोकौं प्रान नासहूँते असह अति अनुचित बानी कही।

हितकारी : तुम नारी के बैन कान करि आये, आछी नहीं करी। अब महिजा बड़ी भाग्य ते मिलैगी। बेगि चलौ, बेगि चलौ।

(इति उभौ परिक्रमागतः)

---

1. खेद सहित कान बन्दकर 2. इसके बाद की नोंक से तीन रेखा का वृत्त बनाकर निकल जाते हैं। 3. दिकशिर ने अपनी असली आकृति को धारण कर, रथ का स्मरण किया। 4. तत्पश्चात् दंभ युक्त घूमता है।

हितकारी : आश्रम में ये केश के कुसुम परे हैं। कोई लै गयौ। कै हांसी कै छिपी हौ? अहो, तुम तौ सर्वसहा के सुता हौ! हौं तो दिगजान कौ सुत हौं, जिनके प्रान-धन बिरह होत ही गये। अस बिचारि बेगि प्रगटहु, प्रगटहु!

(इतस्तोऽन्वेषयंतौ परिक्रामतः)[1]

हितकारी : अरे, यह युद्ध जान, चारि खर, सूत सिर कटे परे हैं। यातें जानै हैं कोइ राक्षस रन कियो है। अरे, सौपर्णि काहे बिकल परौ है?

(इति सत्वरमुपसृज्य जटाभिस्तदंगमुन्मार्ज्य)

पद

कुछ दिन तात तात सुख देहू। (टेक)
भूलि गयो बनवास प्रिया दुख, अति दुख तकत दसा तुव येहू।
केहि खल किय यह हाल तुम्हारो, कौ लै गयौ भूमि की जाई।
बिश्वनाथ धरि धीर कहहु कछु यहि अवसर मोहि धीर धराई।

सौपर्णि : (दीर्घमुच्छ्वस्य) दिकशिर हमारौं हाल ऐसौ करि महिजा कौ बिन्दु मुहूर्त में लै गयौ। जौ वह महूरत में चोरी करै है सो प्रान सहित वस्तु देइहै।

हितकारी : तात, दिकशिर कौन है? कहाँ बास है?

सौपर्णि : निधि-पति कौ बन्धु है। राक्षसपुरी बास है।

(इति प्राणत्यागं नाटयति)[3]

हितकारी : देखौ! डील धराधर! साधु परोपकारी तिरियगयोनि हूँ में होइहै। ऐसिहु अवस्था में ऐसो जुद्ध करि महिजा मिलन को मुहूर्त शोधि शरीर छोड्यौ।

(आः! आः! इति रोदति)

(आकाशे) : बड़ौ आश्चर्य है! बड़ौ आश्चर्य है! देखौ गृद्ध की कृत्य करि हितकारी पिता की गति दीन्हीं।

हितकारी : आश्रम मृग रोवत दक्षिण दिशि चले जाय हैं, याते जाने है याही ओर लै गयो है। चलो चलें।

---

1. इधर उधर खोजते हुए घूमते हैं। 2. तुरन्तु निकट जाकर जटाओं से उसके शरीर को पोंछकर। 3. इसके बाद प्राण त्याग का अभिनय करता है।

(इति परिक्रामतः)

हितकारी : (चकोरं दृष्ट्वा)

पद

कहै तू चकोर चतुर मोकहँ समुझाई। टेक
तोको कत मित्र मानि, शीतल करि देत अनल,
काहे गम विरह आगि, देत है बढ़ाई।
जान्यौ यह रजनीचर, याते हित चरचित्त,
लीन्ही करि निपट रजनीचर सोभिताई।
बिश्वनाथ बिधु अमिकर, नाहक कहीं नाम धर्‌यो,
लखि गरल भर्‌यो सोई बरसत झरलाई।

(सक्रोधं चन्द्रं प्रति)

पद

रे-रे चटुल चोर के भाई, बिरहिन गन दुखकारी। टेक
सकल भुवन समभार करत तुब, तेज फैलि दिशि चारी।
तहूं कलंकित मृग सहाय जुत, सार्वभौम निशि-चारी।
बिश्वनाथ तिय बेगि बतावहिं, यह बरबान निहारी।

(सरितमवलोक्य)

हे सुभग सरिता! तैहूं कृषकाय अरु महिजा है; जौ काहू देखी होय तौ बताय देहु।

(अशोकमवलोक्य)

छन्द

महिजा देय बताय लोक मुददायक है।
हौं नर नायक तहूं तरुन मैं नायक है।
नव पल्लव तव हियो सुरगही सोम धरै।
मेरे हिय निरधूम बिरह अंगार भरे।
तेरे सुमन सिलीमुख, आवत भावत हैं।
मेरे मनहिं मनोज सिलीमुख धावत हैं।
समताई सब भांति, भेद येक होत अहै।
तेहि बिधि कीन अशोक मोंहि दिय शोक महै।

डीलधराधर : स्वामी, धीर धरो, धीर धरो! शोक सरि तरिबै कौ धीरज ही तरनी है।

दोहा

हितकारी : यहि छन धीरज ते कठिन, शोक जौ नेक सिराय।
तऊ तीय अपहरन की, हाय लाज किमि जाय?

डीलधराधर : (जलेन तन्मुखं प्रक्षाल्य)[1] सावधान होऊ चाहिये तो ह्यां महिजा होय। यह अटवी अति घन देखि परै है।

गद्य : गो गौर गवय, भुजंग मातंग, शार्दूल, कोल बोल, कोलाहल भूत बैताल, समतल कर, कपाल, गल मुंडमाल, खेलत कराल ख्याल ताल, तमाल हिंताल, प्रियाल रसाल, आल बाल गजमद, परिपूरन फूल, धूरन धवल, परिमल परिमलित, ललित, छविकलित नभ लखियतु हैं। ह्यां ढूढ़िये।

(इति निःक्रान्तौ)

(तपस्विनी किराती प्रवेशः। इतस्ततः संचरन्ती तपस्विनी गायति)

बिरहा : कब देखिहौं, इन नैननि भाई, मोरे रे हितकारी को रूप।
नख शिख आनन्द मय सब भांतिन मुनिवर बदन अनूप।
जटा, मुकुट शिर करे धनुसर, उर फूलन माल सुहाय।
परसन पांय पषानौ पिघलत, तरु तति तकि झुकि जाय।
जाके निरिखत रिपु राकसऊ, मोहि जात रन मांझ।
सुमिरत ताहि होत शंकर हिय, सम सावन की सांझ।
बिचरत इत कब आइ कढ़ैंगे, डील धराधर साथ।
बिश्वनाथ मम माथ धरैंगे, तीन ताप हर नाथ।

(कुंजर मुनिर्गोपः प्रविश्य गायति)[2]

चंदैनी : जैसे होत चंदैनी हरखित ताकि घनश्याम।
तैसे अब तैं ह्वै है आवत सुखमा धाम।
ढूँढ़त प्रान पियारी डील धराधर संग।
बिश्वनाथ मैं निरख्यो नख–सिख शोभ उमंग।

---

1. जल से उसके मुख को धोकर। 2. कुंजर मुनि गोप प्रवेश कर गाते हैं।

तपस्विनी : (सहर्ष) कहु-कहु! श्रवणामृत वानी, कहां लौं आए?

गोप : रुंड कौ तारि जब इत कौं चले तब मैं पहलै ही तोकौ खबरि देन आयौ हौं।

(हितकारी प्रवेशः। पादयोः पतित्वा तपस्विनी)[1]

छन्द

त्रिभंगी : जय-जय हितकारी, महि दुखहारी, सुर उपकारी बानि अहै।
कर सर धनुधारी, अधम उधारी, जन उर कारी प्रेम महै।
मों पाँवरि नारी, गृह पगुधारी, रीति पसारी दीन हितू।
किमि सकै उबारी, जीह हमारी, कीर्ति तुम्हारी सुख अमितू।

महाराज! निज बृक्षन के मीठे फल मैं चाखे हैं, तिनहीं के फल आपके हेत संचि रखै हैं, ते लीजै।

हितकारी : (भुक्त्वा) अरी! ऐसौ स्वाद मोको कुसलउ के कलेउ में नहीं मिल्यौ। तैं बड़ी तपस्विनी है, मोको राजकुमारी को बताउ।

तपस्विनी : महाराज! थोरी दूर पर गिरि पर गगल कीश है, ताहू की नारी भाई हरि लेई है। वासौ मिलिए वा महिजा को खोज कराइ है। आप तौ सब कै आत्मन कै आत्मा हैं, कहा नहिं जानत हैं? कुंजर मुनि जम ब्रह्मलोक कौ जान लगे तब मोकौ कह्यो— तै ह्याईं टिकी रहु। हितकारी इहां आवैंगे जिनकी दरस पाय मुक्त ह्वै जायगी। आप क्षण खरे रहिये, मैं शरीर त्यागौं।

(इति प्रणम्य योगाग्निना देहदहनं नाटयति)[2]

हितकारी : चलो डील धराधर वा गिरि कौ चलिये, जा गिरि मैं सुगल कौ अनुरागिनी बतायो है।

(इति निःक्रान्ताः सर्वे)

इति तृतीयोऽकः

---

1. हितकारी का प्रवेश। तपस्विनी पैरों पर गिरकर। 2.इसकेबाद प्रणाम योग की अग्नि से शरीर जलाने का अभिनय करती है।

चतुर्थ अंक

(ततः प्रविशति समन्त्री सुगलः)

सुगल : हे चिरंजीव रिक्षराज! हमारो दुख को अंत कबहूँ होइगौ? तुम जोतिष जानत हौ, याते पूंछित हैं।

रिक्षपति : आछो सुघरी में प्रश्न करी है। देखौ तुम्हारे पूंछत हों सेतफनी फन पर वह खंजरीट नाचै है, तातें अब तुम्हारे दुख को अंत आयो है।

(सुगलः सत्वरमुत्थाय दूरतः अवलोक्य सागुंलि निर्देश सस्मितं च)[1]

सुगल : भो, भो! दस्त्रनन्दनौ दूर दीठि कर देखौ, सगुन तौ पेखोई परै हैं, पै वै द्वै बीर शस्त्रधारी निरशंक चले आवै हैं मेरे जान अग्रज मेरे मारन को पठायो है। भागौ! भागौ!

(इति निःक्रान्ताः सर्वे)

(हितकारी प्रवेशः)

हितकारी : देखो तो डीलधराधर, यह शैल की शोभा!

छन्द *नराच*

अनेक धातु रंग-रंग, अंग चन्दनै दिए।
झिरै झिरन्न मोद आँसु भक्ति भासती हिए।
सु सृंग सीस में लता, जटान मंडले किए।
लसै बिहंग माल-माल, सैल सन्त खेलिए।

(नेपथ्ये) : स्वामी थम्हिये, थम्हिये, पहिचान कै भाजिए! त्रेतामल्ल तुम प्रवीन हो जाइ परखि आवौ।

---

1. सुगल शीघ्र उठकर दूर से देखकर और उँगली से निर्देश कर आश्चर्य युक्त।

त्रेतामल्ल : (प्रविश्य वटु वेष) आपको क्षत्री, मुनिवेष बिलोकि मोको सन्देह होय है; बुझाइ कहिये।

(डीलधराधरः सर्ववृत्तान्तं कथयित्वा)[1]

डीलधराधर : तुम अपनो कथा कहो।

(त्रेतामल्लः पादयोः पतित्वा)[2]

पद

जान्यो तुम्हें नाथ हितकारी। (टेक)
अहो प्रभो! बन बसि नियरेहीं, दयी दास की सुरति बिसारी।
चलिये निज नृप सुगल मिलाऊं, हरिगई ताहू की नारी।
बिश्वनाथ प्रभु दीनबन्धु तुम, अहै मिताइ जोग तिहारी।

(इति हितकारी-डीलधराधरौ स्कंधयोरारोप्य त्रेतामल्लो निःक्रान्तः)

सुगल : (प्रविश्य) अरे या तो दूनों को कन्ध किए ह्याई लिए आवै है, धौं कहा कारण है?

त्रेतामल्ल : (प्रविश्य) आवो! आवो स्वामी! परम पराक्रमी मित्र लै आयो हौं।

(सुगलः अग्निसाक्षिकं मैत्र्यं कृत्वा रोदिति)[3]

हितकारी : न शोक करो, तुम्हारि तिय हारि कों येक ही शरतें मारौंगो।

सुगल : स्वामी एक बड़ो आश्चर्य देखो है।

हितकारी : किं किम्?

सुगल : येक समै शैल शिखर पर मंत्रिन सहित मैं बैठो रहौं। आकाश में ऐसो शब्द सुनो परो—हा, हा! हितकारी मोको राक्षस लिए जाय है। फिर येक बसन में बंधे भूषण गिरे हौं, दरी में धराय राख्यौ।

(हितकारी दृष्ट्वा सशोकमधरास्फुरणं नाटयति)[4]

सुगल : मित्र शोक काहे करौ हौ?

---

1. डीलधराधर सभी हाल कहकर। 2. त्रेतामल्ल पैरों पर पड़कर। 3. सुगल अग्नि को साक्षी देकर, मित्रता कर रोता है। 4. हितकारी देखकर शोकयुक्त अधर हिलाने का अभिनय करते हैं।

(डीलधराधरः सर्ववृत्तान्तं कथयति)

सुगल : बाप की सौहं, आपकी प्रिय कों आसु हीं खोज लगाइ देइगो, औ आपके संग आपके तिय हारी को मारौंगो।

हितकारी : चलौ, चलो! तुम्हारे शत्रु को मारौं।

पद

सुगल : बिन जाने बल प्रबल शत्रु सौं, किमि प्रिय मीत लराऊं।

हितकारी : कहु देखाऊं कौन पराक्रम, पुनि तोहि भूप बनाऊं।

सुगल : अग्रज फेको है, दुंदुभिशिर, ताको आप उठैये।
बिश्वनाथ तरु सात डोलावै, तिन सर छेदि दिखैये।

हितकारी : बहुत भली।

(इति परिक्रम्य हितकारी तथा करोति)

सुगल : (सहर्ष लांगूलं चुंबिन्योतूप्लुत्य)[1] आश्चर्य है! आश्चर्य है! देहै बल जैसी, बान बल तैसी।

हितकारी : अब चलो दुंदुभि रिपु यहैं।

(इति निःक्रान्ताः सर्वे)

(ततः प्रविशति समंत्री वासविः। तालनाभ पत्रिकेयं वाचयति)[2]

वासवि : स्वस्तिः श्री महाराजाधिराज श्री कपिराज श्री मित्र वासविः इतै श्री राक्षसेन्द्र श्री मही महेन्द्र, श्री महेन्द्र जयवान, श्री बिश्ब बिजयी श्री दिकशिर की आशिष! हमारी, तुम्हारी अकुसल ब्रह्मा लिखिबोई नहीं कियो है। येकै राजकुमार बलवानन मारन, मन धरि तुम्हारे निकट के बन पयान करि सदल रासभ के प्रान हर लीन्हें हैं, तिन्है पकरि मेरे पास पठाय दोजियौ।

मन्त्री : महाराज! आपकी शक्रशत्रु की मित्रता कैसे भई?

वासवि : एक समैं हौं पूरब समुद्र संध्या करन गयो हुतो, तहां जगत जय करि, मोहूँ को जीतन हेत पीछू ते पकरन को पहुँच्यो। हों वाको जानि कांख दाबि फिरि तीनौ समुद्र संध्या करि आय, बाग में छांड़ि दीन्ह्यौ। तब ते बलवान मानि मित्र बनाय गयो है।

मन्त्री : महाराज! आप कहा जानि मित्र मान्यो?

---

1. हर्ष के साथ पूँछ ऊपर उठाकर। 2. इसके बाद मन्त्री सहित वासवि का प्रवेश। यह रावण का पत्र है। पढ़ता है।

वासवि : वासो अस्त्र-शस्त्र में जीतनवारो त्रिभुवन में कोऊ नहीं है।

(हितकारी प्रवेश:)

मन्त्री : (प्रहस्य) देखिये, देखिये! स्वामी रविनन्दन द्वै राजनन्दन सहायक लै आयौ है।

वासवि : अरे! इनके तन बलवान कैसे लगै हैं? दुंदुभि शिर फेकन हार चाहिए तो येई होइ।

हितकारी : देखो डीलधराधर!

कवित्त

कीन्हे नभ गौन याहि उड़ि उरू पौन माहिं।
परत दिगंत गिरि शृंगन को गाथ है।
गिरत ही गाज गहि, लेत कूदि बीच ही में,
न्हात तजि देत बेला बारिनिधि पाथ है।
साजु बैगि बिहग बखानै, औंचासौ वायु
जासु बल आप अजमायौ दिगमाथ है।
सुगल को जेठौ भ्रात[1] एही कीसनाथ है।
मेत् सो शरीर सधीर नख ब्रजवीर
याहि मोकौ जनाय देहु।

(डीलधराधरः तथेति वासविमुपसर्पति)[2]

छन्द *तरंगिनी*

वासवि : तुम कौ हो दोनों भाय?

डीलधराधर : हम क्षत्रि हैं कपि राय।

वासवि : तकतै सो जानिय जाय।
सबिशेष देहु बुझाय।

छन्द

डीलधराधर : ये दिगजान सुवन हितकारी, कीरति जेहि छिति छाई।

वासवि : (हिकारिणमवलोक्य)
अति सुन्दर मृदु अंग परम बल रासभ हति जय पाई।

---

1. 'वीर' ला. यं. प्रति में। 2. डीलधराधर उसी प्रकार वासवि के पास जाते हैं।

हितकारी : तुम झो बिय बली विश्व मै बाप बैर जिन लीन्यो।

वासवि : तुम येकै बलवान जगत मै रैनुकेय मद छीन्यो।
जो तुम सों जय पाऊं, तो जग[1] बलवान कहाऊं।

हितकारी : हौं तो धनुष सरवन्त खराई हौं तुमही हथियार लेउ।

वासवि : कपि के आयुध दन्त, नख, तरु, पाषान ही हैं।

(इति लोल लाँगूलेन शैलमुत्पाट्य हेतुमिच्छति)[2]

त्रेतामल्ल : सुगल देखौ, देखौ! हितकारी के बान को पराक्रम। आश्चर्य है जाके बेग की सुपनेहूँ बाँछा करैं है सो वासवि जौ लौं उछलि घात करै की इच्छा करै तौ लौं सर बिद्ध छोनही को घात कियौ।

पद

वासवि : हितकारी सबके हितकारी, परम पुरुष अवतारी।
पगुधारी तारन सर मारी, नासौ कुकृत हमारी।
सुत प्यारो मो सम बल बारो, सौंपी सरन तिहारी।
इषु खाढ़ौ मोको मुद बाढ़ो, जाउं पुरी सुखवारी।

(हितकारी शरं निःसारयति)[3]

(वासवि तन त्यागं नाटयति। नेपथ्य रोदन धुनिः)[4]

हितकारी : सुगल तुम जाय, नारिन को आश्वासन करि भुजभूषन के कर वासवि की पारलौकिकी क्रिया कराय कै आवौ। डीलधराधर तुमहूं जाउ। जब कृत्य करि चुकैं, तब सुगल को राजतिलक करि भुजभूषन को युवराज करि लेवाये लिये आइवो।

(तथेति तौ निःक्रान्तौ)

(ततः प्रविशति ससुगल भुजभूषनो डीलधराधरः)

(नेपथ्ये सडिम डिम शब्दमुलुक सुगुल को, हुकुम भुजभूषन को।)[5]

हितकारी : सूर्यसुनू बहुत दिवस दुःसइ दुख भोग्यौ है! मेरी आज्ञा मानि जाय, अब सुख करौ। जो लौं वर्षा है, तोहूँ डीलधराधर साथ या परवत पर बसि दिन काटौं हों। बिना शरद आगमन महिजा मिलन कौ जतन अब असक्य है।

---

1. 'जग' पांडुलिपि में। 2. उसके बाद चंचल पूँछ से पर्वत उखाड़कर मारने की इच्छा करते हैं। 3. 'छोणित' पांडुलिपि में। 4. हितकारी बाण निकलते हैं। 5. वासवि शरीर त्यागने का नाटक करता है। नेपथ्य में रोने की आवाज।

(सुगल भुजभूषन तथेति नि:क्रान्तौ)

(हितकारी-डीलधराधरौ परिक्रामत:)

हितकारी : डीलधराधर, या परवत बास करिवे लायक है।

छन्द *गीतिका*

झरना झरै, मदधार सी अनेक धातु सिंगार है।
अति ललित पल्लव लाल, झापी झूल चख सुखसार है।
बहु घंट घंटी मुखर, खग गन दन्त दुति, बक-पाँति हैं।
परवतन हीं बिहद वारन, लखहु बिलसत भाँति है॥

(इत्यारुह्य वासं नाट्यति)[1]

पद

हितकारी : घूमि घूमि घन उमड़ि उमड़ि कै, घहरत, दश दिशि घेरे।
धुनि छन-छन मन-घन सी, धमकति बिषु इषु बूँद घनेरे।
चहुँकित चमकि चमकि यह चपला, हिय रलकल गावै।
बिश्वनाथ को हाय प्रिया मुख, शशि यहि समय देखावै।

डीलधराधर : धीर धरिये, धीर धरिये! शरद के चिन्ह अब पेखे परै हैं।

पद

जिमि शशि सहित अमल भौ नभ तिमि प्रभुहिं यहै ह्वै हैं।
बिलसत बिगसित बारिज तिमि मुख सुखमा महि जाये हैं।
इन हंसादि सन गति गदि अति उत्कंठित ह्विगै जैहैं।
बिश्वनाथ इन खंजन से दृग, देखि अमित मुद पैइहैं॥

(नेपथ्ये गान वाद धुनि:)

हितकारी : (कर्णं दत्वा) डीलधराधर या सुगल अबहूँ हमारी सुधि भुलाइ कै राग सुनै है।

डीलधराधर : (सक्रोधं) मैं जाउ हौं, वासवि की दशा याहू की करौं गो।

हितकारी : ऐसो क्रोध न करौ। जाउ, समझाइ कै लेवाय ल्यावौ। होंहूँ तौ लौं परवत मै सिद्धादामनि जाय चित विश्राम करौं हौं।

(इति नि:क्रान्तौ)

---

1. पर्वत पर चढ़कर निवास बनाने का अभिनय करते हैं।

(सदार सुगल प्रवेशः)

सुगल : (मदाघूर्णित नेत्रः)[1] भम्यमणपि (प्रिये घु घु घु घूर्णं)[2]-ते मेदनी।

तारका : भम्यमति भास्करी उपिन के वला मेदनी।[3]

सुगल : अहा हंससि किं प्रियेव ववारुर्ण मानया।

तारका : सासास्तिग गबाक्ष के

सुगल : गग गवाक्ष में धान्या।[4]

(प्रविश्य त्रेतामल्लः)

छन्द

जो सब काज संवार्‍यो तुरत ही तेहिं, भुलाय कपिराइ।
करि मद पान रहौ, मतवारे राज रहै कि जाइ।
हम सचिवन संग सोच होति है समुझि तिहारौ नास।
विश्वनाथ सुनि करहुँ सोई जाते रहै बिलास॥

सुगल : (इति श्रुत्वा बिगतमदः सभयं)[5] बेगि बानरन को पठाइ[6] सप्त दीप सैन खैचौ।

(त्रेतामल्लः तथेति निःक्रान्तः)

भुजभूषण : (प्रविश्य) क्रुद्ध डीलधराधर आय द्वार पर खड़े हैं।

सुगल : (ससभ्रम) तुम जाउ त्रेतामल्ल को संग लै उनको शान्त कराय के लेवाय लै आवौ।

(भुजभूषणः तथेति निःक्रान्तः)

(सुखेनसुता तथेति परिक्रामति)[7]

सुगल : सुषेनसुता, तुमहूँ अन्तःपुर के द्वार लौं जाय, क्षमा कराय लै आवौ।

(ततः प्रविशति त्रैतामल्ल-भुजभूषणाभ्यां सहितो डीलधराधरः)[8]

सुषेन तनया : (पुरोवलोक्य) (करनाटकी भाषा में पद)

मेदन मंगल आगलि निनग।
या सिद्द मांडिदि इव तनन्न गंड क्यलस इतग।

---

1. पांडुलिपि में नहीं है। 2. मद परिपूर्ण नेत्र से घूरकर। 3. पांडुलिपि में नहीं है। 4. 'गग गवाक्ष में वा न वा' पांडुलिपि में । 5.यह सुनकर मद रहित होकर भयभीत सुगल। 6. 'बुलाइ' पांडुलिपि में। 7. पांडुलिपि में नहीं है। 8. तत्पश्चात् त्रैतामल्ल तथा भुजभूषण के साथ डीलधराधर प्रवेश करते हैं।

माड थान कोती कलसि कोद्रनिनी ननहि बलग।
बिश्वनाथ सिट्ट विड् अड् नीनु गती निनग॥[1]

तिलक : मैदन कहे देवर, मंगल कहे कल्याण, आगलि कहे होई, निनग कहे तुम्हार॥

दूसरा तुक : या कहे काहे, सिद्ध कहे क्रोध, माडिदि कहे कीन्हा है, इवत कहे आजु,मन्नक हे हमार, गंड कहे पति, क्यलस कहे काज, इतग कहे इसका॥

तीसरा तुक : माड थान कहे करते हैं, कोति कहे कोश क्लसि कहे भेजि, कोट्टान कहे दिया है, नीनु कहे तुम, नजे कहे चलो, वलग कहे भीतर॥

चौथा तुक : सिट्ट कहे क्रोध, बिडू कहे त्यागी, अडू कहे सब, नीनु कहे तुम्हार, गती कहे गति, निनग कहे हमका है॥[2]

(डीलधराधरः अंतःपुर-प्रवेशं नाटयति)

(सुगलः सदारः पर्यंकात्ससंभ्रममुत्थाय)[3]

सुगल : अर्घ, अर्घ! पाद्य, पाद्य!

डीलधराधर : (सक्रोधम्) अरे! वह सर भुलाय सुरापान करि, सुन्दरिन संग विहार करै है।[4]

(सुगलः कम्पते)

त्रेतामल्ल : आपको काज सुगल नहीं भुलायो। युत्थपन बोलावन बन सब दिशन बानरन पठाये हैं।

(सर्वतोवलोक्य सहर्षम्)

यह देखिये! मारतंड मंडल कौ रज समूह पान ऐसो किये लैय हैं, प्रलय पौन कैसो शोर होय है, यातैं मैं गुनौं हौं कि बानरी सेना आवै है। क्रोध काहे करियतु हो? सुगल हितकारी को अत्यन्तें अधिक पिआरे हैं॥

डीलधराधर : (सस्मितं) सुगल हितकारी के पास चलो।

---

1. देवर, तुम्हारा कल्याण हो! क्यों क्रोध किया है? आज ही हमारे पति यह कार्य करते हैं। बन्दर भेज दिया है। तुम भीतर चलो। क्रोध त्यागी। सब तुम्हारी गति हमकौ है। 2. आनन्द रघुनन्दन, मुंशी नवलकिशोर का छापाखाना (जनवरी 1881 ई.), लखनऊ, पृष्ठ 65। 3. सुगल पत्नी सहित पर्यंक से धबड़ाकर उठते हुए। 4. पांडुलिपि में नहीं है।

(इति निःक्रान्ताः सर्वे)

हितकारी : (प्रविश्य)

पद

पवन परसि महिजा अंग मेरो, अंग अब परसै।
छन यह ताप मिटाय दया करि, नतु तन झरसै।
रवि तुम मम कुल, जेठ कहहु कहु तिय अपहारी।
कैतेहि मायनि माल करहुँ, बिश्वनाथ सुखारी।

सुगल : (ततः प्रविशति ससुगलो डीलधराधरः)
(प्रणम्य) यह सैना देखिये।

छन्द पद्धरी

अरबन खरबन आवत कपीन।
आकाश होत अवकाश हीन।

वपु सम सुमेर, युत्थप अनेक।
जे कालहु को नहिं डरत नेक।
अब जोरहुँ जिन सट्‌टसै सुवर्ण।
है बिविध देस के बिविध वर्न।
निज तन आपौ, दल सहित नाथ।

हितकारी : (सहर्षम्) तुम सो मित्र पाय मैं अब शोक समुद्र पार होन चहत हौं। इनको महिजा की खबरि लेन पठवो। कहां है, शरीर त्यागि दियो कि जीवित है?

सुगल : (अंजलिं वध्वा) बहुत भली! (बानरान् प्रति) तुम सब दिशि, विदिशि जाय महिजा को खवरि लै आवौ, औ भुजभूषन, त्रेतामल्लादिकन कौ संग लै दक्षिन दिशा तुमही जाउ। जौ कोई मास भरे मै खबरि न लै आयोगौ सो मोरे ही कर तैं बध होइगौ।

हितकारी : त्रेतामल्ल! यह मुदरी सहिदानी लिये जाउ।

(तथेति निःक्रान्ता बानराः)

---

1. हितकारी उठकर अलिगंन कर। 2. तब द्वीप-द्वीप, देश-देश में चिन्ह लेकर बानरों का प्रवेश। 3. पांडुलिपि में नहीं है।

सुगल : महाराज! जब मोकू अग्रज निकारि दियो तब मैं ताकौ महा अमरषी जानि भय ते भाजत सकल महि मंडल अबलोकि आयो। तहां तहां के गुप्त प्रकट स्थल मैं सब बताय दिये हैं। खबरि सब लै आवैंगे। तब मैं महा सैन्य संग लै सत्रु संहारि महिजा को लै आऊँगो।

(हितकारी उत्थाय आलिंग्य)[1]

हितकारी : क्यों न कहो तुम! सब करन कौं समर्थ हौ।

(ततः प्रविशन्ति द्वीप-द्वीप, देश-देश चिन्हानि गृहीत्वा बानराः)[2]

सुगल : (सचिंतितम्, स्वगतम्) दक्षिण ओर तें भुजभूषण न आये। (मास व्यतीत ह्वै गयो)[3] धौं कहाँ है।

(प्रविश्य स्वप्रकाशिनी तपसी)

स्वप्रकाशिनी : (द्राविणी बोली में)

पद

अनकरिकं नमिल पंडिर जै-जै हितकारी।
एल्लागुन परंदडम, उंडम सूड विडं बियम।
नल्ल कैयल बिलुंडिचिर रोबलिच्चकारी।
एल्ला लोकनादन, खल कूटत कुन्नीरिनीर,
मूनलोक, दंडीकेबर मल्ल बेल पारूं।
संगरादि ध्यान एस्मी नल्ल सुख त अंड दाल,
नल्ल अंडधि बिश्वनाथ, सज्जनन्त कारूं।[1]

तिलक : अनकवरिकं कहे सब प्रानी को, नम्लि कहे सुख, पंडिर कहे करवैया है, एल्लागुनपरंदडम कहे सब गुणनिधान हो, उडम सूड बिडविंम कहे शरीर संतान नाशक हो, नल्लकैयल विल्लुण्डिचिर कहे सुन्दर हाश में धनुष धारण किये हौ, रोवलिच्चकारी कहे बहुत प्रवानकारी हौ, एल्लालोकनादन कहे सब लोकनाश हौ, खल कूटत कुन्नीरिनीर कहे।

---

1. सब प्राणी को सुख देने वाले हो, सब गुण निधान हो। शरीर संताप नाश करो। सुन्दर हाथ में धनुष धारण किये हो। बहुत प्रकाशकारी हो। सब लोक नाथ हो। दुष्ट समूह को मारने वाले हो। तीन लोक को शिक्षा देने वाले हो। शिवादि का ध्यान करके सत्कर्म करो। सुन्दर सुख पावोगे, सुन्दर रूप से सज्जनों का पालन करो।

शिक्षा करैया हौ, नल्लवेल पारुं कहे शतकर्म्म करो, संगरादि ध्यानयश्मी कहे शिवादिध्यान करिकै, नल्लसुखत अंडदाल कहे सुख पावते हैं, नल्लऊडघि विश्यनाथ कहे सुन्दर रूपतें हे विश्वनाथ सज्जनंतकारूं कहे सज्जनन की पालना करो॥ तुम्हार, गती कहे गति, निनग कहे हमका है॥

(इति प्रणम्य निःक्रान्ता)

(हितकारी सुगलमवलोक्यते)

सुगल : महाराज! द्रविड़ देश के परवत में एक गुहा है। तहाँ स्वप्रकाशिनी तप करत हुती। मेरे जान तहौं गयो कीसन सौं आपकी खबरि पाय दर्शन करि सुख छाय, अस्तुति करि, शिर नाथ, कृतकृत्य भई गई।

(ततः प्रविशति गृद्धः)

गृद्ध : (प्रणम्य) महाराज! मोकों आपकी कृपा पात्र बानर मिले। तिनकौ दरस पाय, पक्ष सहित ह्वै, होंहूँ प्रभु पद पदुम परसन आयो। मेरो बड़ी भाग्य जगी जो मेरे भाई की काय आपके काज में लगी।

हितकारी : कहो, सब कीस कुशल हैं? महिजा की खबरि पाई की नहीं?

गृद्ध : महाराज! तिनकौ मैं संदेहित देखि, राक्षसपुरी में महिजा को बतायो। सब मेरे बचन सुनि, सिंधु पार जाइवे मैं असक्य देखे परै, तब ध्यान स्थित त्रेतामल्ल पास रिक्षपति जाय, बृत्तान्त जनाइ, महाबल सुधि देवाई। त्रेतामल्ल उर उत्साह भरि, दीह देह धरि, लंगूर महि मारि कह्यो पुकारि—

कवित्त

कहौ तो उठाय दीप, बोरौं बीच बारिध में,
कहौ दिगशीस सी, सरोषि नोचि डारहुँ।
कहौ मुष्टि कूटि-कूटि, रेनु कै त्रिकूट आजु,
गगन उड़ाय कै, तमासो सो पसारहुँ।
कहौ क्रोध भारभूंजि भूँजि, भूरि राक्षसनि,
सोई खाख धारि, देह रुद्र रूप धारहुँ।

1. आनन्द रघुनन्दन, मुंशी नवलकिशोर का छापाखाना (जनवरी 1881 ई.), लखनऊ, पृष्ठ 65

कहौ तौ लपेटि लूम, ल्याऊँ कुलि वाको कुल,
आगे हितकारी ही के, मीजि–मीजि मारहुँ।

रिक्षिराज कह्यो, तुम सब करने लायक हो, अबै जो आज्ञा भई है सोई करौ। या सुनि उछलि पारही पर्‌यो। आज्ञा होइ तो अब परिवार देखौं।

(इति प्रणम्य निःक्रान्तः)

हितकारी : चलौ संध्या बन्दन करैं।

(इति निःक्रान्ताः सर्वे।)

(चतुर्थोऽकः समाप्तः)

पंचम अंक

(समंत्री दिकशिर प्रवेश:)

दिकशिर : (मंत्रिणं प्रति) आजु हौं रैनि (शैष)[1] सपनो देखौ कि एक मरकट खबरि लेन आइगा। सिंसुपातर महिजा है, तामे छिप्यो बैठ्यो है। सो जागि मैं महिजा के पास जाइ, बहुत भय दई। ताके बिलाप की बातैं मेरे मन में अब लौं गड़ी हैं।

मंत्री : तौ जागि रात ही दुख देन काहे गये?

दिकशिर : जाते वाकी दशा देखि दूत खबरि दै, हितकारी कौ आसुही ल्यावै।

(प्रविश्य राक्षसी)

राक्षसी : महाराज! मोकौं ब्रह्मा को बरदान रह्यो है—जब लौं कोई तेरौ तिरस्कार न करैगो, तौ लौं राक्षसपुरी कौ भय न होइगी। सो काल्हि कौ रैनि में एक छोटो सो बानर आयो। ताको मैं द्वार में रोक्यो। मोकौं वा मुष्टिका मार्‍यौ, मूर्छित ह्वै गई। जागि अस्तुति करि पूछी—तुम को हौ? कहां ते आये ? सो कह्यो, हौं हितकारी कौ दूत हौं। महिजा की खबरि हेत आयो हौं। महिजा जहां रही सो थल बताइ दियो। और तुम सौं कहौं हों—हितकारी परम पुरुष हैं, जो जीवन चाहौ तौ महिजा कौ लै शरण जाहु।

(इति नि:क्रान्ता)

बाटिकापाल : (प्रविश्य) येक कपि महाप्रबल आय बाग बिध्वंसि, पालकन मारि डार्‍यो। हौं भागि तें भागि खबरि देन आयो।

दिकशिर : (मंत्रिणं प्रति) सपनो सत्य भयौ। चलौ पकरन की तदवीर करैं।[2]

(इति नि:क्रान्त:)

---

1. 'शेष' पांडुलिपि में नहीं है। 2. पांडुलिपि में नहीं है।

(प्रविश्य त्रेतामल्लः, इतस्ततः संचरति)

(नेपथ्ये) : (कोलाहल) रथ-रथ, हाथी-हाथी, घोरे-घोरे, धनु-धनु, ल्याव-ल्याव, धाउ-धाउ!

(ततः प्रविशति ससैन्यो नयनकुमारः)

छन्द नराच

नयनकुमार :

सबै सुभट्ट धाय-धाय घेरि लेउ कीस कौं,
महान रज्जु बांधि याहि, देहु दिग्गशीस कौं।

सुभटा : सबै हथ्यार कै प्रहार, अंधकार कीजिए,
झपट्टि अंग अंग में लपट्टि बाँधि लीजिए।

(गृह्यताम् इति धावन्ति)[1]

नयन कुमार : अरे सूत, यह तो बड़ौ बलवान बन्दर है। बाग के प्रासाद कौ खंभ उखारि सब दल दलि डार्‌यो। हाँकु हाँकु मेरौ रथ!

(इति शरान्निक्षिपति)[2]

त्रेतामल्ल : (आत्मगतं) अरे यह तौ बड़ौ धुनर्धर है। याके शरनन सो हौं सावकाश नहीं पावौ हौं।

(इत्युत्पत्य निपत्य च रथं चूर्णयति। नयनकुमारः मल्लयुद्धं नाट्यति। त्रेतामल्लः पादयो गृहीत्वा भूमौ ताड़यति)[3]

(नेपथ्ये) : महाराज! नयनकुमार तो समर शयन कियो। वत्स! वत्स! इन्द्र मद मोरन काल है कि रुद्र है जो नयनकुमारई कौ मारि डार्‌यो औं कैसे जीतैगो, ताते तुहीं जाइ बाँधि ल्याउ।

त्रेतामल्ल : (आकर्ण्य स्वगतं) रथन कौ घहरन, गज घंटन कौ घन-घन, बाजि पैजनियन कौ झनझन, भूषनन कौ खन-खन, एक ह्वै महाशोर सुन्यो परै है। कोऊ बड़ो बीर आवै है।

(ततः प्रविशति घनधुनिः ससैन्यंच)

त्रेतामल्ल : (सोत्साहम्)

---

1. पकड़ो, इस प्रकार दौड़ते हैं। 2. इसके बाद बाण मारता है। 3. इसके बाद उखाड़कर और मारकर रथ चूर्ण करता है। नयनकुमार मल्लयुद्ध का अभिनय करता है। त्रेतामल्ल पैरों को पकड़कर भूमि पर गिराता है।

छन्द तोटक

युग सर्प सदर्प लगे रथ में, पसरै मनि पुन्ज प्रभा पथ में।
फहरात अकाश पताकम है, उत्साह भरौ अतिसूत अहै।

परम प्रतापी पुरहूत विजयी आवै हैं! बाहवा, बाहवा! आछौ युद्ध होइगौ।

(इति सिंहनादं[1] कृत्वा[2] उत्पभुत्वभुजमास कोटयति। ततः सर्वतः सेना प्रहरति)

घनध्वनि : (सूतं प्रति) अरे याको पराक्रम देखै तौ! बानरन उठाय बानरन[3] पै डारि, रथन सौं रथन संघारि, भटन गहि भटन कोमारि, इत उत दौरि दौरि, सिर भुज तोरि तोरि, करोरिन को निपात करि दियौ। हाँकु तौ याकौ सम्मुख मेरो रथ।

(इति शरजालं मुंचति)[4]

(त्रेतामल्ल बाणं वंचयित्वा पर्वतैः प्रहरति)[5]

घनध्वनि : देखौ तौ सूत याकै पवारे परवत आकास[6] को अनवकास करत, प्रलय पयोद ही से पेखे परै है।

(इति शरैः पर्वतौ निवार्य आचम्य अस्त्राणि मुंचति)[7]

त्रेतामल्ल : (स्वगतं) देखौ तौ याकौ पराक्रम केतो है?

(इति निश्चलं सम्मुखं तिष्ठति)[8]

घनध्वनि : अरे सूत! आश्चर्य है! जे हमारौ अस्त्र शस्त्र कालहू कौ बिथित करत रहैं ते याके तन कौ असर नहीं करै हैं। अब देखैं अमोघ ब्रह्मास्त्र तै बाँधौं हौं।

(इति आचम्य निःक्षिपति)

त्रेतामल्ल : (आत्मगतं) अब हम ब्रह्मास्त्र की मर्यादा बाँधि दिकशिर कौ देखौं।

(इति ब्रह्मास्त्रबद्धः पृथिव्यां पतति)[9]

(राक्षसाः सहर्षम् रज्जुभिर्वध्वा सघनध्वन्यो निःक्रान्ताः)[10]

---

1. 'महा' पाठ पांडुलिपि में। 2. इसके सिंहनाद कर। 3. 'रवारन' पाठ पांडुलिपि में। 4. इसके बाद सर समूह को छोड़ता है। 5.त्रेतामल्ल बांण से बचकर पर्वत प्रहार करता है। 6. 'अवकाश' पाठ पांडुलिपि में। 7. इसके बाद पर्वतों का निवारण कर आचमन कर अस्त्र छोड़ता है। 8. इसके बाद निश्चल सामने बैठता है। 9. इसके बाद ब्रह्मास्त्र से बँधा हुआ पृथ्वी पर गिरता है। 10. हर्षित राक्षस रस्सी से बँधे हुए घनध्वनि सहित निकल जाते हैं।

(ततः प्रविशति सपरिकरो दिकशिरः)

दिकशिर : अरे द्वार मैं गलबल काहे को सुन्यो परै है?

द्वारपाल : (प्रविश्य) महाराज! घनध्वनि वा बन्दर कौ बाँधि लै आयो है ताको सब पुरवासी हर्षित ह्वै, मारि मारि, तारी दै दै शोर करै हैं।

दिकशिर : अरे! उन पै कहै जाय—मारै मति, वाकौ ह्याईं लै आवैं।

(द्वारपालस्तथेति निःक्रान्तः)

(ततः प्रविशति करगृहीत रज्जुबद्ध त्रेतामल्लो घनध्वनिः)[1]

त्रेतामल्ल : (आत्मगतं) अहो याके बदनन में महाप्रकाश है! सूर्यशिष्य जौ मैं, ताहू के नयन निरखत में मूदि आवै है।

छन्द *नराच*

(नेपथ्ये) : कृसानु जाइ पाक मौन, बेगि पाक कौ करै।
बहार आउ वायु बाट, फेरि मन्द संचरै।
जलेस ल्याउ गंग पाथ, दिगाशीस न्हान कौं।
धनेश धाइ ढोइल्याइ, निद्धि नित्य दान कौं।

त्रेतामल्ल : (श्रुत्वा सविस्मयं स्वगतम्) आश्चर्य है! ऐसी आज्ञा ईश हूँ की नहीं सुनी।

(दिकशिर सोऽभिप्रायं ज्ञात्वा)

मन्त्री : रे-रे बन्दर! काल रूद्र विष्णु पठायो आयो होइ तौ सोचि कहि जाय तोकौ छोड़ि ताही कौ देखि लेंइगै!

त्रेतामल्ल : (दिकशिर संप्रति) मोको तिहारो बंधु सुगल ने पठायो है। या कह्यो है—हमको हित चाहै हैं जो कोई अनीति करै है ताको बिनास बेगि ही होइ है। तुम हितकारी की नारी हरी है सो दै राखौ। तुम्हारे तौ बेद शास्त्र सब जानै हैं। बहुत समझन वारे सो बहुत कहै ते का है?

दिकशिर : हम तो हितकारी की नारी हरि ल्याये हैं, उनको यामे कहा परी है?

1. इसके बाद हाथ में रस्सी से बंधे हुए त्रेतामल्ल तथा घनध्वनि का प्रवेश।

दोहा

त्रेतामल्ल : बिष्णु[1] स्वयंभू शंभुहू, तीनि तीनि तनि धारि।
जो रक्षहि हितकारि रिपु, सकै न मींचु निवारि॥

दिकशिर : (सक्रोधं) कीष कटुभाषी कौ मारि नहीं डारत हौ, करत कहा हौ?

भयानक : (दिकशिरं प्रणम्य) महाराज! राजदूत अबध्य है। मेरे मन एक मन्त्र आछो आयो है, सो सुनि लीजै।

दिकशिर : कहि जाइ।

भयानक : बानर कौ लांगूल परम पियारी होइ है, सो लाई, छोड़ि दीजिए। जो पराक्रम होइगौ तो याको हाल देखबेई आवैगे, तिन्हैई पै प्रहार करैंगे।

दिकशिर : आछी कही! (पुनश्च राक्षसन प्रति) भो राक्षसौ! याकौ लै जाइ, लांगूल पट लपटाइ , आगि लगाइ, बाजन बजवाइ राक्षस पुरी के चारों ओर फेराइ छोड़ि देउ।

(रक्षसास्तथेति त्रेतामल्लम् गृहीत्वा निःक्रान्ताः)[2]

(नेपथ्ये महान कोलाहलः)

छन्द नराच

अलात चक्र कीस भौ, सबै अनाथ से जरैं।
तची महा सुवर्ण भू, प्रसाद पग्घि लै ढरैं।
सुत्रान को विधान नाहिं, प्रान आसु निस्सरैं।
भभान्त भौन भाँय-भाँय हाय! हाय! का करैं?

(आकाशे) : अरे! अरे! अरे! राक्षसपुरी की लपटैं तौ स्वर्ग हूँ लौं आइ। चलो, चलो ब्रह्मलोक को।

दिकशिर : (ससंभ्रम) देखौ तो कहा होइ है!

द्वारपाल : महाराज! वा बन्दर ने ऐसी लाँगूल पसारो कि पुर भर में पट, घृत, तेल न रह्यो; जौ लेस्यों तौ छोटो होइ पास ते छूटि बड़ौ शरीर धारि, रक्षा करन वारे राक्षसन कौ संघारि, पुर जारि डार्‌यो।

---

1. 'अरि' पाठ पांडुलिपि में। 2. राक्षस उसी प्रकार त्रेतामल्ल को पकड़कर निकले।

दिकशिर : (ससंभ्रमं सर्वमुखैः)[1] अरे धावो! अरे धावो! कुल सहित सकल दल पुष्पक चढ़ावो, सागर पहुँचावो। होंहूँ घटकान को उठाय आप पहुँचत हौं।

(इति निःक्रान्ताः सर्वे)

(ततः प्रविशति महिजा राक्षस्यश्च)

महिजा : बड़ो कोलाहल सुनौ परै है कहा है? सुनौं—

(पैशाची बोली में पद)

(नेपथ्ये) : जेवनले घनलवेन बँधिये।
से दिग्गल जालिय लँगूले, बुलूयं घलि तुंन मुँचिये।
इदो तदो धावन्ते, जालइपुलं, लस्कसी चंपइ लुंचइ।
ताह इमेहुँ महाकलकले, बिस्मनाह पियतमें सुन्निजइ।[2]

टीका

जेवन लेकहे जो बानर, घनलवेन कहे घननाद करिकै, बँधिये कहे बाँधिगा, में कहे सो, दिगल कहे दिगशीस करिकै, जालिम लँगूले कहे जराई गैलाँगूल जेहि करि, लरबुलूयं थालि तुनं मुंचिएक कहे लघु जालइ पुलं कहे पुर को लावत है, लस्कसीयं पइलुं चइ कह राक्षसिन कह चावत है नोचत है, ताहइमें कहे तेकर, आहुँ कह निश्चय करिकै, महाकलकले कहे महा कलकल शबद, विस्सनाहपियत में, कहे दिनबश्नाश पियतमें सुमिज्जइ कहे मूनोपरत है ॥[3]

(महिजा सशोकं)

दोहा

महिजा : हाय! हाय! करतार अब, जो कछु सुकृति हमारि।
ताते कपि कर रोमऊ, पावक सकै न जारि।

---

1. सभी भ्रम से युक्त मुखों सहित। 2. जिस बन्दर को घननाद ने बाँध लिया था उसने दिशकिर के गृह को पूँछ की आग से जला दिया, लघुरूप धारण कर छूट गया। इधर-उधर दौड़ते हुए नगर को जलाता है, राक्षसों को काटता है, नोचता है। उसका महा कल-कल शब्द है (विश्वनाथ) प्रियतमे! निश्चयपूर्वक सुनाई पड़ता है। 3. आनन्द रघुनन्दन, मुंशी नवलकिशोर का छापाखाना (जनवरी 1881 ई.), लखनऊ, पृष्ठ 73

त्रेतामल्ल : (प्रविश्य, प्रणम्य) अब वृत्तांत सब सुनिबोई कियो होइगो। आपके प्रभाव तें पावक हूँ पाथ ही सो लग्यौ। पयोधि में पूँछि बुझाइ, पद पंकज परसन आयो। आज्ञा पाऊँ तौ हितकारी पास जाऊँ।

महिजा : (सहर्ष) यह चूड़ामनि सहिदानी लेउ, तिहारो मारग सिद्ध होइगौ।

(त्रेतामल्ल प्रणम्य निःक्रान्तः)

महिजा : (राक्षसीं प्रति) यहां राक्षस पुरी के खाख तें कछु देख्यौ नहीं परे है, चलो तड़ाग चित्त विश्राम करैं।

(इति निःक्रान्तः)

(ततो प्रविशति ससैन्यो भुजभूषणः)

भुजभूषन : चिरंजीवो! (रिक्षराज प्रति) त्रेतामल्ल को बिलम्ब बड़ी भई, धों कहा भयो होइ?

रिक्षराज : सगुन बड़े-बड़े होय हैं, चाहिए, त्रेतामल्ल खबरि लिए कुशल आवतै होंय। देखो! देखो! या दक्षिण बोर तें आँधी आवै है औ किलकिल शब्द सुनौ परै है।

(ततः प्रविशति त्रेतामल्लः)

भुजभूषन : (सहर्षम्मुपादलांगूलं चूमित्वा)[1] अरे! त्रेतामल्ल तो आय ही गये!

(सभुजभूषण सर्वे बानराः सहर्षं त्रेतामल्लमालिंगति।
त्रेतामल्लः सर्वैर्यथोचितं मिलित्वा सर्ववृत्तान्तं कथयति)[2]

भुजभूषन : जो खबरि पाय बिन बिन गये तौ सबकी शूरता कौ ओर होइ गयो, यातें चलौ दिकशिर को मारि महिजा को लिये चलिये।

रिक्षराज : तुम बासवि के तौ पुत्र हौ, काहे न कहौ। पै हितकारी की आज्ञा खबरि ही लेन की रही है। तातें चलौ सुनाय, फिरि उनही के साथ आय पराक्रम करियो।

भुजभूषन : बहुत भली!

(इति सर्वे निःक्रान्ताः)

---

1. सहर्ष उठकर पूँछ को चूमकर। 2. भुजभूषण सहित सभी बानर त्रेतामल्ल को मेटते हैं। त्रेतामल्ल सभी को यथोचित मिलकर सभी वृत्तान्त कहते हैं।

(ततः प्रविशति ससुगल डीलधराधरः)

सुगल : त्रेतामल्ल अकेले राक्षसपुरी को गयो। वहां शत्रु बड़े वीर बटु हैं। धौं कहा भयो होइ?

डीलधराधर : प्रभु प्रताप तें सब आछौ होइगो।

दधिबदन : (प्रविश्य) भो महाराज! तुम्हारौ रखायौ रह्यौ जो माक्षिक कानन ताके फल भुजभूषण सब बानरन कौ खबाइ दये औ तोरि-तोरि डारन लगे। सब मैं चलि, अधिक रोक्यो सो मधुमन्त मोको प्रहार कीन्ही. भाजि आइ आपकौ जनायौ।

सुगल : (सहर्षम्) महाराज! महिजा की खबरि आइ जौ खबर न लै आवतै तौ माक्षिक बन के फल न खाते।

(प्रविश्य सर्वे बानराः प्रणमति)

(भुजभूषणः सर्व वृत्तांतं कथयति)

हितकारी : (सहर्ष) त्रेतामल्ल! महिजा कौ वृत्तांत अपने मुख तुमहूँ कहि जाउ।

पद

त्रेतामल्ल परम हित कीनो। टेक
दुस्तर उदधि उलंघि ल्याय सुधि, सोक समुद सुतरै करि दीनी।
तेहि देवे लायक त्रिभुवन मैं, हेरत होति मोर मति हीनी।
विश्वनाथ सम होहि मोहि प्रिय, सदहिं रहहिं मम रस मति भीनी।

त्रेतामल्ल : जलधि तो आपकी कृपा जहाज ही पार कीनो, और राक्षस पुरी तौ महिजा महा शोकाग्नि तैं जरि गई। महाराज! मैं कहा करन हुतौ?

हितकारी : (सवाच्यावरुद्धकंठम्) महिजा शरीर रहन कौ कारण कहि जाउ।

त्रेतामल्ल : महाराज! दिकशिरपुर में काल की गति नहीं है। महिजाउ यह चूड़ामनि सहिदानी दई है औ कही है की इन्द्रसुत[1] काक की बेरि जो कृपा मेरे पर करी सो कहां गई?

---

1. 'इन्द्र मूनु' पाठ नवलकिशोर प्रेस प्रति में।

हितकारी : (गृहीत्वा) यह चूड़ामनि देखे मोको महाराज दिगजान, शीलकेतु की सुधि आइ गयी। (इत्यधरस्फुरणं नाटयित्वा धैर्यमभनीय)[1] रिपु को रूप पराक्रम कहि जाउ।

कवित्त

त्रेतामल्ल : लागे हैं अकास दससीस सैल शृङ्ग ऐसे,
बीस भुज बिपुल, अहीस सम भाये हैं।
बिष्णु चक्र बज्र बासौ बारन के दंतन के,
दीरघ हिये में केते घाय छवि छाये हैं।
येक बलवान औ सुजान वेद शास्त्रन में,
सारे अस्त्र-शस्त्र जाको सिव ही पढ़ाये हैं।
लोकन के नायक के लायक रहो तो वाही,
पापी जानि अज (इन्द्र आदिक)[2] बनाये हैं।

सुगल : महाराज! अब धैर्य को अबस है। मुहूर्त करिये चलिये।

हितकारी : (विचार्य) विजय मुहूर्त अबही है।

(इति त्रेतामल्लमारुह्य डीलधराधरः भुजभूषणमारुह्य सर्वे व्यूहं बध्वा परिक्रांति)

(आकाशे) : सुगल बल अति अबिरल दल भूरि भार, छिति तल हहल हलहल, पल-पल सैल उसलत, जलधिजल खल भलत, बेल थल तजत, कहलि कहलि कोल कच्छ कलमलति, अकुलात, चटपटात गात पिसे जात दरित रदन, दिख दुरदन, चीतकार अपार, धूरिधार धुंधकार, दिन भरतार ना लखात अपरमित उठावत, प्लवंगनिपानि लाँगूल लीला उन्मूलित, उच्छालित, सृङ्ग समूह बृक्ष बृंद पैखौ-पेखौ, रिपुपरम प्रभु पयान कीन करि सुरन-सुरन आनन्द देन चाहत है।

सुगल : प्रभु पेखिये! (तीर तरुन तरुनं तति) सहित पति की जब निकासी शोभित होइ है।

हितकारी : राक्षसपुरी समीप[3] है याते सावधान डेरा करो!

---

1. इसके बाद ओठ हिलाने का तथा, धैर्य का अभिनय कर। 2. 'इन्द्र हूं' पाठ पांडुलिपि में। 3. 'नगीच' पाठ पांडुलिपि में।

पद

(आकाशे) : सब लोक सरन्य हितकारी। टेक
अति दयाल समरथं सब भाँतिन, शरन शरन मैं शरन तिहारी।
बन्धु विचारि देन हित महिजा, दिगशिर को हठि मंत्रहि दीनो।
कापि लात मारौ मोहि मैं तब, चलि बिसुनाथ चरन चित कीनो।

(पर्वतानुपाट्य प्रहर्तुसन्नद्धान्वानरान् दृष्ट्वा, हितकारी हुंकारेण वारयति)[1]

(सर्वे वानरास्तथैव तिष्ठति)

सुगल : (समंत्री) महाराज! राक्षस बड़े छली होइ हैं, आइ भेदकर वेई प्रहार करैंगे।

त्रेतामल्ल : महाराज! तेरो मत तौ ऐसो है जो कपट कलित होय है, सो ऐसी सरल वाणी नहीं कहै है।

पद

हितकारी : शरनागत पालक मम बानी। टेक
मित्रभाव कर कोऊ आवै, तजहुँ न कबहु अइस तुम जानो।
नख तें काटि सकौं खल दल सब, राकस का करि सकत हमारो।
विश्वनाथ जो होइ दिगशिरहूँ, तउ लयावो कछु न विचारो।

सुगल : महाराज! जो वाणी मैं कही सो आपकी शरणागत बानि प्रकट करन के हेत, अब याको मेरी सम कर दीजिये।

(इति निःक्रान्तः)

(प्रविश्य ससुगलौ भयानकः चत्वारो मंत्रिणः च प्रणमति)[2]

भयानक : (हितकारी पादयोः पतित्वा) हे सर्वभूत के शरण्य! पाहि-पाहि! शरण-शरण!

हितकारी : (उत्थाप्य) तुम तौ हमारे (अब)[3] बन्धु सम हौ। हम तुमको अभय दई, सुगल जलनिधि जल ल्यावो, इनको राक्षसपुरी कौ तिलक याही क्षन करौं।

---

1. पर्वत को उखाड़ कर प्रहार करने हेतु तैयार बनारों को देख हितकारी हुंकार से रोकते हैं। 2. सुगल सहित भयानक प्रवेश करता है और चारों मंत्री प्रणाम करते है। 3. 'अब' पाठ पांडुलिपि में नहीं है।

(सुगलस्तथा करोति)[1]

हितकारी : (अभिषिंच्य) पारावार पार जान को विचार करो। पुरखन को खनायो है, याते विनय करि मान राखिये। वाही सो जतन पूछिये।

(हितकारी तथा करोति)

डीलधराधर : तीन दिन आप को विनय करत भये, यह अपनी जड़ताई ही (जाहिर)[2] करै है।

हितकारी : (धनुर्गृहीत्वा) जो नहीं प्रकट होय है तौ या शर तें शोषे लेऊं हौं।

(नेपथ्ये--पाहि! पाहि! महान् शब्द)

(ततः प्रविशति साभार्यं सागरः)

सागर : (सभयं) महाराज! मोको आपही जड़ बनायो है, मेरी कहा चूक है? आपके सैन्य में विश्वकर्मा को सुत है, ताहि सेतु बधाइ लीजिये, मैं धारण करौंगो।

(इति निःक्रान्तः)

सुगल : हे विश्वकर्मा, चलो वेगि सेतु बिरचो। हम सब शैल लै आवैं हैं।

(इति सर्वे वानराः निःक्रान्ताः)

छप्पय

(आकाशे) : वृक्ष वृन्द कपिइन्द्र लिये अनिलिहिं इव आवत।
शैल समूह हहु सटित गगन भूतल सम भावत।
पटत जलधि, खल भलत, हलत (अहिपति)[1] निकेत है।
अमित अंबु उच्छलत, हरि छिछत छाय लेत है।
तजि तजि दहार द्रुति मीनगन, भभरि भभरि भागत अहैं।
अस भारी कौतुक दीख नहिं, जस हितकारी करत हैं।

सुगल : (प्रविश्य) महाराज! सेतु तैयार है।

---

1. सुगल वैसा करता है। 2. पाठ पांडुलिपि में नहीं है।

(हितकारी बालुकामयं शिवलिंगं स्थापयित्वा)

महिजा : (सहर्षम्) चलौ पारावार पार को।

(इति नि:क्रान्ता: सर्वे)

(पंचम अंक समाप्त)

षष्ठ अंक

(ततः प्रविशति सपरिकरो दिकशिरः)

दिकशिर : (विहस्य) सुनियत है बानर बहुत समिटे हैं औ सागर तरि[1] मोसों रन करन बिचार करै हैं, सो कौन आश्चर्य है। पतंग प्रदीप में जरन कहाँ नहीं आवैं हैं? कीर द्रुत तैं जाइ खबरिं लै आवै।

कीर : महाराज, बहुत भली!

(इति निःक्रान्तः)

(नेपथ्ये महा कलकलः)

दिकशिर : (मंत्रिणं प्रति) सोर बड़ो सुनो परै है, कहा बानर उतरि आये?

कीर : (प्रविश्य) महाराज! बानरी-सैन सेतु करि उतरी आवै है।

दिकशिर : (सत्वरं) चलौ तौ ऊँचे चढ़ि देखैं।

(इति परिक्रामति)

कीर : महाराज! यह[2] देखिए! दूजो उदधि (ऐसो)[3] कपि दल देखो परै है।

दिकशिर : संख्या तो कहु?

छन्द तरंगिनी

कीर :
राकस पुरी चहुँ वोर,
कपि नहिं, नाहिं अस ठोर।
चाकलौं कोस चालीस,
सत चारि लामन तीस।

---

1. 'तजि' पाठ ला. यं. प्रति में। 2. 'यों' पाठ पांडुलिपि में। 3. 'सो' पाठ पांडुलिपि में।

कपि बाँधि सँध से सेत,
को उतके उत्तर न नेत।
आकाश हूँ दस कोस,
कपि भीर (भरी सरोस)[1]

दोहा

भूप-भूप यहि सैन के, अति बल जीतन हार।
सेस न संख्या करि सकैं, गनैं जो वर्ष हजार॥

दिकशिर : अरे, या तो बड़ो कौतुक लख्यो!

कीर : महाराज! (पहले)[2] हितकारी के उतरत मैं[3] बड़ो कौतुक लख्यो।[4]

गद्य : आहव आल्हाद बदन विलसत येक-येक कै आगें। बहसि बढ़त, हँसि बढ़त, विनोद किलकिला कोलाहल करत, कर तरु गिरि गहन अटत, गिरि परत, जलधि जल हल हलत, हलहल तहाँ को शब्द दिशन भरत, भरत खंड मों कछु सुनि न परत भयौ!

छन्द

बिबिधि जाति तरु फल भोजन हित,
उसलत सब जल जीव भयो।
हितकारी सरूप तकि छकि-छकि,
ह्वै जड़ इव तहँ[5] सकल गयो।
तिन चढ़ि-चढ़ि बहु कपि दल उतरयो,
सो कौतुक प्रभु कहँलों कहियो।
सुमिरि-सुमिरि वह अघटित घटना,
अबहूँ लौं मै ठगि सो रहयो।

दिकशिर : अरे लखाउ[6] हितकारी कौन है?

कीर : महाराज! जाकी काय मैं कोटि मरकत मणि कांति[7] पेखी परै है, सोई त्रिभुवन में येक धनुधारी हितकारी हैं।

दिकशिर : (सक्रोधं) अरे, मोका डरवाबे है? भागु दुष्ट इहाँ तें।

(कीरः सत्वरं सभयं निःक्रान्तः)

---

1. 'भारी रोस' पाठ पांडुलिपि में। 2. पांडुलिपि में नहीं है, ला. यं. प्रति में। 3. ला. यं. प्रति में नहीं है। 4. 'भयो' ला. यं. प्रति में। 5. 'तरु' पाठ पांडुलिपि में। 6. 'लखउ' पाठ ला. यं. प्रति में। 7. 'क्रान्ति' पाठ ला. यं. प्रति में।

दिकशिर : (आत्मगतं) अब नृत्य निरखन को समै है।

(इति निःक्रान्तः सर्वे। ततः प्रविशति ससैन्यो हितकारी)

हितकारी : युगल संध्या भई। यह सुबेल पर डेरा करिये। भोर देख लेंईगे।

(इत्युपविशंति सेनना:)[1]

पद

सेनानी : लेहु सकल कपि लोचन लाहू,[2] आजु सुछवि अति भारी।
कीस[3] नाह के गोद सीस धरि, पौढ़े हैं हतिकारी।
भुज भूषण, अनिलज पद दाबत, दहिने डीलधराधर।
बिश्वनाथ बायें कछु भाखत, मंत्र भयानक जयकर।

हितकारी : (चन्द्रमवलोक्य) याके मध्य स्यामता नहीं है, हौं या अनुमान करौं हैं—पूर्व ही स्यामा सर्वरी वियोग तें पंचवान (के बान)[3] याहू कौ हियो फोरि उये हैं, तिनके छिद्र हैं।

पद

डीलधराधर : याकी किरन परस कोउ[4] बिरही के उर अनल जगायौ।
किरनहि किरन धाई आगी यहि, उर कोइलौ[5] बनायौ।

सुगल : (सहर्षम्)
ऊपर स्वच्छ, मलिनता भीतर सोइ दरसात हिये है।

त्रेतामल्ल : विश्वनाथ प्रभु दुसह दुखित[6] ससि, हालाहलहि पिये है।

(नेपथ्ये ध्वनि:)

हितकारी : हे भयानक! यह[7] दक्षिण वोर कहा मन्द-मन्द मेघ गरजै है?

भयानक : महाराज! मेघ नहीं है, दिकशिर नाच देखै है, ताही की मृदंग ध्वनि है।

(हितकारी धनुरारोप्य शरं निक्षिपति)[8]

---

1. 'को' पाठ ला. यं. प्रति में। 2. 'ससि' पाठ पांडुलिपि में। 3. पांडुलिपि में नहीं है, ला. यं. प्रति से। 4. 'कोई' पाठ पांडुलिपि में। 5.कोइला' पाठ पांडुलिपि में। 6. 'दुखहि' पाठ ला. यं. प्रति में नहीं है। 7. ला. यं. प्रति में नहीं है। 8. हितकारी धनुष उठाकर बाण चलाते हैं।

सुगल : प्रभु प्राची दिशि तिमिरारि कैसे उदित होत आवै[1] हैं जैसे अज्ञान को नाश करत साधक[2] के हृदय में ज्ञान।

हितकारी : ब्यूह बाँधि चलौ!

(इति सर्वे निःक्रान्ताः)

(ततः प्रविशति सपरिकरी दिकशिरः)

दिकशिर : (मंत्रिणं प्रति) अरे, बड़ो आश्चर्य है! मेरो छत्र, चमर, सब अंगनि के आभरन राति नट-सार में आकसमादई कटि गिरि परे।

मन्त्री : (सशंक) महाराज! यह कछु असगुन सो सूचित होइ हैं, कपि दलौ सुबेल उतरि आयो।

दिकशिर : (विहस्य) अरे तिर्यंयोजोनि मैं? मरकट महा पशु होइ हैं, आपनो मरिवोइ जानै हैं, पै मूठी ते मटरो नहीं छाड़ै हैं, फंदि जाइ हैं।

चार : (प्रविश्य) महाराज! राकसपुरी चारों वोर ते घेर गई, या कीसन को शब्द आपहू सुनत होइगो, जेहिते सपरवत पारवार धरा डोले है।

दिकशिर : यह सैन शब्द सुनि मोको कैसे सुख होइ है जैसे नवीन नायका की नूपुर ध्वनि[3] सुनि।

(नेपथ्ये) : हाय! हाय! अबधौं कहा होइ? एक कीस पुनि[4] पुर पैठि आयो!

द्वारपाल : (प्रविश्य) महाराज! द्वार पै[5] एक बन्दर खड़ो है। कहै है—मैं सुगल को पठायो आयो हैं।

(दिकशिरः नेत्रसंज्ञया तमाकारयति)[6] (द्वारपालो निःक्रान्तः)

(ततः प्रविशति भुजभूषणः)

भुजभूषण : (इतस्ततोवलोक्य)

छन्द

तिय चोर कहीं है?

दिकशिर : जुग[7] आंखि नहीं है?

भुजभूषण : निरलज्ज तही है!

दिकशिर : कुटु भाष नहीं है?

---

1. 'होइ' पाठ पांडुलिपि में। 2. 'साधु' पाठ पांडुलिपि में। 3. पांडुलिपि में नहीं है। 4. ला. यं. प्रति से। 5. पांडुलिपि में नहीं है, ला. यं. प्रति से। 6. पांडुलिपि में नहीं है। ला. यं. प्रति से। 7. 'भुज' पाठ पांडुलिपि में नहीं है, ला. यं. प्रति और नवलकिशोर प्रेस प्रति में।

भुजभूषण : हौं यथार्थई कह्यो है, पै प्रियहू सुनै प्रभु भयानक को राक्षस पुरेश किये सो कलंक ते डेराय प्रभु सो[1] विनय करि अबहूँ दूत पठाये जो बिरोध छाँड़ि महिजा को दे राखै राक्षसेस वही बनौ रहै। सो सुनि प्रभु की रुख पाइ, सुगल कका या कहन मोहिं पठायो है। कै तुम्हारे[2] बंधु को मित्र हो या ते सीख दीजियतु है—दशन तृिन गहि प्रभु शरन आवौ ना तो तुम्हारे नाम ऐसे में[3] प्रभु शर सप्तमी बहुब्रीहि समास करैंगे।

छन्द

दिकशिर : अस मोसों कोउ कह्यो न कबहूँ, जैसी सीख सुनावै।
अहो महा अचरज डेरवावै, नर, बन्दर जग-रावै।
काको सुत तैं कहै बेगि ही, या कहि कहा[4] परी है?
भूखो होइ मँगाइ देउ फल, देन न नारि हरी है।

छन्द *तोमर*[5]

भुजभूषण : किय मीत, दै जग जीति,
तेहि तनै भय प्रिय रीति।
दिकशिर : कहु-कहु मम अंग?
भुजभूषण : भो बान बह्नि पतंग।
दिकशिर : कहु कौन मारन हार?
भुजभूषण : किय रासभहिं जेहि छार।
दिकशिर : पितु वरतैं नहिं लीन?
भुजभूषण : प्रभु दीन तेहि फल कीन।

दिकशिर : धिक-धिक! अरे, बाप के बैरी कौ प्रभु कहै?

भुजभूषण : सुनु सठ सब के प्रभु हितकारी, संभु धनुष जेहि भंग कियो।
दिकशिर : रे मति मन्द हरहु जुत हर गिरि, मैं करि निज कर कौंल लियो।
भुजभूषण : जो तोहि बाँधि जानि द्विज छोड्यो, तेहि नृप जिय करि जो दियो।
तेहि मुनि मद मोरन हितकारी, बीस नयन सूझत न हियो।

---

1. 'कौं' पाठ पांडुलिपि में। 2. 'तुम हमारे' पाठ ला. यं. और नवलकिशोर प्रेस की प्रतियाँ में। 3. 'से' पाठ ला. यं. प्रति में। 4. 'काहि' पाठ पांडुलिपि में। 5. बारह मात्राओं और अन्त में गुरु और लघु से बनने वाला आदित्य जाति का सम मात्रा छन्द।

दिकशिर : (सक्रोधं)

दोहा

दिकशिर जैहै समर महि, तब ह्वै है बल ख्यात।

भुजभूषण : छठे बरन दै, अरघ विधि, उत्तम गनू निज बात[1]।

दिकशिर : (साट्टहासं) अरे मरकट! भटाई करै। जान्यो, जान्यो! तेरे बाप को मारि डारयो है, यातें तेरे जान वेई बलवान हैं।

छन्द *नराच*

कराल काल दंड विष्णु-चक्र धार वक्र ह्वै।
लई विचारि[2] काय की कठोरता मो अंग ह्वै।
सुरेस सेइ बंदि मोर जोर खूब जानतो।
अयान तें प्रसंसि राज पुत्र मो न मानतो।

भुजभूषण : (सक्रोधं)

दोहा

हितकारी सो रन नहीं, परो न कहुँ खल-राय[3]।
जीति बिचारे सुर-असुर, बैठे अयन बताय॥

छन्द

दिकशिर : परबल बलवानै, मम भनित न मानैं।
भुजभूषण : (सक्रोध) यह है परमानै, अबही खल जानें।

सवैया

अपनो पग मैं महि रोपत हौं, सब भट्ट तिलौं भरि टारहि जो।
इत जो-जो कहो, हम सत्य गनै[3] अब लै तिनको गनु हारहिं जो।

दिकशिर : (भट्टान् प्रति)—
तुम बैठे कहा करौ बीर सबै? यह बंदर ठाढो प्रचारहिं जो।
दिगनायक आजुहि मैं करि हौं, महि को गहि पांय पछारहि जो।

---

1. 'बान' पाठ ला. यं. प्रति में। 2. 'है जान' पाठ पांडुलिपि में। 3. हितकारी सो जुद्ध नहि परयो कबहुँ खलराइ।' पाठ पांडुलिपि में। 4. 'गुने' पाठ पांडुलिपि में।

भुजभूषण : (आत्मगतं) एक ही बार ये हजारन सुभट मेरौ पग उठावै हैं, पै तिलौं भरि नहिं डोलै, सो हितकारी की कृपा है।

दिकशिर : (सक्रोधं सिंहासनादुत्थाय) रे-रे कीस! हौं पाइ गहि सागर में[1] फेकौ हौं, अब बल करि रोप आपनो पग।

भुजभूषण : अरे मेरे पाय गहे कहा है? हितकारी के पाय गहि, जाते विनाश न होय।

दिकशिर : (सलज्जं सिंहासने उपविश्य सक्रोधं)[2] बाँधो! बाँधो!! कीस कटुभाषी जाने न पावै।

भुजभूषण : अरे शठ! सीख नहीं मानै है? अब हितकारी के भूखे बान तेरे कंठ श्रोणित पान करि अघाएँगे।

(इति आगत्य वृतवतं च तुरोराक्षसान्हत्वा निःक्रान्तः)

दिकशिर : ये बानर बहुत ढीठ होइ गये, चलो अब इनके शिकार खेलन की तदबीर कर।

(इति सपरिकरो निःक्रान्तः। ततः प्रविशति हितकारी ससैन्यः)[3]

हितकारी : (भयानकं, प्रति) अब कहा कियो चाहिए?

भयानक : हौं ऐसी खबरि पाई है कि दिकशिर अपनो सेनानी कों पूर्व द्वार मैं टिकायो है, तहां श्याम सेनानी को पठाइए। दक्षिण द्वार कुलिशरद में को राख्यो है, तहाँ भुजभूषण को पठाइए। पश्चिम द्वार मैं कुनयन को राख्यो है, तिनकी सहाय मै घनध्वनि कौं टिकायौ है, तहाँ त्रेतामल्ल को पठाइए। उत्तर द्वार से दिकशिर आपई है, यातें (हमसुगल)[4] आप ह्याईं टिके रहैं।

(हितकारी नेत्रसंज्ञया ज्ञापपति प्रणम्यते निःक्रान्तः)[5]

(नेपथ्ये) : अरे, एक कपि प्रबल आय, लूम पर लाय लाय कीन बिकल भल, अब कपिन दल कोलाहल हहल-हहल हालत महल। हाय! हाय! कहा होय?

(पुनः नेपथ्ये) : पाइ रुख दशगल चढ़ि-चढ़ि बहल-जहल पहल तन अति बल राकसेन, दल कढ़त, धूरि धुंधकार मारतंड मढ़त, बाजिन

---

1. पांडुलिपि में नहीं है। ला. यं. प्रति से। 2. दिकशिर लज्जित होकर सिंहासन पर बैठ, कुद्ध होकर। 3. इसके पश्चात् हितकारी सेना सहित प्रवेश कर। 4. 'हम सुगल' पांडुलिपि में नहीं है, ला. यं. प्रति से। 5. हितकारी नेत्र के इंगित द्वारा प्रमाण कर निकल जाते हैं।

चढ़त[1] देखो, कैसो युद्ध होई है!

त्रयोवानर : (प्रविश्य) महाराज! कुनयन औ अचल को त्रेतामल्ल कुलि शरद कौं भुजभूषण औं दिकशिर के सेनानी कौ आपकी सेनानी संयमनीपुरी निवासी करि दियो।

सुगल : (सहर्षम्) कहि दीजो जो निकसै, ताको याही भाँति मारि डारैंगे।

(नेपथ्ये महाहलहलाशब्दः)

(ततः प्रविशति श्याम, भुजभूषण, त्रेतामल्लः)

सुगल : कौन कारण तुम आये?

त्रयो भटा : उत्तर द्वार ह्वै दिकशिर कढ़े है, याते अपने द्वार मै भारी सेना टिकाय हम आये हैं।

(ततः प्रविशति दिकशिरः ससैन्यः)[2]

हितकारी : हे भयानक! यह दल के महा भटन को चिन्हावो।

छन्द

भयानक : रस वीर सो मुख लाल, करि कंध पर समकाल।
घन सजल सरस शरीर, दूजो अचल यह वीर।
प्रलयागि सम जेहि देह, मातंग जेहि सम मेह।
बल अहै सम पुरहूत नक्राक्ष रासभ पूत।
कर सूल कर सुर सूल, सुरकाल नाम अतूल।
जो चढ़ौ वानर[3] वीर, अति उदर यह रनधीर।
कर सूल, बृष असवार, त्रैय मुंड दिगशिर वार।
अहि लिखा धुज बलवान, बड़ अभय सुत घटकान।
कर सक्ति यह सम नट्ट, यह[4] मानवांतक भट्ट।
कर परिध बल सम सुभ, है निघट सुत श्रुति कुंभ।
गिरि तीन समहि शरीर, अतिबल धरे धनु तीर।
बाढ़त रहत सब जाम, अतिडील याको नाम।
केहरी अंक[5] पताक, याकी चहुँकित साक।

---

1. 'बढ़त' पाठ ला. यं. और नवकिशोर छापाखाना प्रतियों में। 2. इसके पश्चात् दिकशिर सेना सहित प्रवेश करता है। 3. 'बारन' पाठ ला. यं. प्रति और नवकिशोर छापाखाना प्रति में। 4. 'हैं' पाठ पांडुलिपि में। 5. 'अंग' पाठ पांडुलिपि में।

जेहि जोर जगत सभीत, घन ध्वनि अहै सुरजीत।
नभ लगे जेहि दसमाथ, धनु बान बीसहु हाथ।
बहु भूत रथ चहुँ ओर, है यहै दिगशिर घोर[1]।

हितकारी : (सस्मितम्) याको जैसी सुनत रहे, तैसौई है। सहस्र-सहस्र कर सम प्रकाश सो याके आनन नीकी-नीकी भांति निहारे नहीं जाइ है। जैसो यह निशिचर परिवार पालनहार बल पारावार है, ऐसो दूजो संसार में विचार में नहीं आवै है। अधरम अगार जो न होतो तौ याको संघार करनहार कौन हुतौ?

दोहा

बहुत कियैं श्रभ डीठ पथ, पर्‌यो आजु दिगशीश।
बीस बिसैं मुद देत मोहिं, धरि धनु-सर भुज बीस।

दिकशिर : अरे महा सुभटौ! सुनो जानि जो बानर किलें मैं पैठि जाइ तौ न बनै, यातै तुम सब लौटि जाऊ, मैं अकेलहीं मार लेउंगौ।

(सर्वे तथेति निःक्रान्ताः)
(दिकशिरः सक्रोधं धावति)

सुगल : (स्वगतम्)

पद

आजु बखतर प्रभु फूले न समातु हैं।
देखि-देखि दिगशिर फेरत स्वकरं
सर-धनुष कसाइ[2] बार-बार मुसक्यात हैं।
रोंम-रोंम मोद छाये, देवन को भल भाये,
छन-छन स्वछबि[3] छटन अधिकात हैं।
विश्वनाथ मन यहि अवसर में, देखो परै
आपैं आसु खलसौं लेराई लेन जात हैं।
सो अब हमहीं आगे होंय।

(इति गिरितरुकरसैन्यसहितो धावति)[4]

1.'भोर' पाठ पांडुलिपि में। 2. 'कपाइ' पाठ पांडुलिपि में। 3. 'सुछवि' पाठ ला. यं. प्रति में। 4. ला. यं. प्रति में। पांडुलिपि में नहीं है।

हितकारी : डीलधराधर! देखो बानरन के चलाये गिरि तरु समूहन तें दिगशिर कैसो मुँदि गयो जैसे वर्षा काल के मेघन तें महा महीधर। फिरि बानन तें गिरि तरु काटि कैसे निकसि आयो जैसे सूर्ज नीहार तें।

डीलधराधर : देखिए तौ महाराज! सुगल को तौ एक ही बान तें मूर्छित करि दियो, आज्ञा होई तौ मैं जाऊँ।

हितकारी : यह त्रैलोक्य विजयी है, सावधान युद्ध करियी

भयानक : (श्यामं प्रति) श्याम! जौ लौं डीलधराधर प्रभु को प्रदक्षिना दै (प्रणाम करि)[1] चलौ चहैं तौलौं त्रेतामल्ल[2], दिकशिर के शर बचाई देखौ नियरे ही खड़ो भयो जाइ।

त्रेतामल्ल : तो कौ बड़ो बलवान सुन्यो है, सो मेरे उर में एक मुठका लगाउ तौ मैं[3] देखौं केतौ बल है।

दिकशिर : पवन कौं बल तो मेरो तौलौ है पै ताहू को बलवान सुनो है, याते तै ही मेरे उर में मुठका लगाउ, फेरि तो प्रेतपति पास ही पहुँचैगो।

त्रेतामल्ल : अरे, नयनकुमार की खबरि करै!

(दिकशिरः सक्रोधं मुष्टिकां प्रहरति; त्रेतामल्लः धूर्णतन्नाटयति। पुनः धैर्यमास्थाय तल प्रहारं करोति)[4]

दिकशिर : (सकम्पम्) श्याबास बीर, श्याबास! आछौ बल है तेरा।

त्रेतामल्ल : धिक्कार मौकों है जो तू मेरे मुठका ते न निःप्राण भयौ। अब तूँ प्रहार करि ले, फेरि जो बचैगौ तो सराहि लेइगौ।

(दिकशिरः सक्रोधं सर्वाभिर्मुष्टिकाभिः प्रहरति)

(त्रेतामल्लः मूर्छां नाटयति)

दिकशिर : सूत, मेरौ रथ सेनानी हंता के सनमुख करै।

(इति श्याम वाणैराच्छादयति)[5]

---

1. पांडुलिपि में नहीं है। ला. यं. प्रति से। 2. पांडुलिपि में नहीं है। ला. यं. प्रति से। 3. पांडुलिपि में नहीं है। ला. यं. प्रति से। 4. दिकशिर क्रुद्ध हो मुष्टिका प्रहार करता है, त्रेतामल्ल भ्रमित होने का अभिनय करता है। पुनः धैर्य्य धारण का अघोभाग पर प्रहार करता। 5. इसके पश्चात् श्याम बाणों से ढक देता।

पद

हितकारी : तकहु भयानक कपि तन भूधर।
बान बचाइ घात करि घूमत,
कहुँ धुज, कहुँ भुज, कहुँ सिर ऊपर।
बीसहु भुज सों गहन न पावत,
सोनित मय तन कियो कीश वर।
कपि कल्यान बिसुनाथ होइ अब,
रोषित खल अनलास्त्र लियो कर।

दिकशिर : स्याम तूं भजि-भज़ि बच्यो है, जो या बान ते बाचै तो तोकौ बीर कहौं।

(इति शरं निक्षिपति, श्यामः मूर्छां नाटयति)[1]

(ततोवलोक्य डीलधराधरः धावति, दिकशिरः वाणधारं मुंचति)[2]

(आकाशे) : दोनों वरिबंड, दोर दंड धरि, कोदंड करि, मंडलाकार परम प्रचंड कालदंड[3] सम बानन सों, मारतंड मंडल मढ़ि, मही नव खंड पूरति है। देखौ-देखौ! डीलधराधर तो या शर सौं दिकशिर को मूर्छित करि दियो।

दिकशिर : (डीलधराधरं उत्थाय शक्तिमातोल्य सातिक्रोधं[4]) सावधान होउ! यह ब्रह्मदत्त शक्ति सौं तुमकौ डीलधराधर करौं हौं।

(इति मुंचति)

(आकाशे) : आश्चर्य है! यह परम अमोघ महाज्वलित शक्ति त्रेतामल्ल बीच ही में गहि समुद्र मै डारि दियो[5]। नारद मेरी दई शक्ति निःफल देखि क्रुद्ध दिकशिर मेरे ही पर न धावै[6] यातें तुम जाइ, त्रेतामल्ल को बोलाइ, रन बाहर ल्याइ, बातन लगाइ, बेलमाइ राखो। मैं सूक्ष्म रूप बनाइ दिकशिर पास जाइ, उतसाह बढ़ाइ फिरि शक्ति चलवाइ देउँगो। बहुत भली।

(दिकशिरः सोत्साहं शक्ति मुंचति, डीलधराधरः मूर्छां नाटयति)[7]

---

1. इसके बाद बांण छोड़ता है, श्याम मूर्छित होने का अभिनय करता है। 2. उसे देखकर डीलधराधर दौड़ता है। दिकशिर बाणों को छोड़ता है। 3. पांडुलिपि में नहीं। ला. यं. प्रति से। 4. 'स्याति' पाठ पांडुलिपि में ला. यं. प्रति से। 5. 'दई' पाठ पांडु-लिपि में। 6. 'दौरें' पाठ पांडुलिपि में। 7. दिकशिर उत्साहपूर्वक शक्ति को छोड़ता है। डीलधराधर मूर्छित होने का अभिनय करता है।

(दिकशिरः रथादुत्तीर्य्य डीलधराधरमुत्थायति)[1]

सूत : (स्वगतं) अरे जौन कैलाश उठायो, ताको उठायो नर सून[2] नहीं उठै अहो महा आश्चर्य है!

त्रेतामल्ल : (आगत्य) अरे जौ लौं मै मुनि सो बात करौं, तोलौं बड़ो अनर्थ होइ गयौ।

(इति सातिक्रोधं मुष्टिकया दिकशिरसोवक्षसि प्रहरति)[3]

सूत : (आत्मगतं)

छन्द नराच

प्रहार बज्र वक्ष की त्वचान लोहितौं भई,
सो येक मुष्टि कै लगै गिर्‌यौ रथैं विसंज्ञई।
अहो महा अचर्ज्ज[4] दिग्गसीस तौलि हारिगौ,
उठाइ ताहि नाथ पास कीस काँख धारिगौ।

दिकशिर : (उत्थाय) हाँकु हाँकु मेरो रथ! निर्बानरी उर्वी करि देउं।

त्रेतामल्ल : महाराज! जैसे विष्णु गरुड़ की पीठ चढ़ि दैत्यन को संघार करै हैं, तैसे मेरी पीठि चढ़ि आप खल को संघार करिये।

(हितकारी तथा कृत्वा धावति)

भयानक : (सुगलं प्रति) अरे! त्रेतामल्ल तौ दिकशिर के समीप ही पहुँच्यो।

सुगल : देखो-देखो हितकारी की हस्त लाघवी! आश्चर्य है! आश्चर्य है!

पद

छन मे दिगसिर के धनु, सर रथ, हय, सारथि, धुज[5], बखतर।
क्षत्र, चमर सब मुकुट काटि दिय, सत सर मारे उर पर[6]।
अब खल विकल खुले कच ठाढ़ो, जिमि पवि हत पर गिरिवर।
बिश्वनाथ जै-जै हितकारी, बिलसत रन धरि धनुसर।

हितकारी : आछो पुरषारथ कियो, अब जाउ सैन साजि फेरि आइयो।

(दिकशिरः सलज्जं निःक्रांतः)

---

1. दिकशिर रथ से उतरकर, डीलधराधर को उठाता है। 2. 'सुनु' पाठ ला. यं. प्रति में 3. इसके पश्चात् अत्यधिक क्रुद्ध हो दिकशिर के वक्षस्थल पर मुष्टिका प्रहार करता है। 4. 'आश्चर्य' पाठ पांडु-लिपि में। 5. 'रथ' पांडुलिपि में। ला. यं. प्रति से। 6. 'ऊपर' पाठ पांडुलिपि में।

(हितकारी डीलधराधरमुत्थाप्यालिंग्य वाच्यख्यावरुद्धकंठं)[1]

पद

हितकारी : रहेहु[2] हमारे प्रानहि भाई। टेक
तुअ यह दसा जियत मै काहे, यह अचरज अधिकाई।
दैहों कहा जननि को उत्तर, जब पूछिहै अकुलाई।
विश्वनाथ डहडह जगकारी, बिन को होई सहाई।

त्रेतामल्ल : (सगर्वम्)

पद

नाथ नेकु जो शासन पाऊं। टेक
नागरुसुर नर जीति अमृत लै, डीलधराधर ज्याऊं।
मृत्यु पास को तोरि तुरत सब, जगतैं अभै बनाऊं।
होइ जो बंधु काल उदरहू तौ, फारि का़ढ़ि लै आऊं।
दिगसिर सीसन तोरि-तोरि गुहि, हार हरहि पहिराऊं।
राकस पुरी सपरिजन रज करि, बारिध बीच बहाऊं।
छल करि बिधि दीन्हों मोहिं धोखो, तिनहूँ कहं समुझाऊं।
विश्वनाथ पद सपथ फोरिफल, सम ब्रह्मींडहिं खाउं।

हितकारी : ये पराक्रमन तें तो विश्व[3] कौ अपकारई है।

वैद्यकपि : महाराज! देवासुर संग्राम में बृहस्पति द्रोनाचाल तें औषधी ल्याय देवन जिवावत रहे हैं, सो चौसठि हजार योजन पर है। जो रात्रि भरे मै औषधी आवे तो डीलधराधर जीवैं।

त्रेतामल्ल : महाराज! मोकों आज्ञा दीजै। जोलौं तेज तैं लागि मै सर सौ फूटे है, तौलों लै आऊँगो।

हितकारी : जाव अपराजिताहू की खबरि लैत आइयौ।

(त्रेतामल्लस्तथेति निःक्रांतः)

हितकारी : देर बड़ी भई, त्रेतामल्ल न आयो। कछू कारण है!

(ततः प्रविशति त्रेतामल्लः)

---

1. हितकारी डीलधराधर को उठाकर, आलिंगन कर, अवरुद्ध कंठ से बोलते हैं। 2. 'रहहु' पाठ ला. यं. प्रति में। 3. 'जगत' पाठ पांडुलिपि में।

वैद्यकपि : प्रभो! यह तो शैलही लै आयौ। औषधि पान परसि सकल कपि दल जियो। डीलधराधर औषधि सुँघाये जिये। अहो, महा अमोघ शक्ति हुती!

डीलधराधर : कहां-कहां, दिगशिर रन प्रचारि मारौ।

(हितकारी गाढमालिंगति। डीलधराधरः पादयोः पतति)[1]

(हितकारी सस्नेहं त्रेतामल्लमालिंग्य)[2]

पद

हितकारी : तुम मम बंधु प्रान के दाता। टेक
कहां देऊं तोहि जग में बिरच्यो, यह उपकार अमोल विधाता।

त्रेतामल्ल : जो मो पर प्रभु कृपा भांति यहि, दुर्लभ कहां मोहिं सुख ब्राता।
विश्वनाथ जेहिं चहहु देहु जस, तुमही सकल जगत के त्राता।[3]

हितकारी : त्रेतामल्ल बिलंब तुमको काहे ते लगी?

त्रेतामल्ल : इहाँ तो जाइ, अचल उठाइ, आवत[4] आड़िबे आये। अमरन सो समर जय पाइ, अपराजिता ऊपर आयो। तहाँ डहडह जगकारी तप[5] करत हते। तिन कौनौ विघ्न मानि, बान मारयौ। मैं हा हितकारी! कहि महि परयो। तब धाइ पास आई, पछिताइ, बहुत विलाप करन लगे। तब जगजोनिज आइ याही अद्रितें औषधी लै जिआय लियौ, [6]तब मैं इहां की खबरि सुनाइ या कहयो बान लगे मोपें[7] पराक्रम तैसो नहीं है। तब उन कह्यो— मेरे वान में चढ़ि छनही में जाय। तब मैं बड़ा रूप धरि सैल समेत चढ़यो। जब उन श्रवण लगि खैच्यों तब मैं उतरि गर्व त्यागि विनय करी। आप हितकारी के तो भाई हैं या कौन बड़ो आश्चर्य है? अब मैं आपकी कृपा सों छन में पहुँचौगो। या कहि सब की कुशल लहि प्रभु[8] पद पदुम परसन[9] आयौ[10]।

बानराः : (नेपथ्ये अवलोक्य) कोय महाभीम शरीर इति पलायन्ते।[11]

भयानक : अरे भागौ मति! दिगशिर यह विभीषका खड़ी करी।

---

1. हितकारी गाढ़ालिंगन करते हैं। डीलधराधर पैर पर गिरता है। 2. स्नेह त्रेतामल्ल को आलिंगन कर। 3. 'हौं तुमही त्रिभुवन के त्राता' पाठ ला. यं. प्रति में। 4.'आवत' पाठ ला. यं. प्रति में। 5. 'होम' पाठ ला. यं. और नवलकिशोर प्रेस की प्रतियाँ में। 6. 'दियो' ला. यं. प्रति में। 7. 'मोसे' पाठ ला. यं. प्रति में। 8. ला. यं. प्रति में नहीं है। 9. 'परस्यो' पाठ पांडुलिपि में। 10. 'आय' पाठ ला. यं. प्रति में। 11. 'बन्दर किसी भीमकाय को देखकर भागते हैं।'

हितकारी : श्याम जाय दल को स्थापन करौ। (भयानकं प्रति)

दोहा

लगे बलाहक जासु कटि, लहत काछनी सोभ।
कहहु भयानक कौन यह, करत कपित दल छोभ?

भयानक : यह दिगशिर ते छोटो मेरो जेठो भाई घटकान है। आपके बान तें पीड़ित, डेराय दिगशिर याको बड़े यत्न तें जगवायो है सो यह ताके पास जाइ हैं।

हितकारी : याको पराक्रमहू तो अपूर्वई होइगो।

छन्द

भयानक : नंदन बन अपसरन खाइ लिय, बासव गज चढ़ि धाये।
यहि ऐरावत रदैं खैंचि उर, हन्यो मुरछि महि आये[1]।
जगि[2] भगि, बिथित विनय किय बिधि सों, तिन हम तिहुँन बोलाये।
विश्वनाथ दिय साप याहि यह, जगहि न बिना जगाये।
फिर दिगशिर के अस्तुत किये या कहयो वर्ष में द्वै रोज जागै।

(ततः प्रविशति घटकर्णः। बानराः दृष्ट्वा पलायन्ते)[3]

(त्रेतामल्लानुगतो भुजभूषणः भुजमुत्थायोच्चैः)[4]

कवित्त

भुजभूषन : बलकि बलकि निज बाहुन के बल बड़े,
कुद्ध, युद्ध हेत आये बीरता बढ़ाइकै।
संग कुल कानि सबै बैननि बिसारि दीन्हों,
देखे येक् मास जूह चले हौ पराइकै।
धीरज को धारि मारि गिरिनि गिरावो याहि,
आजि कबलौं जीहौ मुख दारन देखाइकै।
जीतें जग बिजैवारो जस है अनूप यारो,
मेरे मोद भारो, मारतंड भेदि जाइकै।

बानरा : (स्थित्वा)

---

1. 'औरापति रद खैच हनेउ उर मुरछित महि आये' पाठ पांडुलिपि में। 2. 'जग' पाठ पांडुलिपि में। 3. इसके पश्चात् घटकर्ण प्रवेश करता है, बन्दर देखकर भागते हैं। 4. त्रेतामल्ल का अनुगमन कर, भुजभूषण हाथ उठाकर बोलता है।

कवित्त

कैधौं दिगसीस काल ऐन जाय जीति लयो,
सोइ हिरनाक्ष धायो रोसित सहाइकै।
कैधौं बंदीखाने जाइ काल ही को खोलि दीन्हौं,
धायो आवे भक्षन को बदन बढ़ाइकै।
कीधौं निज गर्व जानि बलि जू सों जाँचि ल्यावो,
बाढ़ि धाये बावन ये वीर रंग छाईकै।
कैधों सोई पूजा करि रुद्र को रिझाइ लीन्हों,
तेई प्रलय हेत आये सूल कर लाइकै।

भुजभूषण या सो भिरिवो तो भभाँत भारई को कूदिवो है।

भुजभूषण : एक तो समर फिरि हितकारी के अर्थ शरीर[1] छन भंगुरई है। याते हम सब को सनमुख ह्वै[2], पराक्रम करिबोई उचित है, नातरु हितकारी बान बह्नि में पतंगई होय है, फिर पछितावई हाँथ रहि जायगो।

त्रेतामल्ल : अरै, डरौ मति! आवो-आवो मेरे पीछे ते चलौ।

(इति श्रुत्वा सक्रोधं तदग्रतो धावति)[3]

हितकारी : देखो सुगल, याके बपु में परवत पुंज कैसे परै है, जैसे परबत पर बोरे।

सुगल : मर्कटन लिपटे तन कैसो शोभित होई है, जैसे रोम-रोम प्रति ब्रहमांडन बलित महा विराट।

भयानक : बिलोकिये मरकटन कौं, कैसे झारि देह हैं जैसे मत्त-मातंग महाउतन कों, औ मुख भरि-भरि कपि भालु भारी भटन कैसे भक्षे है, जैसे दीर्घ दावाग्नि द्रुमन।

त्रेतामल्ल : (घटकर्ण प्रति) खबरदार होय! यह गिरि मेरो फेंको आवै है।

(इति निक्षिपति)

भयानक : श्याबास! त्रेतामल्ल श्याबास! जाको बज्र न बाधा कियो सो घटकान तेरे प्रहार ते भूमिते[4] भूमि मै जानु भरि आइ, रुधिर बमन करि दियो।

---

1. पांडुलिपि में नहीं है। ला. यं. प्रति से। 2. 'हो रहै' पाठ पांडुलिपि में। 3. इसको सुनकर कुद्ध हो उसके आगे-आगे दौड़ता है। 4. ला. यं. प्रति में।

घटकर्ण : (उत्थाय विहस्य) श्याबास त्रेतामल्ल! या मुठका सहै।

(इति प्रहरति त्रेतामल्लः मूर्च्छां नाटयति)[1]

(भुजभूषणः सक्रोधं मुष्टिकया प्रहरति)[2]

सुगल : देखो! देखो! घटकान तो घूमि कै येकही मुठिका ते भुजभूषणऊ को भू भेटाय, सकल कपि कुल[3] कलेवई सो किये लेइ है। (इति संद्रुत्य) अरे नीच! कहां तुच्छ कपिन की पुच्छ पकरि पकरि चरण कचरि, बिचारि-बिचारि, रन बीच श्रोनित कीच करै है, मेरे सन्मुख आवै।

घटकर्ण : (विहस्य) श्याबास! बीर श्याबास! ऐसो मो सो कोई कबहू नहीं कहयो।

(इति शूलं निक्षिपति। कीस सेन्ये हा! हा! ध्वनिः)[4]

पद

श्याम : अचरज त्रेतामल्ल कियो। टेक
महाशूल घट कान पवारी, तेहि कर गहि त्रैटूक कियो।
अब यह खल मलयाचल केरो, शृंग कई जोजन को लियौ।
बिश्वनाथ बिधि कहा करैधौं, तकि मेरो अति डरत हियौ।

(घटकर्णः प्रहरति। सुगलः मूर्च्छां नाटयति)

रिक्षराज : हाय! हाय! सुगल को कांख दाबि सठ लिये जाय है।

पद

डीलधराधर : त्रेतामल्ल आजु अति भावत।
थापत फिरत भटन धरि भूधर, रन उत्साह बढ़ावत।
आदि बराह मनहु सागर मधि, दसनि धरनि धरि धावत।
बिश्वनाथ सो सभै सैन को, अभयै[5] आसु बनावत[6]।

त्रेतामल्ल : (आत्मगतं) जो मैं युद्ध करि, घटकान तें सुगल को छोड़ाइ लै आऊँ तो स्वामी अयश को पताक कहाऊँ। जब जागैं तब हितकारी के कृपा तें पराक्रम कै[7] छूटिही आवैंगे।

---

1. इसके पश्चात प्रहार करता है, त्रेतामल्ल मूर्छित होने का अभिनय करता है। 2. भुजभूषण कुद्ध हो मुष्टिका प्रहार करता है। 3. दल पांडुलिपि में। 4. इसके पश्चात् शूल मारता है। बानरों की सेना में हाहाकार की ध्वनि। 5. 'अभई' पाठ पांडुलिपि में। 6. सुनावत पांडुलिपि में। 7. 'पराक्रम कै' पांडुलिपि में नहीं है।

(ततः प्रविशति सुगलः)

हितकारी : (सहर्षमालिंग्य) मित्र कैसे छूटि[1] आये?

सुगल : राक्षस नगरी की अंटारिन, नारिन ते बरिसित दधि, अक्षत, सुमनादि शीतलता तें मेरी मुर्छा जागी? तब छोटो रूप धारि[2] कांख ते निकरि निज पगनि तै पाँजर पकरि, रदन ते नाक काटि, करन ते करन छाँटि, नट नाट्य करि, उछलि आयो, पग परस्यो।

हितकारी : श्याबास! मित्र श्याबास! बड़ो बिक्रम कियो।

(ततः प्रविशति सातिक्रोधं घटकर्णः)

हितकारी : अब तो अधिक भयानक देखो परै है!

सुगल : महाराज! या केतिन कौ मुख में भरि लेइ है। केते नाक, कान की राह भजै है। तिनहू को गहि अंग में अंगराग करि लेई है। केतिन को पाद प्रहारई ते मही मिलाय देई है। यह खल कपि कुल को कुपित कालई सो है।

डीलधराधर : (सक्रोधमुपद्रुत्य) अरे तुच्छ, ये बिचारे बानरन को कहा मारै है, मेरे वोर आवै।

(इति शरान् मुंचति)

घटकर्ण : तुम्हारे बानन सों मैं संतुष्ट हौं। तुम बड़े बीर हौ। पै या समय मेरे हितकारी ही के युद्ध की बांक्षा है।

डीलधराधर : (सांगुलिनिर्देशम्) जेहि काय मरकत कूट क्रांतिवारी कर, सरधनु धारी, भयानक तिलककारी, हितकारी वह खरे हैं।

(घटकर्णः उपद्रुत्य शैलंनिःक्षिपति)[3]

भुजभूषण : देखो! देखो! हितकारी शर शरन ते शैल धरि ह्वै गयो, अब शठ को शरीर सल्ल की कैसो होई गयो!

दोहा

घटकर्ण : घातिनेय रासभ नहीं, नमै इन्द्र सुतकीश।
हों घटकान महाबली, जेहि डर दरिन दिगीश।

---

1. 'छाटि' पाठ ला. यं. प्रति में। 2. 'करि' पाठ ला. यं. प्रति में। 3. घटकर्ण पर्वत उखाड़ कर फेंकता है।

(इति धावति)

हितकारी : (शरन्मुकत्वा)—देखौ जिन बानन ते तालन को छेद्यो रासभ कों, इन्द्रसुत को मारयो ते याके शरीर में पीड़ा नहीं करै हैं, सांचई विश्व में एक बलवान है।

(इति सक्रोधं शरं मुंचति)

सुगल : देखौ! देखौ![1] ससैल दक्षिन कर याको हितकारी काटि डारयो, तातें महा परवताकर द्वै हजार योधा दबि मरे।

भुजभूषण : कका, देखो देखो! बामहू कर काटि डारयो।

(घटकर्णः मुखं प्रसार्य्य धावति)

(आकाशे) : देखो! देखो! हितकारी के शर तें कटयो याको सिर ढरकि[2] हिमगिर चपायो; अब घर गिरे, भरतखंड कीधौं कहा दशा होन चहै है?

(भयानकः)

भजन

भयानक : हितकारी रुख पाइ पवनसुत, अति अचरज तेहि समय कियौ।
ऐसहु डील लपेटि लूम में, पवन भ्रमन मह फेंक दियौ।
भरतखंड के सिगरे जीवन, होत विनास बचाई लियौ।
बिश्वनाथ यहि सम बलवारो, सुन्यो न देख्यो विश्व बियो।

(नेपथ्ये रोदनशब्दः)

(ततः प्रविशन्ति त्रिमुण्ड, मानवान्तक सुरान्तकात्युदशति पार्श्वदीर्घदेहाः)

(अमानवान्तकः अश्वं संचाल्य भल्लेण प्रहरति)[4]

सुगल : अरे! यह दिगशिर सुवन अपनों अश्वतार्क्ष[5] हूँ ते तरल हय चलाय कपि, भालुन, भाला तें ऐसो भदैं है, जाते न युद्ध करि सकैं, न भय सौं भजिही सकैं। पुत्र भुजभूषण! तुमहूं तो दैखौ।

भुजभूषण : (उपद्रुत्य) अरे नीच! ये तुच्छ बानरन की कहा मीच करै है? मेरे[6] उर मैं प्रहार करै। देखों तो कैसो तेरो भाला है?

1. लाइट यन्त्रालय प्रति से। 2. पांडुलिपि में नहीं है, ला. यं. प्रति से। 3. 'येहि' पाठ पांडुलिपि में। 4. मानवांतक घोड़ों को चलाकर भाले से प्रहार करता है। 5. 'अवतार्क्ष' पाठ ला. यं. और नवलकिशोर छापाखाना की प्रतियों में। 6. पांडुलिपि में नहीं है। ला. यं. प्रति से।

अत्युदर : (सुरान्तकं प्रति) अरे, अमोघ भालो या कपि के उर लगि टूट गयो और अस्वहू एक ही थापर को भयौ।

त्रिमुंड : अरे देखौ! देखौ! मानवांतक के मुष्टिका प्रहार तें विकल भुजभूषण रुधिर उगिलि, फेरि मुंठका बांधौ, धौं कहा होय?

अत्युदर : अरे याको तो कपि अंतई करि दियो, चलौ तीनौ मिलि याहि मारैं।

(इति गजं प्रेरयति)

(त्रिमुण्डः रथं चालयति, सुरांतकः परिघमुद्यम्य धावति)[1]

त्रेतामल्ल : श्याम! देखौ, भुजभूषण को पराक्रम! तीनौ अति रथिन के प्रहारन को निवारन करि, अत्युदर के वारन को बिदारन कियो। पै अकेले हैं, हमहूँ गिरि तरु धारन करि, खल बिकरारन महा-रथ मैं मारिये।

(इत्युभौ धावतः)

(त्रेतामल्लः त्रिमुंडस्य हयाम् हत्वारथं चूर्णयति, त्रिमुण्डः खड्गेन प्रहरति)[2]

सुरान्तक : (आत्मगतं) अहो, बड़ा बलवान बली मुख है! कर ते कृपान छीन त्रिमुंड को अमुंड कर दियो!

(इति सक्रोधं धावति)

श्याम : अरे नीच! मेरी ओर आवे।

(अत्युदरः मुष्टिकया प्रहरति)

अतिपार्श्व : (स्वगतं) अहो श्याम! नखन तें नरसिंघई इव याकों उदरि बिदारि डारयो। ये बड़ौ बलवान हैं तीनौं।

(इति सुगलं प्रति धावति, वृषभः कपिःमध्ये गृहणाति)

(अतिपार्श्वः गदया प्रहरति। वृषभः मूर्छा नाटयति)

सुगल : (भयानकं प्रति) देखो तो याको पराक्रम! जौलौं मूर्छित करि अतिपार्श्व मेरे पास आवै तौलौं[3] याही की गदा लै याही कौ सिर फोरि डारौ।

---

1. त्रिमुंड रथ को चलाता है। सुरान्तक लौहमूठयुक्त अस्त्र को ऊपर उठाकर दौड़ता है। 2. त्रेतामल्ल त्रिमुंड के अश्व को मारकर रथ चूर्ण करता है। त्रिमुंड खड्ग से प्रहार करता है। 3. ला. यं. प्रति में नहीं हैं।

(श्याम, वृषभ, भुजभूषण, त्रेतामल्ला: हितकारिणमुपसृत्य प्रणमति)[1]

सुगल-हितकारिणौ : श्याबास! श्याबास!

(ततो दीर्घदेह: रथं चालयति)[2]

(वानरा: सन्मुखं धावन्ति)

हितकारी : या तो बड़ो बलवान बिलोको परै है, एक ही एक बान तें युत्थन गिराय दियो। विकल सकल कपि दल ऐसो भाषत भाजो आवै है। घटकान ही तो नहीं है? प्रान धरि यान चढ़ि आयो, भयानक[3]! यह कौन है?

पद

भयानक : उदर अप्सरा तें यह पैदा, दिकशिर कौ[4] है पूत।
अभै किये भुजबल हयहयपुर, जीति काल पुरहूत।
है धरमज्ञ,[5] कृतज्ञ, सत्यजुत, विद्या पढ़ी अभंग।
ज्ञानवान बिसुनाथ बड़ो यह, करत रहत सतसंग।

यौ बड़ो धनुर्धर हैं, बड़ो अस्त्र-शस्त्र वारौ है, चाहै तो छन मैं सेन[6] संघार करै, याते[7] ही बेगि ही तदबीर करिये।

दीर्घदेह : (सैन्यमुपसृत्य) जिन बानन बासव, बारन कुंभ बिदारन कियौ ते बानरन के ऊपर संघातन सरन आवै है। या सैन मैं जो कोऊ बड़ौ बली होइ सो निकरि आवै।

(डीलधराधर: धनुर्विस्फार्य उपसृत्य तत्पुरतस्तिष्ठति)[8]

दीर्घदेह : अरे, हितकारी बड़ो निर्दय है! काल सम जो मैं ताके आगे बाल खड़ो करि दियौ; अब धनुष बान धरि जाव, मैं तुमको प्रान दान दियो।

डीलधराधर : अरै, मैं ऐसो बालक हौं जैसे वामन!

(उभौ शरान्निक्षिप्य युद्धं नाटयति)[9]

---

1. श्याम, वृषभ, भुजभूषण, त्रेतामल्ल हितकारी के समीप पहुँचकर प्रणाम करते हैं। 2.तत् पश्चात् दीर्घदेह रथ को हाँकता है। 3. ला. यं. प्रति में नहीं है। 4. 'है' पाठ ला. यं. प्रति में। 5. 'धर मत्त' पाठ ला. यं. प्रति में। 6. ला. यं. प्रति में नहीं है। 7. ला. यं. प्रति में नहीं है। 8. डीलधराधर धनुष को टंकार कर, उसके सामने खड़ा होता है। 9. दोनों शरों को फेंककर युद्ध का अभिनय करते हैं।

भयानक : (सुगलं प्रति) देखौ तो क्षुर-क्षुर, प्रनालीक, नाराच, वत्सदंत, दंतवक्र, नप्तपर्वा, बाराहकर्ण, कर्ण, विकर्णी, बैतस्तिक, अर्द्धचन्द्र, भल्ल, बाण बृन्दन तें आकास अनवकास ह्वै गयौ।

दोहा

पट-पट शब्द पताक कौ, चाप चट-चटा शोर।
घंट घंट चंटन घहर, रह्यो एक ह्वै वोर॥[1]

देखो वाके मंडलाकार उदंड कोदंड ते कालदंड[2] सम बान बृन्द ब्यौम मढ़तई देखे परै है।

सुगल : देखो तो डीलधराधर को हस्तलाघवी! निज[3] शरन समूहन को निज शरन तीन-तीन[4] टूक ही देखावै है। याकी दीर्घ देह शर-जाल ते ऐसो छावै है की अन्तरालहूँ ते नहीं पेखो परै।

भयानक : देखो, दीर्घ देह शरन[5] काटि कैसे कढ़ि आयो जैसे निहार ते सूर्य। देखौ! अब[6] आचमन लै, दिव्यास्त्रन को प्रयोग कियो चहै है।

(आकाशे) : हाय! हाय! महाप्रलय दिखाय है। वायु! तुम जाई बेगि डीलधराधर के कानि लगि कहौ, याको बध बिधि ब्रहास्त्र ही ते विरच्यो है। बिलम्ब किये बड़ौ अस्त्रन ते ब्रह्मांड बरौ जाय है।

(डीलधराधर: दीर्घदेहस्य शिर: सत्वरं छिन्नत्ति।[7] बानरा: सहर्षं जयजयेत्यञ्चन्ति)

(नेपथ्ये रोदन शब्द:)

(पुनस्तत्रैव) : आप शोक तजि सब को समुझाइये। मैं मुहुर्तई में मारे आवौं हैं।

[आकाशे—हवन करि घन ध्वनि अदृश्य भयो, अब धौं कहा करै?]

सुगल : यह महा अन्धकार होइ गयो! अस्त्र-शस्त्र की वर्षा चारिउ ओर तें होउ है। अहौ कहा है?

भयानक : यह घनधुनि की माया है।

---

1. 'घंट घंट चक्रन घहर, रह्यो येक ह्वै घोर' पाठ ला. यं. प्रति में। 2. ला. यं. प्रति में। 3. 'तेहि' पाठ ला. यं. और नवलकिशोर छापाखाना की प्रतियाँ में। 4. पांडुलिपि में नहीं है, ला. यं. प्रति से। 5. 'सर' पाठ पांडुलिपि में। 6. पांडुलिपि में नहीं है, ला. यं. प्रति से। 7. डीलधराधर दीर्घ देह के सिर का छेदन शीघ्रता से करता है।

डीलधराधर : (सक्रोधं) यह खल छल करि बानन सौ बानरन को बध कियो याते मैं अपने अस्त्रन सो सकुल निसिचर संहार करौ हौं।

हितकारी : याको ब्रह्मा को वर है, सो[1] तुमहूँ हमारी नाई मुरछित होइ, सो मरजाद मानौ जो कछू कारन होइगों, सो पीछे करेंगे।

(इति सानुजः मूर्च्छा नाटयति)[2]

(घनध्वनि) : अरे, राक्षसो! जिनके भय सो पितु भीत[3] रह्यो तिनको बिनास सुनाई, चलौ हर्षित करौं।

(इति निःक्रान्तः)

(आकाशे) : हाय! हाय! अब कैसे बचैंगे?

(भयानकः उल्कां प्रज्वाल्य सेनामलोक्यते)[4]

त्रेतामल्ल : (भयानकस्य ध्वनिं ज्ञात्वा उत्थाय)[5] भाई भयानक! कहौ, कहौ, कौन-कौन बचे?

भयानक : चलौ देखैं!

(इत्युभौ परिक्रम्य चिरंजीवि ऋक्ष विकलं दृष्ट्वा)[6]

भयानक : यक्षराज! तुम्हारो हाल कहा हैं?

रिक्षराज : धायन तें अति बिकल तुम्हैं बोलही ते चीन्हों हौं। कहो त्रेतामल्ल जियै है?

भयानक : त्रेतामल्ल ही के पूछिये में कहा करन?

रिक्षराज : जो त्रेतामल्ल जीवत होइगो तौ सब जीवतई हैं।

त्रेतामल्ल : (पादयोः पतित्वा) आज्ञा होइ!

रिक्षराज : तात जाइ औषधि गिरि ल्याइ सबन जियावो।

(त्रेतामल्लः प्रणम्य निःक्रान्तः)

(नेपथ्ये—अहो राक्षसपुरी आकशमाद डगमगात भई, कहा उत्पात है?)

(ततः प्रविशति पर्वतपाणि त्रेतामल्लः)[7]

---

1. 'याते' पाठ ला. यं. प्रति में। 2. इसके पश्चात् अनुज के साथ मूर्छा का अभिनय करता है। 3. भीतर पाठ पांडुलिपि में। 4. भयानक उल्का जलाकर सेना को देखता है। 5. भयानक ध्वनि को समझकर, उठकर। 6. इस प्रकार दोनों घूमकर चिरंजीव विकल ऋक्ष को देखकर। 7. तत्पश्चात् हाथ में पर्वत लिये त्रेतामल्ल प्रवेश करता है।

सुगल : अहो औषधि पवन परसत हमारी सब सैनि उठि खड़ी भई। राक्षस नहीं जिये यौ बड़ौ आश्चर्य है।

भयानक : दिकशिर मृतक राक्षसन के शरीर समुद्र में डराइ देइ है।

सुगल : या कुभट निपट कपट करि कुलि कपि समटन कटक काटि पुहमि पाटि गयो। भुजभूषण! तुम भारी कपि भालुन लै भूरि भूरूहन वारि-वारि विभावरी चरन भौन भस्म करि देउ।

(भुजभूषणस्तथेति निःक्रान्तः)

(नेपथ्ये कोलाहलः)

छन्द

कराल कीश कोपि कै कै लुकैठ ल्याइ ल्याइ कै।
दई लगाई आगि चारि वोर धाइ धाइ कै।
सुवर्ण ऐन व्यौम लौं, सबै महावरै ढरै[1]।
न बाट भाजि जानि जात जान हाय का करै?

चारकपि : (प्रविश्य ससंभ्रमं) महाराज! दिकशिर शासन पाय, विकट कटक लै घटकान सुत, घटनिघट धाई आई, झटित शरन चलाइ बड़े बानरन हटाय दियो। निज भटन बीर रस बढ़ाय, भुजभूषण कटकटाय, उद्‌भट कूरन कूटि, घटही सो जाय भिरे, सो बीर बानन सो बली बानरन बिथित करि, भुजभूषण भाल की खाल काटि डारी। ये बाम कर सौं उठाय नभैन मूदिवौ बचाई जुद्ध करै है। वह छन-छन मूर्छित करै है।

सुगल : (सोद्वेगं) चिरंजीवी! चिरंजीवी! रिक्ष बानरन लै धावो! धावो! भुजभूषण की सहाय करि शठहि समर सोवावो।

(श्रुत्वा तथेति निःक्रान्तः)

सुगल : अरे, अब युद्ध की सब खबरि कहि जाय!

चार : महाराज! बड़ो जुद्ध भयो, जामें बानरन, राक्षसन को बड़ो संघार भयो।

सुगल : ततस्ततः?

---

1. 'नरै' पाठ पांडुलिपि में।

चार : क्रुद्ध होई घट[1] तानि राक्षस बड़े बलवान बड़ो जुद्ध कियो, तामें येक को भुजभूषन मारयो, द्वै कौ पकरि चले तिनको आश्विनेय दोनौ भाई बीचही बड़ो जुद्ध करि मारयो।

(सुगल ततस्ततः)

चार : क्रुद्ध होई घट रथ चलाइ सब को बानन सौं बिकल कियौ।

द्वितीय चार : (प्रविश्य ससंभ्रमं) महाराज! जो सेना आप पठाई सो भुजभूषन पास नहीं पहुँचन पाई। घट बानन सों बीच ही आड़ि अचल बनाई।

सुगल : (स्वगतं) अरे, बड़ो बलवान है!

(इति सत्वरं निःक्रान्तः)

(नेपथ्ये) : अरे, घट धनुर्धर! आपने काका की बरोबर है। देह बल बाप कैसो है, धौं नहीं? अरे कीस! शरीर शक्ति हूँ समुझाये देउ हौं।

(पुनश्चटचटा-शब्दः)

चार : (प्रविश्य) सुगल प्रभु समीप तें सिधारि, घट को प्रचारि, मल्लयुद्ध धारि, ताको सागर में पवारि दियो, सो ओदो ही धोती धाई, धरनि कँपाई, सुगल सिर मुठका लगाई, निज भटन उत्साह बढ़ाई, महा गरज्यो। सुगल सम्हारि, रद अधर धरि, येक ही मुठका प्रहरि घट सिर घट ही सो विथरिथ करि केहरि नाद कियो। ताकौ निधन निरखि घट धायौ, त्रेतामल्ल बीच ही हंकारयो। सो परिघ मारयो, सो टूटि टूक विपुल विपुल[1] उल्कावेष धारयो।

हितकारी : ततस्ततः ?

छप्पय

चार : कुपित नीच बलवान कपिहि गहि, पुरदिशि दौर्‌यौ।
त्रेतामल्ल बिहस्य, मारि मुठका कर छोर्‌यौ।[2]
पुनि गहि पांइ पछारि, कूदि तेहि हृदय मझारी।
तोरेउ सीस भवाइ, फेकि दिगसिरहिं अगारी।
पुनि पटकि लंगूरहि हरषि भट, कटाटकइ रव अति कियौ!
सब शैलन सरित, समुद्रथुत, डगमग महितल कर दियौ॥

---

1. पांडुलिपि में नहीं है, ला. यं. प्रति से। 2. 'त्रेतामल्ल बिहास्ये मार मुठिका तेहि छोरयौ' पाठ पांडुलिपि में।

(ततः प्रविशति सुगलादयः सर्वे वानराः)

हितकारी : (सहर्ष) ये राक्षस सुरासुरन के जीतन लायक नहीं रहे! तुम आश्चर्य कियो।

सुगल : यह आपकी कृपा हौ, हम केहि लायक हैं?

(नेपथ्ये—बाप को बैर लेन कह्यौ हुतो, सो कब लेउगे?)

ग्राहनयन : (प्रविश्य)

त्रोटक छन्द

वह रासभ को मय पूत अहौं, हितकारिहि सों इत युद्ध चहौं।
करि द्वन्द संग्रामहि बीर[1] सबै, हनि सूलहिं लेउं निबाहि[2] अबै।

हितकारी : (धनुः सज्जीकृत्य पुरोपसृत्य)

छन्द शंखनारी

रहै नीच ठाढ़ो, सहै बान गाढ़ो।
कहा गाल मारै, पिता पै सिधारै।

(ग्राहनयनः शरान्निक्षिपति)

सुगल : देखौ, भयानक हितकारी को अरु ग्राहनयन को कैसो युद्ध होई है, मानो द्वै मार्तण्ड आपनी किरिनन सों लरै हैं।

भयानक : हितकारी सो युद्ध करि याको खेलावै है।

सुगल : साँच कही! देखो, शरसों शरासन, सूत अश्व[3] स्पंदन बिन करि दियो।

ग्राहनयन : (शूलमुद्यम्य)[4] मो पितु बधकारी, हितकारी यह शंभु दई शूल सो नहीं बचौ हौ।

(इति निःक्षिपति)

[आकाशे हा! हा! शब्दः]

(हितकारी शरेण छिन्नत्ति)

सुगल : श्याबास महाराज! श्याबास! याको बड़ो गरब रह्यो है, आप सहज हौं में सिर काटि लियौ।

---

1. 'बैर' पाठ ला. यं. प्रति में। 2. 'निवारि' पाठ ला. यं. और नवकिशोर प्रेस की प्रतियों में। 3. पांडुलिपि में नहीं है, ला. यं. प्रति से। 4. भाले को ऊपर उठाकर।

[नेपथ्ये—हे इन्द्र मदहारी पुत्र! या हितकारी धनुर्धारी[1] बड़ो शत्रु है। सो अब जैसे मरै तै[2] शीघ्र ही मारौ, नहीं तौ सेना नाश कर देइगौ।]

[पुनर्नेपथ्ये—पिता मोकौ पितामह ऐसो कहि मंत्र दियो हुतौ कै निकुंभिला मैं जय किये निर्बिघ्न समाप्त ह्वै है तौ तैं[3] सब अजै ह्वै है, सो सिद्ध करि जीते लेउ हौं]

त्रेतामल्ल : (प्रविश्य सवाच्यकंठम्) महाराज! घनध्वनि पश्चिम द्वार ह्वै महिजा को लै निकस्यो, तेंहि मैं बहुत समझायो न समझ्यो[4]। जौं लौं मैं छीनबे को निकट जाऊं तौलौं तरवारि चलाइ ही दई। बृथा युद्ध श्रम जानि आपको खबरि जनावन आयौ।

(इति रोदति)

(हितकारी विकलतां नाट्यति)

भयानक : महाराज, बेगि सावधान हूजिए! अवसर शोक को नहीं है, जाते सब बिकल ह्वै बिघ्न करन न आवैं। यह बिचारि घनध्वनि माया महिजा मारि निकुंभिला मैं जप करन गयो है। यह मैं निहचै खबरि पाई है। मंत्र सिद्ध भये[5] काहू कौ मारौ न मरैगो, ताते डीलधराधर, भुजभूषण, त्रेतामल्ल को सैन संग मेरे साथ भेजिए।

हितकारी : दुसह दुख दहन दहत देह मेरी, पर तेरी बानी सुधा बृष्टि सी करी। डीलधराधर तुम्हारो कल्यान होइ जाव!

डीलधराधर : भयानक, आजु प्रभु पास ते हौं जाऊ हौं। देखौं मेरो सम्मुख खल कैसी बरदानी माया करै है।

(इति हितकारिणं परिक्रम्य प्रणम्य च निःक्रान्तः)[6]

हितकारी : (निश्वस्य) सुगल बार बड़ी भई, कछु खबरि न पाई! धौं कहा भयो होइ?

(ततः प्रविशति चारः)

---

1. पांडुलिपि में नहीं है, ला. यं. प्रति से। 2. 'तैसे' पाठ ला. यं. प्रति में। 3. पांडुलिपि में नहीं है, ला. यं. प्रति से। 4. 'मान्यो' पाठ ला. यं. और नवकिशोर छापाखाना की प्रतियों में। 5. 'मंत्र सिद्धि ह्वै' पाठ ला. यं. प्रति में। 6. तत्पश्चात् हितकारी को परिक्रमा करके तथा प्रणाम करके निकलता है।

चार : महाराज! डीलधराधर बड़ो युद्ध कियौ। तहां घनध्वनि एक आश्चर्य काम कियौ।

हितकारी : किं किम् ?

चार : डीलधराधर शरन तैं सारथि, सैंधव, स्यंदन, सिलाह कटि गये। कटि शरपटित ऐसो आकाश कियौ कि जौं लौं शरांधकार खुलै तौ लौं पुर जाइ रथ सवार आइ गयौ।

(ततः प्रविशति डीलधराधरः)

सुगल : देखो महाराज! त्रेतामल्ल भुजभूषण के पानि गहे, धायंनि तैं ब्यथित डीलधराधर चले आवै हैं; मुख-श्री ते जानि परै है कि मारि आये।

(डीलधराधरः पादयोः पतति)

(हितकारी मस्तकमाघ्रायालिंग्य वैद्यकपिं प्रति)[1]

हितकारी : संजीवनी[2] औषधी जे संचि राखी है तिनते सबकौ वेगि बिशल्य करौ।

(स तथा करोति)

हितकारी : (भयानकं प्रति) युद्ध को कछु विशेष बृत्तान्त कहि जाउ।

भयानक : प्रभु पास तें चपल चलि हम चहूँधा निकुंभिला घेरे चुपानि जो निसाचर चमू तापै अचलन चलाइ सचल बनाइ दई। घनध्वनि विचलित चरचि जप तजि साजि कोप करि चाप धर, चटकन करि आये। दोऊ कटक भट, दोऊ धनुर्धर, उदभट तीनों दिन प्रस्वेद पोछन सावकाश न पायो। डीलधराधर घनध्वनि कौ भुवन भयकारी रन भयो।

छन्द—*भुजंगप्रयात*

महाबीर दोउ महा युद्ध रोषे, हने अर्ब खर्बें नराचानि चोखे।
हमै देखि सो बीर सूलै पवारयो, इते[3] एकहीं तीर सो काटि डारयो।
हौंहू हाथ भारी गदा धारि धायो, सबै बाजि ताके छनै मारि आयो।
सौ लै चांप चारों दिशा बान छाये, महा अस्त्र केते अमोघै चलायो।

---

1. हितकारी मस्तक सूंघते हुये बैद्य कपि को आलिंगन करते हुए। 2. 'बिशल्य करणी' ला. यं. और नवकिशोर छापाखाना की प्रतियों में। 3. 'दुतै' ला. यं. प्रति में।

दोहा

डीलधराधर आशु सब, अस्त्र समित कर दीन।
महा कोप करि बान बर, तेहि बध हित कर लीन॥

कह्यो जो हितकारी सत्य वक्ता होइ तौ या सर याको शिर छीन लेइ।

छन्द चौपैया

फिरि ताहि पचारी, सो सर मारी,
सीस सकुंडल छीन लियो।
जय-जय सुर कीनो, भव सुख भीनो,
निसिचर हा हा कार कियो।
कहि भो जुध जैसो, लख्यो न तैसो,
ऐसहु रन, हम सबहिं बचे।
चख सुख जल बरखे, कपि सब हरखे,
चूमि चूमि लंगूर नचे।

फेरि आपके पास आये।

हितकारी : तुम सब मघवारी को नहीं मारौ, महिजाहिं कौ लै आये?

(नेपथ्ये महारोदन ध्वनि)

पद

जीवत भान बान सो बेध्यो, अबहुँ प्रान सो बेधि गयो।
मेरी उर कुलसहु नाहिं छेद्यो, तेरे दुख सो छेद भयो।
जद्यपि प्रात बिजय रथ चढ़ि मैं, बखतर पहिरि अभेदन है।
अच्छ येक सिन खंग द्रुत, जँगहिं जीतिहौं पै सुख कछु न अहै।

राक्षसा: : (प्रविश्य) दिकशिर की आज्ञा है, तुम अकेले हितकारी ही सो युद्ध करिकै मारि आवौ। जो हितकारी रासभारि साँचे होंहि तो अकेलहिं कढ़ि हमसो युद्ध करैं।

(धनुः सज्जीकृत हितकारी धावति)[1]

त्रेतामल्ल : भुजभूषण देखौ तो! हितकारी के मंडलाकार चाँपते चारों ओर कैसे सर कढ़ैं हैं जैसे चरखी तें अनल के फुहारे। सन्मुख धाइ-

1. धनुष तैयार करके हितकारी दौड़ता है।

धाइ सेना कैसी नास[1] होइ जाइ हैं, जैसे बाड़वबन्हि में बारिधि वारि।

भुजभूषण : त्रेतामल्ल देखौ! देखौ! अस्त्र छाड़ि स्वामी बड़ौ कौतुक कियो। ये निसिचर परस्पर पेखि आपुस ही में लरि मरि गये।

(जय जयति सर्वे हितकारिणं पूजयन्ति)

सुगल : महाराज! यह अपूर्व अस्त्र कौन है?

हितकारी : यह गंधर्वास्त्र मोंकौं की हरै को आवै है।

कवित्त

(नेपथ्ये) : लीन्हे धनुबान भुजबीस दिगसीस जात,
कोपित गिरीश मानव काल को कढ़त है।
चाकन दचक सेस लचकि लचकि लागै,
कौंठ पीठि मानो कालदंड ते गढ़त है।
कोलडाढ़ कील छोनी जाँतसी फिरन लागी,
जागी आगि धूम कढ़ि अम्बर मढ़त है।
दैत्य अकुलाने देव सकल सकाने,
भीति देह भान माने भान नाक न चढ़त है।

सवैया

जूझि गये मनके गज हैं, दस कुंजर दिग्गन के अब लै हैं।
सेत बांधो यह देखत ही, निज रोस हुतासनै सिन्धु सुखै हैं।
होतौ यहै निःचय अबही, बिन ही नर बन्दर विश्व बनै हैं।
दासता दै दिगदेबन को, हमको सबको दिगदेब कहै हैं॥

(ततः प्रविशति ससैन्यो दिकशिरः)

कवित्त

(आकाशे) : देखौ! देखौ! देखौ[2]। दिगशीस की असंख्य सैन,
कीसन की सैन अति चैन अधिकात है।
ताल तन लोल लूम लहरै बिशाल लाल,
बिलसी बदन फूलौ जाल जलजात है।

---

1. 'नाश' पाठ ला. यं. प्रति में। 2. 'देखि' पाठ ला. यं. प्रति में।

रोम राजि भाई सोई सैल सघनताई,
डहडही डीठ को पराग सरसात है।
रस की उमंग अंब किलकै बिहंग बोल,
जीह नख दन्त दीहे मीनन कौ ब्रात है।

छन्द रोला

महा मोद की उमंग अंग भारिहूँ समाति नहि।
उछलि उछलि अक्कास पिले पादप पहार गहि।
जनु तकि प्रभु मुख चन्द बीर रस बारिध भाये।
सहित सैन दिगसीस बेल थल ओरन धाये[1]॥

देखो! देखो! देखो! राक्षसनहु कौ।

छन्द नराच

लिये सुचाप[2] बिज्जु चाप चाप देव वज्र[3] सों।
लसे सुभट्टि तर्जि-तर्जि गर्जि-गर्जि गर्ज सों।
पिलें संग्राम के उछाह पौन सो घुमँडि[4] कै।
आनन्द के अनन्त मेह ज्यों चलैं घुमँडि कै।

(समहोत्साहं दिकशिरः सूतं प्रति)

दिकशिर : करु मेरो रथ आगे!

सुगल : भुजभूषण, देखौ तौ यह दिगशिर हमारी सैना में कैसे परी जैसे सूखे बन में आगि।

(इति धावन्ति)

हितकारी : देखो डीलधराधर, हमारो मित्र महा बिशाल ताल (तमाल[5]) तरु लिये दंडकर कराल कालई सो देखो परै है।

डीलधराधर : (भयानकं प्रति) कहो यह तीनि राक्षस कौन हैं, जे बानरन बिचलाइ सुगल, भुजभूषण सो भिरे आइ?

भयानक : ये कुरुपाक्ष, दीर्घोदर, दीर्घपार्श्व हैं।

डीलधराधर : देखो, द्वै को तौ बड़ो युद्ध करि सुगल मारयो, एक को भुज-भूषण[6] बड़े क्लेश सों मारयो। बड़्यो आश्चर्य कियौ ये भट सुरासुरन जीतन करे रहे हैं।

---

1. 'आये' पूर्ण पांडुलिपि में, खंडित प्रति में 'धाये' पाठ। 2. 'सो बान' पाठ ला. यं. प्रति में। 3. 'वरज्ज' पाठ ला. यं. प्रति में। 4. 'उमँडि' पाठ ला. यं. प्रति में। 5. ला. यं. प्रति में नहीं है। 6. ला. यं. प्रति में नहीं है।

सुगल : (उच्चैः स्वरेण सेनां प्रति) धावौ, धावौ! भट्टौ! दिगशिर हितकारी पै जाइ है।

(वानराः धावन्ति)

डीलधराधर : अरे, यह तो राक्षशास्त्र सों सिगरी बानरी सैना जारि दयी। उड़त खाख देखी परै है।

(इति सक्रोधं धावति)

दिकशिर : (सूतं प्रति) मैं बान काटत जाव हौं, तै इनकौ बाम दै मोकौं हितकारी को जोरि दै।

(स तथा करोति)

(आकाशे) गद्य : दिगशिर धनुधारी, हितकारी डीलधराधर शर परम्परा भरा, नभधरा, पारावार बिकल करा, कारागार सो ह्वै गयो। बीस भुज भुजन ते जेते शर चलावे है तिनतें चौगुन हितकारी द्वै भुज ही ते चलावै हैं। बड़ो आश्चर्य है! दूनौ कों तून ते तीक्षन तीरन लेत रोदा मैं देति खैचि हनि देत कोई नहिं देखै।

छन्द *नराच*

चले अनन्त बान व्योम फोक नोक सो गसी।
सरीर लों दुहून के सुदंडि पाँति सी लसी।
कहूँ संघहि बान बृन्द, बान्हि आपु जारहीं।
कुकर्मि ज्यों कुकर्मि कै कुलै कौ नासि डारहीं।

डीलधराधर : अरे! मेरो अनादर करि हितकारी सों जुरे आइ, बाक़ी फल देत हौं।

(इति शरान्निः क्षिपति)

(दिकशिरः महामूर्च्छां नाटयति)

भयानक : अरे,[1] ऐसो कोऊ कबहुँ नहिं कियो, श्याबास तुमको है!

दिकशिर : (उत्थाय सक्रोधं) आह! पाप तू सब प्रसंसा करन कौ नहीं रहै।

(इति अमोघशक्तिं निक्षिपति)[2]

(कपिसैन्ये हा! हा! शब्दः)

---

1. ला. यं. प्रति में नहीं है। 2. अमोघ शक्ति छोड़ता है। बन्दरों की सेना में हाहाकर शब्द।

(आकाशे) : देखो, देखो, डीलधराधर की भक्त-वत्सलता! भयानक को पीछे कर आपु सनमुख ह्वै उर सांगि सही।

(उरो निःसृतार्द्धशक्ति, डीलधराधर मूर्च्छां नाटयति)[1]

हितकारी : त्रेतामल्ल तुम सब शक्ति निकारो, हो जुद्ध करौ हौं।

(आकाशे) : देखौ, त्रेतामल्ल, भुजभूषण आदि भटन को शक्ति निकारो न निकरी, सो हितकारी दिगशिर के शर सहत बाम करते गहि निकारी।

आश्चर्य है! आश्चर्य है!

सुगल : (भयानकं प्रति)—

भजन

अद्‌भुत रूप आजु हितकारी।
क्रोध अरुन दुख जल परिपूरन, ऐसेहुँ दृग मोहहिं सुरनारी।
काल सरिस तकि प्रभु तन दिगसिर, शरनि फवावत रुधिर फुहारे।
बिश्वनाथ प्रभु लखि उत्साहित, हँसि सुर अस्तुति बचन उचारे।

त्रेतामल्ल : (भुजभूषणं प्रति) देखो तो, आजु हितकारी के बान आकाश को पिये सों लेइ हैं। जे अस्त्र दिगसिर चलावै है, तेहिंकौ आज हितकारी कैसे समित करैं हैं जैसे श्रोतन की शंकनि[2] को समीचीन वक्ता।

छन्द *तरंगिनी*

खल खैंचि दस को दंड।
लिय मूंदि नभ सर चंड।
जनु बिरचि विय ब्रह्मंड।
बिधि बंसभौ उद्‌दंड।

भुजभूषण : देखो, देखो![3]

छन्द

प्रभु काटि सर मुसक्यात।
निज सर किये नभ सात।

---

1. हृदय में अर्द्ध शक्ति प्रवेश होने पर डीलधराधर मूर्छा का अभिनय करता है। 2. ला. यं. प्रति से। 3. ला. यं. प्रति से।

सोऊ नासि प्रभु सर दीन।
शिव शिष्यता किय पीन।

हितकारी : अरे, मैं सहज ही शर सों बंधु बदलौ लेऊं हों।

(इति नि:क्षिपति)

(दिकशिरा महती मूर्छा नाटयति)

(वानरी सेना जय जयति जल्पति)[1]

सूत : (आत्मगतं) हौं आपनो धर्म राखौं।

(इति रथपरावर्त्य नि:क्रान्त:)[2]

हितकारी : त्रेतामल्ल बेगि औषधि ल्याइ डीलधराधर को हरषित करो।

(स तथा करोति)

(नेपथ्ये) : अरे, यह कहा कियो? महाराज, मैं आपनो धर्म राख्यो है। अरे मूढ़! या शत्रु शरन ते पूजिवे लायक है, याको समर परम दुख दायक है, हाँकु, हाँकु मेरो रथ।

(तत: प्रविशति ससैन्यो दिकशिर:)

(वानरा: गिरि-वृक्षान् गृहीत्वा धावन्ति)

(आकाशे) : देखो! देखो!

अमृत ध्वनि

जहँ सुर रिपु तहँ कोपिले रंगे कीस रन रंग।
मारु, मारु भनि भट भिरे अंगग्गि गिरत सुजंग।
अंगग्गि गिरत सुजंग ग्गारव उमग ग्गनत न।
ठट्ट टुटेहूँ सुभट्ट टिक्कत कुभट्ट ट्टरत न।
रथ्थिथ्थु रथ समथ्थ थ्थप रन रथ्ध थ्थुरि उर।
भज्जलहिं निमज्जज्जो गिनि भयज्जज्जहं सर।
जस जग जग यह तसन कहि करे कालिका कूक।
लगी शृगाली भखन पल की कक्करि करि मूक।
की क्ककरि करि मुक्क क्कुचुरि अतंक विय हरि।
लख्खरखल दल अरख्ख ख्खयचत तख्ख रख्खरलरि,

1. बानरों की सेना जय-ध्वनि करती है। 2. तत्पश्चात् रथ लौटाकर निकलता है।

कुद्धध्वरि सुजुद्धद्धरनि बिरुद्धद्धरि अंग।
भज्जाज्जम सम गज्जज्हँ तहँ सज्जज्ज सजंग।

कुंडलिया

करनै जय निज उछलि कपि, लरहिं मनुहं नृप पाक्षि।
कोउ सहाय नहिं चहत है, निसिचर गनत न लक्षि।
निसिचर गनत न लक्षि, भासि कपि अंत देखावै।
गज्जि-गज्जि रन रज्जिर्ताज्जि नभ भय उपजावै।
कपिहुँ भालु खल दलन दलत, प्रभु जय-जय बरनै।
कोउ सिर लेत उपारि, कोउ चरनै कोहु करनै।

(दिकशिरः सक्रोधं शरान् मुंचति)[1]

(आकाशे) : आश्चर्य है! आश्चर्य है! देखो, देखो! बानरन की बीरता काहू को सिर कटि गयो है घर ही धायो जाय है। हितकारी के काज में आपन्हू कटन जाय है। काहू का धर सर समूह ते परमानु परमानु ह्वै उड़ि गयो सिर। दिगशिर रथ मैं पर्‍यौ मानो धर को बैरई लेन गयो।

कवित्त

शरन समूहन सों काहू को चरम गयो,
रहि गयो मांस पिंड सोनित सों पूरो है।
सन मुख बान बृन्द सहत सो दूरी जोइ पीठि,
मांस नोचि नोचि खात गीध कूरो है।
गहि-गहि आँत काक खैंचत एकत सोइ,
काटि रख धावै कहि खल नहिं दूरौ है।
काटि जात पाइ कर सीस दिग सीसै और,
ढारि ढारि जान बीर रूरो है सुरूरो है॥

(प्रविश्य रथादवतीर्य पुरहूतसुतः)[2]

सूत : महाराज! या रथ सुरपति पठायो है, अरु यह कह्यो है कि यामे चढ़ि दिगसिर को मारि मोहूँ की बड़ाई देंइ।

(हितकारी परिक्रम्य रथमारोहति)

1. दिकशिर क्रोध युक्त होकर बाण छोड़ता है। 2. इन्द्र-पुत्र रथ से उतरकर प्रवेश करता है।

सुगल : भयानक, देखो! देखो! तमीचर, तमहारी रथारुढ़ हितकारी प्रभाकर पेखि-पेखि कपिन दृग अरबिन्द अति प्रफुल्लित भये हैं।

भयानक : सुगल देखो! देखो! सूत प्रेरित हितकारी दिगशिर के रथ दोरि, प्रभंजन प्रेरित प्रलय पयोदई से जुरि गये हैं, अरु दुहुन के धुजा फहरि मिलि द्वै सरभ से समर करै हैं।

सुगल : देखो, हितकारी! अश्वनि आभा ते अरुन रन अवनी हरित बरन बिलसै है। अब देखो, दुहुन के रथ मंडल करत अलातचक्रइ से ह्वै गये। दोऊ वीर मंडलाकारकारमुकन तें कैवर कदंब कैसे बढ़े हैं, जैसे कंदरन ते टीड़ीं।

(आकाशे) : देखो, देखो! दिकशिर यह असुरास्त्र छोड़यो, ताते तोमर मोगर, शक्ति शूल, शर, असि आदि आयुध सैन पर बरसै है। देखो, हितकारी एक ही बान ते निबृति कियो। फिरि देखो!

छन्द

अति क्रुद्ध ह्वै दिगशीश, धरि धनुष शर भुज[1] बीश।
किय बिकल सकल कपीश, गहि गिरिन धाये कीश।

देखो, दिकसिर देह लागि टूक-टूक ह्वै गिर कैसे गिरैं हैं, जैसे गगन ते माँस लोहित गृद्ध गन। देखो, दिकसिर शरन तें कटे कपिन के सिर कैसे गिरैं हैं, जैसे ताल तरुन ते फल। देखो, हितकारी क्रुद्ध ह्वै शरन सों छाय लियो दिकशिर कैसे कढ़ि आयो जैसे निबिड़ बारिद बीच ते बिवस्वान।

दिकशिर : (शूलिदत्त-शूलमुदम्य) हितकारी नहीं बचौ हौ।

(इति निःक्षिपति)

(हितकारी शक्रशक्त्या निवारति)

रिक्षराज : देखो भयानक! दोउ भट भयानक युद्ध करि रहे हैं; ऐसो मैं कबहूँ नहीं देख्यो।

छन्द

नहिं रोदन जोरत जोहि परै, दुहुँ ओरनि बान समूह भरै।
भट, सारथि, बाजिन लोमनि तें, ध्वज, स्यंदन, चक्र किधौं मन तें।

---

1. ला. यं. में 'कर' पाठ।

निकसे न सिराय घनै सरसै, दस दिग्गहिं बानु किधौ बरसै।
सब चित्रलिखी सम सैन भई, अब आजु कहा बिरचै धौं दई?

(आकाशे) : हितकारी अरु दिकसिर के बानन तैं अब भाजिबे की बाट नहीं है। हाय! हाय! नाहक ही मरे। अबकी बार जो बचि जाय तो नियराइ न निरखै। (पुनः) देखो, देखो! शंका न करो। हितकारी रोस करि दिकसिर के सिर, भुज काटि शरन ते गिरन नहीं देय हैं, ते आकाश में कैसे शोभित होइहैं मानो शठ की सहाय को बहुत राहु केतु आये हैं।

सूत : याके हृदय में अमृतकुंड है, ताते सिर भुज जामत जाय हैं, सो ब्रह्मास्त्र तें सोखि लीजिए।

(हितकारी तथा करोति)

सुगल : (स्वागतम्) अब एक सिर द्वै भुज रहि गयौ तौ अधिक युद्ध करन लग्यौ, बड़ो आश्चर्य है!

दोहा

एक शर छोड़त ब्यौम पथ, लक्ष करत तेंहिं साथ।
काटत कोटिन संग करि, कोटिन कीसन माथ॥

छन्द

दोऊ बीर करैं जँह युद्ध नहीं, नहिं देख परै अस ठौर कहीं।
बहु भांतिन अस्त्रन दिग्गवरै, गुनिये छन में सब लोक जरै।

दोहा

आकाशे : हरि सम हरि हरि-भक्त सम, हर भक्तहिं तहुँ काल।
तिन्हि यहि रन समरन यही, भयो न होवन बाल।

त्रेतामल्ल : (सुगलं प्रति) देखो, सूत को सिर हितकारी छीन लियो। दिकशिर पाय अंगूठा सो बाग लै त्यौं ही युद्ध करै है। श्याबास! श्याबास!

डीलधराधर : देखो, देखो, हितकारी महा अमोघ बान कर कियो।

हितकारी : अरे नीच! अब नहीं बचै है।

(इति शरन्निक्षिपति)

---

1. बाण से दिकशिर का वक्षस्थल भेदन करके पुनः तूणीर में प्रवेश करता है।

(शरो दिकशिरा:-उरोभित्वा पुनस्तूणीरे प्रविशति)[1]

भजन

(आकाशे) : देखो, देखो श्रवन श्रवन लगि, सिवगन ये कछु बरनै।
कै मूर्छित, कै कुपित किये भ्रम, छुवति मीचु नहिं करनै।
याही तें दिकशिर अंग फरकत, अस हम निज मन गुनिये।
बिश्वनाथ जय निहचैं भे अब, कीसन जै-जै सुनिये।

(ततः पुष्पवृष्टिः)

त्रेतामल्ल : (भुजभूषणं प्रति)

पद

समरभूमि सोहत हितकारी।
जय श्री सहित पानि सर फेरत, अभिरे धनुष सुछबि अति भारी।
कहुँ-कहुँ सोनित बिन्दु बिराजत, सुभग सरिस जग दुखहारी।
बिश्वनाथ जनु हरित अबनि में, इन्द्र बधू बिचरै सुखकारी।

(ततः प्रविशन्ति रुदन्त्यः कृशोदर्याद्यानार्यः)[1]

हितकारी : डीलधराधर, तुम सबको समुझाइ, राक्षसपुरी को लै जाउ, भयानक को तिलक करि आवौ।

(डीलधराधरः तथेति निःक्रान्तः)

हितकारी : त्रेतामल्ल, तुम जाइ महिजा की खबरि लै आवौ।

त्रेतामल्ल : बहुत भली!

(इति निःक्रान्तः)

सुगल : महाराज दिकशिर के जूझे आजु सब लोक अभय भये। या आपुहिं के मारबे लायक रह्यो है।

हितकारी : तुमसों मित्र जाके होइ ताको सब सुगमैं है।

(ततः प्रविशति त्रेतामल्लः प्रणम्य सवाच्यकंठं)

---

1. तत्पश्चात् रोती हुई कृशोदरी अनार्य स्त्रियों का प्रवेश।

भजन

त्रेतामल्ल : बूड़त शोक समुद में महिजा, मम मुख सुधि सम तीर लही।
पुनि सुख सागर माँहि मगन ह्वै, घरिकन आयो कछुक कही।
पुनि कह तेरे बोल मोल कहँ, कौनिहुँ बस्तुन अहहिं कहौ।
बिश्वनाथ मैं कह्यो सदहि मैं, तुम्हारी केवल कृपहिं चहौ।

महाराज, महिजा को आपके चरन देखिवे की अब अति उत्कंठा है।

हितकारी : जाब, भयानक सों पूंछि, डीलधराधर के संग लेवाइ लै आवौ।

(तथेति निःक्रान्तः)

(नेपथ्ये) : फरक, फरक!

(इति कोलाहलः)

(ततः प्रविशति डीलधराधर-भयानक-त्रेतामल्लाः शिविकारूढ़ा महिजा च। दर्शन-लालसा वानराः स्तुवन्ति)[1]

हितकारी : भुजभूषन! महिजा सों कहौ, माता पुत्रन सों परदा नहीं करे हैं, प्यादे ही आवै।

(महिजा तथा कृत्वा हितकारिणं प्रणमति। हितकारी शपथव्याजेन प्रज्वलिताग्ने महिजां निःसार्य्य मिलति।)[2]

पद

(आकाशे) : यह दोउ मिलनि लखहु किन भाई।
कियो चलत दूजो जलनिधि जनु, सुख आसुन झरि लाई।
पुलक कदंब कदंब कुसुम तन, बचन करत गरुआई।
बिश्वनाथ प्रभु सम बिसुनाथहिं, अब अरधंग बनाई।

सुगल : आजु हमारौ सब कौ सब श्रम सफल भयो, महिजा हितकारी को येक सिंहासन बैठे देखि कृतकृत्य भये।

(प्रविश्य सर्वे सुराःस्तुवन्ति)[3]

हितकारी : (सहस्राक्षं प्रति) सुधा बरसि हमारे बानरन जियावो।

---

1. तत्पश्चात् डीलधराधर, भयानक, त्रेतामल्ल और शिविका रूढ़ महिजा का प्रवेश। दर्शनाभिलाषी बानर स्तुति करते हैं। 2. महिजा वैसा ही करके हितकारी को प्रणाम करती हैं। हितकारी शपथ के बहाने सीता को प्रज्वलित अग्नि से निकाल कर मिलते हैं। 3. देवता गण प्रवेश कर स्तुति करते हैं।

(स तथा करोति)

(वानराः सर्वे समुत्थाय सहर्षं जग-जयेत्युच्चारयन्ति)[1]

देवा : अब आपको जब तिलक ह्वै है, तब आइ नैन सफल करि हैं।

(इति निःक्रान्ताः)

(हितकारी सवाच्यकंठं)

भजन

द्वै दिन रहे अवधि कै बाकी पुर पहुँचन नहिं जात निहारी[2]।
बिन पहुंचे डहडह जगकारी तन तजि हैं अब यह दुख भारी।

भयानक : रखिहौं अस बिमान प्रभु आगे, आजुहिं सदल तहाँ पहुँचावै।
विश्वनाथ होहूँ संग चलिहौं, लखिहौं राजतिलक मन भावै।

(ततः प्रविशति पुष्पकं)

भयानक : महाराज! यह बिमान हुजूर में हाजिर है।

(सेनया सह तदारुह्य)[3]

हितकारी : त्रेतामल्ल! मोकों याह्मवल्क्य शिष्य के इहां कुछु दिरंग लगैगी, तुम आगे तें खबरि जनावो।

(स तथेति निःक्रान्तः)

(विमानं संचाल्य सर्वे निष्क्रान्ताः)[4]

(इति षष्ठोंऽकः)

---

1. सभी बानर उठकर (जीकर) जय-जय ध्वनि करते है। 2. 'बिचारी' पांडुलिपि में। 3. सेना के साथ पुष्पक पर बैठकर। 4. विमान संचालित करके सभी निकल जाते हैं।

सप्तम अंक

डहडह जगकारी : (प्रविश्य) कोई है?

(नेपथ्ये) : आज्ञा पायतु।

डहडह जगकारी : गुरु सों विनय करै, कृपा करि पांय धरि मम अयन पवित्र करैं।

(ततः प्रविशति जगद्योनिजः। डहडह जगकारी प्रणम्य संपूज्य च)

अब हितकारी के आवनि की अवधि काल्हि ही है। खबरि बहुत दूर भरि नहीं मिलै, अवधि टरे मेरे प्राण नहीं रहैंगे, सो आपको राज सौंपौं हौं। आप या कुल के सकल काम संवारत आए हैं, सो सम्हार लेंइगे।

जगद्योनिज : आजु काल्हि सुगन बहुत होइ है, याते हितकारी आवन चहैं, तुम[1] शोच न करो।

(इति निःक्रान्तः)

डहडह जगकारी : (सशोकमात्मगतं)

पद

मो सम अधम कौन या जग में, बीतति अवधि जो प्रान रहे।
धरिहौं हाथ माथ, मेरे कब, बिरह जात सब अंग दहे।
त्यागहुँ तन केहि लोक जाउँगो, जगत सबै सम भार बरै।
बिश्वनाथ हितकारी तुम बिन, मों कहं कछु नहिं सूझि परै।

(ततः प्रविशति त्रेतामल्लः)

त्रेतामल्ल : (स्वगतं) आश्चर्य है! आश्चर्य है! ऐसो देख्यो न सुन्यो!

1. पांडुलिपि में नहीं है, ला. यं. और नवकिशोर प्रेस की प्रतियों से।

पद

तन महं रह्यो न पल कछु बाकी, परसि पवन धौं नभ उड़िहैं।
सिरजत सेदन आसुनि सागर, धौं महि औसर यहि बुड़िहैं।
स्वांस खलायत धौंक ज्वलित अति, कै उर आगहिं में जरि हैं।
बिश्वनाथ सुमिरत हितकारी, हितकारी तन धौं धरि हैं।

अब जो मोकों सुधि कहत छन विलंब लगें है तो ये सुनन को रहैं धौं न रहैं? (प्रकाशं) दिगशिर संघारि, भयानक तिलक सारि, डीलधराधर, महिजा सहित सुखकारी हितकारी आवैं हैं।

डहडह जगकारी : (नेत्र उन्मील्य) मृत तुल्य जो मैं ताके कर्ण मैं अमृत तुल्य बानी जो तैं डारी, सो भाई नीके नहीं सुनि परी! फेरि कहु! फेरि कहु!

(त्रेतामल्लः पुनरस्तदेव कथयति। डहडह जगकारी समहाहर्षं मिलित्वा सवाच्यकंठं)[1]

पद

तेरे बोल मोल मन मेरे मिलत न हेरे करहुँ कहा?
नहिं कछु सर्व लोक मोहिं दुर्लभ भाग लेहिं कपि मनदि चहा।

त्रेतामल्ल : डहडह जगकारी मैं तुम्हारी केवल दाया सदहिं चहौं।
बिश्वनाथ हितकारी सम तुम, हौं तुम्हरे सेवकहिं अहौं।

डहडह जगकारी : कहो! कहो! केते बखत आइ हैं?

त्रेतामल्ल : सूर्योदय वेला[2] में।

डहडह जगकारी : (चारं प्रति) मातन सों खबरि जनाइ, डिंभीदर सों कहियो अपराजिता की बीथिन झराइ, सुगंध जल सिचाइ, मोतिन कुम-कुमनि चौक पुरवाइ, प्रति द्वार कनक कलसन धरवाइ, सैने सजवाइ, प्रजन लेवाइ, जुरुन संग भोर होत-होत इत आइहौं।

(सः तथेति निःक्रान्तः)

डहडह जगकारी : त्रेतामल्ल! सूर्य तो सन्ध्या में अनुराग को प्राप्त ह्वै, समुद्र में क्रीड़ा करै है। अब काहे को रात्रि होइगी?

---

1. त्रेतामल्ल फिर वही कहते हैं। डहडहजगकारी महान हर्ष के साथ भेंट कर गद्गद कंठ से।
2. पांडुलिपि में नहीं हैं, ला. यं. और नवकिशोर प्रेस की प्रतियों से।

पद

त्रेतामल्ल : नभ में ये नहिं शशि अरु तारे।
आवत हितकारी गुनि बासब, भरि गजमुक्ता मनिन कतारे।
पठई नजर फटी सित मोटी, छिद्र स्यामताई मधि देखो।
बिश्वनाथ फैलो चहुँ कित घन, बिलसत सोई प्रभु किन पेखो।

डहडह जगकारी : कैसो, कैसो युद्ध भयौ सो कहि तो जाव।

(त्रेतामल्लः सर्व विस्तारेण कथयति)

डहडह जगकारी : त्रेतामल्ल कहा रवि सागर में बूड़ि गये?

त्रेतामल्ल : (आत्मगतं) प्रेम आश्चर्य है! आश्चर्य है! जिनको रजनि शेष हूँ कई कल्प सौं लगै है। (प्रकाशं)

दोहा

नाथ लखिय परकाश यह, निकसो प्राची वोर।
कहा उदय गिरि खान के, लाल जाल दुति दोर॥

(नेपथ्ये कोलाहलः)

छन्द

त्रेतामल्ल : रथन चक्र घरघरात, घंटन गन घनघनात,
बाजिन पैजनियन धुननि, झनझनात सुनिये।
कहुँ[1] पताक फहफरात,[2] शब्द होत सरसरात,
खर खरात सांकर बहु बारन कर गुनियै।
धर धरात धरनी अति, लह लहातु सैल सकल,
खलभलात सिंधु सात, लहरैं[3] उड़ावैं।
बिश्वनाथ हितकारी तकन नैन तरफरात,
हरबरात प्रजन सोर, डिंभीदर आवैं।

ताते महाराज कुमार! यह निस्सन्देह दिनकर करन ही कौ बिलास है।

(ततः प्रविशति सगुरु डिंभीदरः)

---

1. 'बहु' पाठ ला. यं. और नवकिशोर छापाखाना की प्रतियों में। 2. 'फरफरात' ला. यं. और नवकिशोर प्रेस की प्रतियों में। 3. 'हरिरव' पाठ ला. यं. और नवकिशोर प्रेस की प्रतियों में।

डहडह जगकारी : (गुरुं सम्पूज्य) महराज! आपकी कृपा ते हितकारी आवै हैं, सो आप यहाँ रहिये। मैं आगे ह्वै आऊँ।

(इति शिरसि पादुके वध्बा सबंधुर्निःक्रान्तः)[1]

पद

(आकाशे) : आनन्द अवधि आज अयन, हितकारी आवत।
बाल बृद्ध हू तकन हेत तरुन इव धावत।
कलश लिये बरनारि लसहिं कल मंगल गावत।
जन प्रति दशा न बिश्वनाथ कहि पारहिं पावत।

नेपथ्ये : देखिये डहडह जगकारी, हितकारी की अवाई भई, सूखे तरु हरित होइ आये।

डहडह जगकारी : प्रानदाता त्रेतामल्ल! एक आश्चर्य और देखो परै है।

त्रेतामल्ल : नाथ, किं किम्?

डहडह जगकारी : प्राची दिशा में सूर्योदय भयो। दक्षिन दिसि उदित निशाकर प्रभाकर प्रकाश जीतत आवै है।

त्रेतामल्ल : नाथ यह पुष्पक बिमान है। हितकारी आये! आये!

जगद्योनिज : (सहर्षं शिष्यं प्रति) आये! आये! धुनि भुवन में पूरि रही सो मेरे मन को ऐसो हरषावै है जैसे मेघ ध्वनि चातक को।

पद

(आकाशे) : लखि बिमान डहडह जगकारी, प्रेम उमंगि अति छायो।
सजल जलज चख पनस सरिस तन, सब जग जियनि बनायो।
अद्‌भुत मिलन बन्धु दोऊ की यह, प्रजन प्रमोद महाई।
बिश्वनाथ भरि नैन निरखहू, बैननि बरनि न जाई।

देखो, देखो! सानुज हितकारी मैयन पाय परसन जाय है।

पद

तकि सुत मैया धाई, धाई।
सांझ आइ निरखत निज बछरन, जैसे गाय लेवाई।
करत प्रनाम सूंघि पूतनि सिर, पै सिंचित कर दीन्हीं।
बिश्वनाथ नृप पद को प्रथमहिं, जनु अभिषेकहिं कीन्हीं।

---

1. तदनन्तर सिर में खड़ाऊ लगाकर, भाई के साथ जाते हैं।

(प्रविश्य सपरिकरो हितकारी गुरुपादौ प्रणमति)

गुरु : (आशिषं दत्वा) वत्स हितकारी नीकै रहै।

हितकारी : महाराज! जाके पर आपकी कृपा है ताकौ सर्ब काल कुशल है।

जगद्योनिज : बत्स, आजु सुघरी है; जाइ जटा खोलाइ, पोसाक[1] करि आवौ।

(हितकारी प्रणम्य सपरिकरो निःक्रान्तः)

जगद्योनिज : (शिष्यं पश्यति, सनिःक्रान्तः। प्रविश्य मंत्री प्रणमति।)

गुरु : तुम कुशलादि देविन लेवाइ, अपराजिता जाइ, तिलक की तदबीर करौ।

(मंत्री प्रणम्य निःक्रान्ताः)

पद

(आकाशे) : डहडह जगकारी के कर सों बांछित फल सब लीनो।
हितकारी के सों दान लेत द्विज[2], ललक परस कर कीनो।
रतनाकर धन दीहु के नाहिं, धन जस, प्रति-प्रति कपिन देवायो।
बिश्वनाथ अजरज हिय बाढ़त, कहां ते धौं यह आयो॥

(नेपथ्ये अनेक वाद्य मंगलगान कोलाहलः)

(आकाशे) : लेहु लोचन लाहु आजु सुरभामिनी।
रतिहुँ निदरत पियहिं चहति, मौ पर परहिं,
सुकृत हितकारी की दीठि अभिरामिनी।
सुरंग चीरो सजत लसत सिर पेंच मधि,
जटित मन बिबिध रंग गथित मुक्तावली।
सुछबि छहरति छजति हँसति, बिश्वनाथ
जनु सरसुती न्हातहू ललित नखतावली॥

(प्रविश्य हितकारी गुरुपादौ प्रणमति)

गुरु : (आशिषं दत्वा) चलो अपराजिता को तुम्हारे तिलक को आज ही सुदिन है।

(इति सर्वे निःक्रान्ताः)

---

1. 'पसाक' पाठ ला. यं. प्रति में। 2. 'हितकारी सों लेत दान दुज' पाठ ला. यं. और नवकिशोर छापाखाना की प्रतियों में।

(ततः प्रविशति सपरिकरो मंत्री)

मंत्री (गद्य) : मारगैं सुगंध सलिल सिंचावो, केसर कलंबक पगारिन[1] लिपवाबो, देवालैं अतरिन तर करावो। कस्तूरी, कपूर, चंदन चूर उड़वावो; लाजा, दधि, दूब छिटवावो; चौकनि गज मुकतन चौकैं पुरवावो। सदीप पुष्पमाल, पल्लव कनक कलसनि धरवावो। कलसन परम विचित्र पताक सजवावो। कर कुसुम कलित ललित अटानि बैठवावो। तोपन भरवावो। नौबतन बजवावो। अगवानी सजवावो, महाराज आवै हैं।

(परिचारकास्तथेति निःक्रान्ताः)

चार : (प्रविश्य) महाराज। ह्यां ते चले।

मंत्री : (ससंभ्रम बन्धुं प्रति) तुम ह्यां की ततबीर करो, हौं आगू तें लेन जाऊं हौं।

(इति निःक्रान्तः)

गद्य

(आकाशे) गद्य : महल-महल चहल-पहल वहल मैंगलन गैल-गैल कोलाहल, सैल उसलत, छलत अरावत खल गलित मल, सिंधु जल उच्छलत, हहल-हहल भूगोल कौल-कल मलित, बोल भुखन कढ़त लोल, सीस ब्याल ईसहू भयो।

कवित्त

उछलि-उछलि ह्वै-ह्वै[2] छज्जन छबीले अंग,
कढ़त तुरंग रंग-रंग सुखवारे हैं।
लसत ललित मद गलित, गयंद मद,
सींचत मलीन तन मेघहूँ तें कारे हैं।
जूथनि सुगथ रथ मनमथ[3] मानौ रचे,
जिनमें बिराजै धीर, बीर अनियारे हैं।
मंगल को चार द्वार, द्वार में अनूप होत,
गावें गीत न्यारी प्यारी, महामोद धारे हैं॥

---

1. 'भारी' पाठ ला. यं. प्रति में। 2. 'उसलि-उसलि छै-छै' पाठ ला. यं. प्रति में। 3. 'पथ मन' पाठ ला. यं. प्रति में।

सोरठा

बकसत धनन समूह, लेन जात हितकारि को।
देखो यह जन जूह, मनज[1] कल्प-तरु चल बिपिन।

देखो! देखो! बानर नर वेश धरि; पोसाक करि करिन चढ़ि, मोद मढ़ि महा मंडै है, डहडह जगकारी, सारधिकारी, डिंभीदर, छत्रधारी, डीलधराधर, चौर संचारी रथारूढ़ हितकारी, छबि किमि कहै उचारी, छकत[2] नैन निहारी, यह हमारी भारी भाग्य को फल है।

(नेपथ्ये) : चक्रवर्ती महाराज सलामत! अपराजिताधिराज सलामत, अशरन शरन सलामत, सर्वसस्वामी सलामत, बड़े जाव, साहिबो मुलाहिजे सौं, अदब सौं, कायदे सौं फरक-फरक करके।[3]

(ततः प्रविशति सपरिकरो हितकारी)

(जगद्योनिज—सिहासनस्थौ महिजा हितकारिण सबिधि अभिषिंचति)

(वैदिकाः पठंति गायका गायंति। प्रविशति द्वारपालः)[4]

कवित्त

द्वारपाल : गन है गजानन कौं, बिपुल खड़ानन कौं,
जूह चतुरानन कौं, ढाढौं रस बस है।
बहु जेस औ जलेस, औ महेस केते,
कैसे करि कहौं, जम जूह जोह्यो जस है।
दस महा बिघन को, व्यूह व्योम सतपूरे[5],
और सब सक्तिन समूह राजै तस है।
कोटिन ब्रह्मांडन तें, भेंट लै लै आये द्वार,
इन्दु औ दिनेन्द्र, इन्द्र बृन्द कसमस है॥

(हितकारी नेत्रसंज्ञया ज्ञप्तो द्वारपालः क्रमशः सर्वान् प्रवेशयति।

(देवाः उपानं दत्वा स्तुवंति)[6]

---

1. 'मनहुँ' पाठ ला. यं. प्रति में। 2. 'छलकत' पाठ ला. यं. प्रति में। 3. पांडुलिपि में नहीं है। 4. वेदज्ञ वर्ग पढ़ता है, गायक वर्ग गाता है, द्वारपाल प्रवेश करताकर। 5. 'छित' पाठ ला. यं. प्रति में। 6. देवतागम उपहार देकर स्तुति करते हैं।

पद

यमक : अधन धनद, धर धरम परम प्रभु, प्रभुन ईश हित हित के।
मोहन मोहन सन–सनमुख करि, रंजन जन सोकित के।
अकल कलपतरु तरुन तरनि सम, समन पाप तम अतिके।
भव–भव पालन, हर हरखित करि, बिश्वनाथ मति मतिके।
(इति निःक्रान्ताः)

(महिजा अमूल्यहारं त्रेतामल्लस्य कंठे निःक्षिपति)
(त्रेतामल्लः एकैकां मुक्तां दंतैः स्फीदयित्वा भूमौ निःक्षिपति)[1]

सुगल : त्रेतामल्ल! जा हार बिलोकत सबही बांछा किये हते सो पाइ मुक्ता फोरि फोरि तुम मही मेलि दियो! आखिर जात स्वभाई प्रगट कियो।
त्रेतामल्ल : या हितकारी नामांकित नहीं रह्यो।
सुगल : तुम्हारौ शरीर कब नामांकित है?
(आकाशे) : आश्चर्य है! आश्चर्य है!

पद

को कीरति कहि सकै प्रेम के धाम की।
खैंचि त्वचा किय प्रगट निसानी नाम की।
तकि पौनज को कर्म ठगे कपिईश हैं।
बिश्वनाथ सुनि[2] साधु किये तर सीस हैं।

(ततः प्रविशति मैत्रावरुणिः। हितकारी प्रणम्य संपूज्य च)[3]

हितकारी : शुभ आगमन भयो आपको, आछे रहै।
मैत्रावरुणि : जहां तुमसों राजा है, जिन घनध्वनि को बन्धु कर हताइ त्रयलोक्य अभय कर दियो, तहां हमारी सबकी कुसल है।
हितकारी : घनध्वनि हीं कों आप गन्यो, यामे कहा हेतु है?

(मैत्रावरुणिः दिकशिरो दिग्विजये घनध्वनेर्द्धिबन्धनमेव थयति)

हितकारी : जैसो काल शक्र विष्णु को पराक्रम श्रवनन में नहीं सुन्यो तैसो त्रेतामल्ल को पराक्रम नैननि निरख्यो।

---

1. त्रेतामल्ल एक एक मोती को दांत से फोड़कर पृथ्वी पर फेंकता है। 2. 'मुनि' पाठ पांडुलिपि में।
3. हितकारी प्रणाम करते हैं।

मैत्रावरुणि : महाराज! यह बाल ही को ऐसो है।

हितकारी : इनकी उत्पत्ति औ चरित्र कहि जाइये औ सुगलादिकन हूँ की उत्पत्ति कहि जाइये।

(मैत्रावरुणिः सर्वं कथयितित्वा)

मैत्रावरुणि : अब मोकौ संध्या बन्दन करनी है।

(हितकारी प्रणमति। मैत्रावरुणिः आशिषं दत्वा निष्क्रान्तः)[1]

हितकारी : सुगल, ये भुजभूषन, त्रेतामल्ल तुम्हारे परम हितकारी हैं। इनको प्रान के बरोबर राखियो। तुम्हारा बल सों मैं दिगशिर को मारयो। तुम्हारे सब के एक-एक उपकार को मैं उरिन नहीं हैं।

(इति बहु धनं दत्वा सर्वान् गृहानि प्रेषयति। सुगलः वाच्यावरुद्धकंठं चतुरो भ्रातृन् प्रणम्य ससैन्यो निःक्रान्तः)[2]

(ततः प्रविशंत्यत्सरसो गंधर्वाश्च। सर्वे महिजा हितकारिणै नृत्यमारभते)[3]

डहडह जगकारी : देखिये महाराज! पुष्पांजलि लै ए सिगरी संकुचित भाव सों गति धरि इष्ट देवता कौ सुमिरन करि कुछु कुसुम महि, कुछु आपके पगन पहि, कुछु दोउ बगल सभा सदन पै, कुछु पीछे वाध करन पै तालही में मेलत भई। आश्चर्य है! ये वाध कारन पै कैसे झमकिगई जैसे एकहीं बार चपला चप चमकि जाइ।

त्रेतामल्ल : (प्रविश्य, प्रणम्य) महाराज! मोकौं सुगल उकीलत लिये आपके पास टिकवे को पठायो है।

हितकारी : (सस्मितं) आवो! आवो! भले आये। अब तुम्हैं चाहि हमें चैन चौगुनो भयो, नृत्य देख्यो!!

(उर्वशी गतिं गृहीत्वा उपसर्पति)[4]

(गन्धर्वा गायन्ति)

याके शील चुवत सौ नैनन।
सकुचत चलति, मंजु मुख मोरति,

---

1. हितकारी प्रणाम करता है। मैत्रावरुणि आशीष देकर बाहर जाते हैं। 2. इस प्रकार बहुत धन देकर सभी को घर भेजते हैं। सुगल वचनों से अवरुद्ध कंठ हो, चारों भाइयों को प्रणाम कर ससैन्य निकल जाते है। 3. इसके बाद अप्सरा और गंधर्व प्रवेश करते हैं और सब सीता, राम के समक्ष नृत्य करते हैं। 4. उर्वशी नाचती हुई निकट आती है।

उर अति प्रेम खुलति, कछु बैनन।
कीन्हेउ पति अपकार गनत नाहिं,
पग परि-परि आपुहि समुझावै।
बिश्वनाथ, प्रभु समुझन लायक,
यह सुकिया[1] कौ अनुपम भावै॥

(सुकेशी उपसर्पति, गन्धर्वा गायन्ति).

अंगन नवल तरुनिमा आई।
रहयो न ठौर आइ नैनन पथ,
निकसन चहति मनहुँ लरिकाई।
रस शृंगार गीति के बैननि,
कछु-कछु सुनन लगी श्रुति लाई।
बिश्वनाथ करि कै सुघराई,
नाचति मुग्धा[2] भाव दिखाई।

(मेनका उपसर्पति, गन्धर्वा गायन्ति)

अब मैं क्यों कर खेलन जैहौं।
काहू के कर ये न समैहैं, कैसे नैन मुदैहौं।
भयो कहा बाढ्यो तन सौरभ, छिपेहुँ सखियान बोलावै।
बिश्वनाथ अज्ञात जौवना[3], की यह कलनि लखावै।

(रंभा उपसर्पति, गन्धर्वा गायन्ति)

अब उर अंचल मूंदन लागी।
करि सिंगार आरसी निहारति, तजि ख्यालन जौवन रस पागी।
निरखत निज अंग अंग लोनाई, आपुहिं रीझि जाति मुसक्याई।
बिश्वनाथ यह नृत्य करति है, ज्ञात जोवना[4] चरित लखाई।

---

1. स्वकीया-विनयार्जवादियुक्ता गृहकर्मपरा पतिव्रता स्वीया।' साहित्य-दर्पण। विनय-शीला, सरल, गृहकार्य में तत्पर, और पतिव्रता स्त्री स्वकीया नायिका कहलाती है। इसके तीन भेद हैं—मुग्धा, मध्या और प्रगल्भा और इसके उपभेदों को जोड़ कुल 13 भेद होते हैं। 2. मुग्धा-प्रथमावतीर्णयौवनमदनविकारारतौ वामा। कथिता मृदुश्च माने समधिक लज्जावती मुग्धा—साहित्यदर्पण। ऐसी नायिका जिसमें नवयौवना की शोभा और कामदेव का विकार पहले आए हों। जो रति में झिझकती हो, जिसका मन सरल औ अचिरस्थायी हो और जो अधिक लज्जा करे। 3. अज्ञात यौवना—बाला पत्नी जिसके तन में नव यौवन का संचार हो रहा है किन्तु स्वयं उसकी उसको ज्ञान न हो, ऐसी अबोधावस्था वाली किशोरी को अज्ञातयौवना कहा गया है। 4. ज्ञात यौवना— जिसे यौवनागमन का बोध हो जाता है। यह तब लजीली, मन्दगतिगामिनी तथा मन्दमुस्कान वाली हो जाती है।

(मंजुघोषा उपसर्पति, गन्धर्वा गायन्ति)

यह तो झझकति तकि परछाहीं।
समुझायहुँ समुझति नहिं कैहूँ,
मुरि बैठत करि नाहीं।
चलु घर कहत, रुदत नहिं जैहों,
कहि-कहि पानि डोलावै।
बिश्वनाथ यह प्रगट करति है,
ललित नवोढ़ो[1] भावै।

(तिल्लोतमा उपसर्पति, गन्धर्वा गायन्ति)

बैरिन भई निगोड़ी लाज।
उर अकुतई न लखन देति पिय,
बीर परै यह ऊपर गाज।
यों कहि फोरत अँगुरि कपोलन,
घूँघट करि चलि भावै आजु।
मुरि चित बतियाँ को मध्यापन[2],
लखिये बिश्वनाथ महराज।

(घृतांची उपसर्पति, गन्धर्वा गायन्ति)

सखि मुख लै-लै कमल लगावति।
लीलहि प्यारे के श्रुति मूदति,
लाल सिखा की धुनहिं छपावति।
तन सुगंध निज बायु स्वास ते,
प्रात होत को यवन दवावति।
बिश्वनाथ सब निसी बिहारी,
प्रौढ़ा[3] की यह कलनि लखाबति।

---

1. नवौढ़ा-मुग्धा—जो भय लाज युत, रति न चहत पति संग।
ताहि नवोढ़ा कहत हैं, जो प्रवीन रस रंग।—'रसराज'

2. मध्या—मध्या सो जामैं दुहू, लज्जा मदन समान।—'भाषा भूषण'

3. प्रौढ़ा—केलि कला में चतुर अति, प्रीतम सों अति प्रीति।
लाज तजे ह्वै मदन बस, प्रौढ़ा की यह रीति।—'कविकल कल्प तरु'।

(कलकंठी उपसर्पति, गन्धर्वा गायन्ति)

आलस लखहु आपके गात।
मोहि दुख यहै सौंह भाई की,
और न ही कछु बात।
निज तन श्रमहि बचाइ करिय जोइ,
सोइ मोंहू को भावै
विश्वनाथ करि नचति चातुरी,
प्रगटित धीरा[1] भावै।

(आनन्द-लतिका उपसर्पति, गन्धर्वा गायन्ति)

बोल बोलाय कहीं सो लायक।
जेंहि गुन बसी, बसो हियरे तुव, तितहिं जाय तुम नायक।
ऐगुन भरो होत ताके ढिंग, बैठब नीक[2] न होई।
नाचति भाव अधीरा[3] के बिश्वनाथ लीजिये जोई।

(मदनमंजरी उपसर्पति, गन्धर्वा गायन्ति)

गयी यह आजु सौति के साथ।
चोर मिहीचनि खेलि आंखि तेहि मूदि लेई पिय हाथ।
यक कर सों याके कुच परसयो अपनी प्रीत जनाई।
नाचति जेष्ठ कनिष्ठा[4] भावहिं, बिश्वनाथ दरसाई।

(अनंतसुन्दरी उपसर्पति, गन्धर्वा गायन्ति)

लजति तकि काँय कोटि सत काम।
मोको लाख कहै किन कोई, है इनहीं सो काम।
भार पर कुल कानि जाइ अब, लहिहौं सुख उर लाइ।
बिश्वनाथ यह थरकि रही है ऊढ़ा[5] भाव देखाय।

---

1. धीरा—निज पति को अन्य स्त्री पर आसक्त जानकर गुप्त रूप से कुपित होने वाली नायिका। कोप व्यंग्योक्ति और रति से उदासीनता द्वारा व्यक्त किया जाता है। 2. 'उचित' पाठ ला. यं. प्रति से। 3. अधीरा—निज पति को अन्य स्त्री पर आसक्त जानकर कुपित होने वाली नायिका। कोप प्रकट रूप से कटु बचन और ताड़ना द्वारा व्यक्त किया जाता है।

4. जेष्ठा-कनिष्ठा—जासौं पति अति हित करै, सु तिय जेष्ठा आहि।
जासों घटि हित नाहिंकौ, कहें कनिष्ठा ताहि। —'सुन्दर शृंगार'

5. ऊढ़ा—जो व्याही तिय और की, करत और सों प्रीति।
ऊढ़ा तासों कहत हैं, हियै राखि रस रीति। —'जगद्विनोद'

(चंचलाक्षी उपसर्पति, गन्धर्वा गायन्ति)

चलावति दूर व्याह मो माई।
सुठि सुन्दर कुलवन्त बैस सम, बसो परोस बिहाई।
मेरो उर यह सोच बड़ो अलि, कोउ न कहत समुझाई।
बिश्वनाथ यह भाव अनूढ़ा[1], प्रगटति नाचति भाई।

(चंद्रमुखी उपसर्पति, गन्धर्वा गायन्ति)

लेन जल पठयो बरसत माई।
बिछलि गिराइन आनि उठायो, भले तहँ इत आई।
नातरु कहत और की औरै, यह पुर लोग चवाई।
बिश्वनाथ यह नाच रही है, गुप्ता[2] भाव बताई।

(शशिप्रभा उपसर्पति, गन्धर्वा गायन्ति)

सून लखि छोरि बाछरू आई।
द्वारे बोलि बतायो करसों, निरखि ननदिया धाई।
भीतर मौन निसंक, लालसंग, करी आपनी भाई।
बिश्वनाथ यह क्रिया बिदग्धा[3], भाव करति छबि छाई।

(चन्द्रकला उपसर्पति, गन्धर्वा गायन्ति)

तेरे मिलन हेत हौं आई।
अब तो रैन अँधेरी छाई, राखी बात लगाई।
पठै देहि निज पिय पहुँचावन, मेरो हयो डेराई।
बिश्वनाथ यह बचन बिदग्धा[4] नचति भाव दर्साई।

(चंचला उपसर्पति, गन्धर्वा गायन्ति)

करन सुख कोउ नारी लखि जानै।
यह रस जान्यो मैकी बिजुरी, जो बहु घन सँगठानै।

---

1. अनूढ़ा—अनव्याही पित गेह में, कै काहू सों नेह।
   ताही सों व्याहौ चहै, सो अनूढ़ मति गेह। 'रसिक बिनोद'
2. गुप्ता--जब तिय सुरति छिपावई, करि बिदग्धता बाम।
   भूत भविष्य व्रत मान सों, गुप्ता ताको नाम। 'शृंगार निर्णय'
3. क्रिया-विदग्धा—जो तिय साधर काज निज, करि कुछ क्रिया सुजान।
   क्रिया-विदग्धा-नायिका, ताहि लीजिए जानि। —'जगद्विनोद'
4. बचन-बिदग्धा—बचनन की रचनानि सों जो साधे निज काम।
   बचन-बिदग्धा-नायिका, ताहि कहत कबिराज। —'जगद्विनोद।'

अब कहु काकों त्रसहुँ सहर सब, लिय निज बसहि बसाई।
बिश्वनाथ यह नाचति हर्षित, कुलटा[1] कलनि लखाई।

(शशिकला उपसर्पति, गन्धर्वा गायन्ति)

जननि कह पूजि भवानी आवें।
यहि अहीर संग अबही गमनै, बन डर मन नहिं ल्यावै।
सो सुनि अंग समाति न फूलो, चली थार कर लीन्हें।
बिश्वनाथ यह नाचति मुदिता[2], के गुन प्रगटै कीन्हें।

(कलावती उपसर्पति, गन्धर्वा गायन्ति)

तन सुवासि निज सूंघि-सूंधि तै, कहा आजु सकुचानी।
हौं जानों सो बात सखी यह, मज्जनहूँ नहिं जाती।
सुनि सुसक्याइ नचाइ नैन दिय, ताहूँ नैन नवाई।
बिश्वनाथ यह नाचि लक्षिता[3], भाव रहो दरसाई।

(बिलासवती उपसर्पति, गन्धर्वा गायन्ति)

करि परदेश प्यारि हूँ लै संग, कोउ परदेशी आयो।
सूनो अचल झराइ आपनो, रुचिर कपाट लगायो।
सो सुनि लेत उसांस बाल निज, नैननि वारि बहावै।
बिश्वनाथ अनुशयना[4] भावहि, नाचत प्रगट देखावै।

(चन्द्रलेखा उपसर्पति, गन्धर्वा गायन्ति)

छिगुनी छुअत बिछौने पर छल छन्द अनेक करै।
कहुँ मुसक्याति मिलनि कहुँ चाहति बहुत सराहिं हरै।
बिश्वनाथ लखिये नाचति यह गनिका[5] भाव धरै।

---

1. कुलटा—निस दिन जाको रति कथा, सदा काम सो काम।
नीत अनेकन सौं रमै, कुलटा ताको नाम। —'सुन्दर निर्णय।'
2. मुदिता—उहै बात बन आबई, जो चित चाहत होइ।
ताते आनंदित महा, मुदिता कहिये सोइ। —'शृंगार निर्णय।'
3. लक्षिता—जहाँ प्रीति पर पुरुष की, प्रगटित जग में होइ।
ताहि लक्षिता कहत हैं, चिन्तामनि कबिलोइ। —'कबिकुल कल्पतरु।'
4. अनुशयना—बिनसै ठौर सहेट की, आगे होइ न होइ।
जाइ सकै न सहेट में, अनुशयना है सोइ —'भाषा भूषण'
5. गणिका—करै और सो रति रमन, इक धन ही के हेत।
गनिका ताहि बखानई, जो कबि सुरति निकेत। —'जगद्विनोद'

(कुंददन्तिका उपसर्पति, गन्धर्वा गायन्ति)

तो सम और हितू को होवै।
सहयो हमारे हित जेतो दुख, जात बदन नहिं गोवै।
तन कंटक छद स्वेदहिं बूड़ी, अजहुँ स्वास अधिकाई।
बिश्वनाथ यह नचति देखावति, अन्य सुरति[1] दुखिताई।

(नवमल्लिका उपसर्पति, गन्धर्वा गायन्ति)

ठाढ़े बलैयाये ये लेत पिय ते बोलै न सजनी।
अब न मेरो कहै करति है,
रहैगी दोउकर मीजि फिरहै बीत गई रजनी।
जाके लखिबे को ललकति सी,
सोई हा हा आगे खात, उठु मिलि टेढ़ी समुझनी।
बिश्वनाथ यह नचति मानिनी के[2],
भावन दरसाइ, बाकी भृगुटि कर रिझानी।

(कनकसुन्दरी उपसर्पति, गन्धर्वा गायन्ति)

पिअ मम प्रान-प्रान अपनो दोउ, अलि येकै करि राखे।
कहा करैंगी सबति सबै अब, नहीं होत कछु माखे।
करत रहौं बैठी घरहौं मैं, रिसजारैं निज छाती।
बिश्वनाथ यह प्रेम गर्बिता[3], नाचति प्रेम रंग राती।

(अनुरागिणी उपसर्पति, गन्धर्वा गायन्ति)

चलि मुसकात लखति परछाहीं।
अंगुरी से तेंहि हरखि लखावति, पिय गल करि निज बाहीं।
साचु कहौ येसी कहु दूजी, नर सुर नारिन माही।
बिश्वनाथ यह नचति देखावति, रूपगर्बिता[4] काहीं।

---

1. अन्यसुरति दुखिता—प्रीतम प्रीति प्रतीत जो, और तिया तन पाई।
दुखित होइ सो जानिये, अन्य सुरति दुखदाई —'जगद्विनोद'
2. मानिनी—लखि नायक अवगुन करै, जो ईर्षा करि मान।
मानवती ताको कहैं, जे कबि बुद्धि निधान।— 'रसिक बिनोद'
3. गर्विता—जाके प्रिय की प्रोति कौ, जिय में होइ गुमान।
प्रेम गर्बिता नारि को सुन्दर यहै बखान।—'सुन्दर श्रृंगार'
4. रूपगर्विता—जाके अपने रूप कौ, अति ही होइ गुमान।
रूप गर्बिता कहत हैं, ताको चतुर सुजान। —'रसराज।'

(रत्नकला उपसर्पति, गन्धर्वा गायन्ति)

सखि मैं पति देवता कौ शासन कौनी भांति नसाऊँ ।
गुण भे अगुण नाक जिय आयो, निशि दिन कल नहिं पाऊँ ।
बिरच्यो विधि नहिं विय गुन भाजन, केंहि केंहि काह पढ़ाऊँ ।
नाचति गुन गर्बिता[1] के भावन, यह बिसुनाथ अगाऊँ ।

(काममंजरी उपसर्पति, गन्धर्वा गायन्ति)

तकत हरि आंगन में पिअरो।
परिआई चूरीं गिरीं मुदरीं चूरो कर पहराई।
याकी स्वास लपट जनु जरिभे नभ घन कारे।
बिश्वनाथ यह नचति बिरहनी[2] भावहि धारे।

(रूपमंजरी उपसर्पति, गन्धर्वा गायन्ति)

का पै परम प्रीति तुव लाल।
हिय तेंउमगि नैन सोइ लखियत,
छलक छीट कछु छाजति भाल।
कज्जल मिसि कलंक कर्ह धारयो,
मुखि ससि समहिं बनायो।
बिश्वनाथ यह भाव खंडिता[3] नाचत मांह देखायो।

(चित्रलेखा उपसर्पति, गन्धर्वा गायन्ति)

मींजि-मींजि कर क्यों पछताई।
जब प्यारो आपहिं ते आयो, हों बहु बिधि समुझाई।
तब तो येक बात नहिं मानी, करो आपनी भाई
बिश्वनाथ यह नाचति कलहंतरित[4], भाव बताई।

---

1. गुणगर्विता—गर्विता के भेद दो हैं प्रेम गर्विता और रूप गर्विता। गुण गर्विता रूप से भिन्न अपने गुणों पर विशेष रूप से गर्व करने वाली नायिका होती है।
2. विरहिणी—जाको पति देशान्तर रहै, अति संताप बिरह जर सहै।
दुरबल तन मन ब्याकुल होइ, प्रोषित पतिका कहिये सोइ। — 'रसमंजरी।'
3. खंडिता—बास करि निसि जाइ कहुँ, प्रात मिलै पति जाय।
नारि खंडिता सौति के, चिन्ह लखै बिलखाइ। —'रस-बिलास।'
4. कलहंतरिता—प्रथम कछू अपमान कर, पिय को फिरि पछिताइ।
कलहंतरिता नायिका, ताहि कहत कपि राइ। —'जगद्विनोद।'

(प्रभावती उपसर्पति, गन्धर्वा गायन्ति)

सजि सिंगार पीतम मिलिवे हित, आजु सखी बन कुंज गई।
मिल्यो न सो ससि उदै जानि रबि, दुखित मीत ह्वै भजत भई।
ज्यौं-त्यौं करि पहुँची तुअ ढिंग लौं, होत वही जो लिखत दई।
बिश्वनाथ यह बिप्रलब्ध[1] की कलनि नचति अति मदन छई।

(पद्मावती उपसर्पति, गन्धर्वा गायन्ति)

यामिनी याम बितीत बई री।
पीतम नहिं आये घन आये, ये करिहैं महि अंबु मई री।
आवत बिलम घरिक जो लागत,
तितिहिं मिलहिं गमनै मो प्रानै।
बिश्वनाथ यह नाचत भावत,
परगट उत्का[2] भावहिं ठानै।

(कलहंसी उपसर्पति, गन्धर्वा गायन्ति)

आजु कहा सजि सकल सिंगारन, रचति सेज निज हाथै।
पुनि-पुनि तकत पंथ हियरे में, नहिं समात सुख गाथै।
छिन मैं कढ़ति छिनहिं गृह आवति, लखियतु अति अकुताई।
बिश्वनाथ यह बासकसज्जा[3], नाचति भआव जनाई।

(चंपकप्रभा उपसर्पति, गन्धर्वा गायन्ति)

निश दिन निरखत रुख ढिग भावै।
सखियां काज करन नहिं पावै, आप करत सुख पावै।
प्रिय हित ते न टरति सेवकाई, सौतिन मुख पियराई।
बिश्वनाथ स्वाधीन पियतमा[4], नाचति अति छबि छाई।

---

1. विप्रलब्धा—मिलन आस करि जाइ प्रिय, मिलौ न प्रिय संकेत।
विप्रलब्धा सो जानिये, विरह विकल विन चेत। —'रसराज।'
2. उत्कंठिता—प्रिय सहेट आयो नहीं, चिन्ता मन में आनि।
सोच करै संताप सौं, उत्कंठिता बखानि। —'भाषा भूषण।'
3. वासकसज्जा—प्रिय आगमन जानि वर बाला, सुरति सामग्री रचै रसाल।
दूती पूछै सखि से हंस, करै मनोरथ, बिकसै लसै। —'नन्ददास रसमंजरी।'
4. स्वाधीनपतिका—केसव जाके गुन बंध्यौ, सदा रहै पति संग।
स्वाधीन पतिका तासु को, बरनत प्रेम प्रसंग। —'रसिक प्रिया।'

(लीलावती उपसर्पति, गन्धर्वा गायन्ति)

पिय मिलिवे हित निरखि आरसी,
हरषित सकल सिंगार संवारी।
करि कै मंद मसाल मयकहि,
गमनो मुख मयंक उजियारी।
तेहि छन निज गयंद गति निन्दति,
पीय मिलन की अति अतुराई।
बिश्वनाथ यह नाचत बिलसत,
अभिसारिका[1] भाव दरसाई।

(अनंतसेना उपसर्पति, गन्धर्वा गायन्ति)

चलत पीउ बाल जानि गदगद गर थकित बानि,
कछु नहि तहँ कहत बन्यो हिये सोक भीनी।
भीतर घर जाइ निजै, जनम कुंडली लयाइ,
अतिहि बिलखाइ पीय आगे धरि दीनी।
साहस करि कहयो रौन मोहि बुझइ करौ;
गौन जोतिविंद लिखी जौन आप झूठी सांची।
लिखिय बिश्वनाथ नाथ रीझि-बूझि आय हाथ,
प्रेयसी प्रवेत्सितेके[2] भाव कलित नाची।

(रसालमंजरी उपसर्पति, गन्धर्वा गायन्ति)

छन आंगन छन चढ़ति अँटारी।
छन कढ़ि कै बाहिर मग जोहति, रोकति नैननि शीतल वारी।
टूटति बन्द फटत अंगिया उर, नहिं अमात आनन्द अति भारी।
बिश्वनाथ यह नचति नवेली, आगतपतिका[3] भावहिं धारी।

हितकारी : इनको मन काम ते अधिक इनाम देवाइ देउ।

---

1. अभिसारिका—केलि-हेत पिय-थल गवन, करै बिलक्षन कोइ।
पियहिं बुलावै आपु थल, अभिसारिका सुहाइ। —'हित तरंगिनी।'
2. प्रवत्स्यत्प्रेयसी—होनहार प्रिय के बिरह, बिकल होइ जो बाल।
ताहि 'प्रवच्छति प्रेयसी' बरनत बुद्धि बिसाल। —'रसराज।'
3. आगतपतिका—बहु दिन बीतै बिदेस तें, जाकौ आवै कंत।
आगत पतिका नायिका, ताहि कहत मतिवंत। —'रसिक बिनोद।'

(ततः सप्रमोदं प्रणम्य साप्सरसो गंधर्वा निःक्रान्ताः)

(प्रविश्य गुरुण्डदेशीयो नर्तकः, प्रणम्य नृत्यति गायति च)

ए किंग हितकारी, माई डियर बेरी!
लिवरल ऐण्ड ब्रेव बिश-ट्री, गुड स्प्रेड माइ सिन टाप लार्ड।
गुड आल टैम बिसुनाथ आफ गाड।[1]

अर्थ : ए किंग—बादशाहों का बादशाह हितकारी भगवान, माई —हमार, डियर—पियारा, बेरी—बहुत परस्पर धारा, लिवरल—दातौं का दाता, एण्ड ब्रेव—सूर वीरों का सरदार, बिश-ट्री—सुर तख दोनों जहान का, गुड स्प्रेड—अच्छा बक्सने वाला माइ सिन—हमारे तकसीर टाप लार्ड—सरदारों का सरदार, गुड आल टैंम—अच्छा एकरस सब सैम विशुनाथ आफ गाड—विश्वनाथ का ईश्वर।[2]

हितकारी : इनको इनाम देवाइ देउ।

(गुरुण्डः प्रणम्य निःक्रान्तः। प्रविश्य अर्बदेशीयः। प्रणम्य नृत्यति गायति)

हाजल हितकारी नूर नूरुल अलाहू।
कुर बुलवरीद वोद फहमुल जुकाहू।
उंजुर विल कलवि कुल्ल राय्यन मुहीते।
फुहुवा बिश्वनाथ अकद मतलब बसीते।[2]

अर्थ : हालज हितकारी यह भगवान नूर नूरलू अलाहू प्रकाशी बड़े ऊँचे प्रकाश के हैं कुलबुल वरीद नगीच हैं गरदन से वोदक हमूल जुकाहू औ दूरि है ज्ञान और बुद्धि से उंजुट विलक्लवि

---

1. ए King हितकारी my dear very,
Liberal and brave wish tree
Good spread my sin Top-Lord
Good all टैम बिसुनाथ of God
(Wish-tree कामनातरु, Top-lord of lords टैंम—Time)

2. आनन्द रघुनन्दन, मुंशी नवकिशोर का छापाखाना (जनवरी 1881) पृष्ठ 121। 3. अर्थ—हितकारी (भगवान) बड़े प्रकाशवान हैं। गर्दन से भी निकट हैं किन्तु ज्ञान और बुद्धि से दूर हैं। इनको हृदयचक्षु से देखो। ये सभी वस्तुओं से परिपूर्ण है। यही विश्वनाथ मतलब की गांठ खोलने वाले हैं।

देसु दिलकी दृष्टितैं कुल्लसैयत होते सब वस्तु में पूर्ण है फहुवा येई विश्वनाथ अकद मतलब बसीते विश्वनाथ मतलब की गाठैं खोलने वाले हैं।[1]

हितकारी : इनको इनाम देवाइ देउ।

(अर्बदेशीयः प्रणम्य निःक्रान्तः। प्रविश्य तुरकदेशीयः, प्रणम्य नृत्यति गायति च)

कुल चातिगरी हितकारी फुलू।
फकरंची मौज कंच उलू।
दीजखि तिंगरी मुकुर फुली
फुन बिश्वनाथ जूक जून उली।[1]

अर्थ : कुलचांतिगरी एक ईश्वर हितकारी भगवान फूलू है फकरंजी सबका मालिक मोजउसबिना कंच उलू सब वे फाम दोज भीतर तिंगरी भगवान सुकुल प्रकाशमान है फुली देसौ दिलकी आंखि से फुन पाया विशुनाथ ने जृक जून मेहरबानगी उलीउसी कैसे।

—आनन्द रघुनन्दन, मुंशी नवकिशोर का छापाखाना (जनवरी 1881) पृष्ठ 122

हितकारी : इनको इनाम देवाइ देउ।

(तुरुदेशीय प्रणम्य निःक्रान्ताः)

(प्रविश्य मरुदेशीयो वारबधूटी। प्रणम्य नृत्यति गायति च)

महाथारे ढिगा पगीछे म्हारो राज।
थाको तो घने देवाय दुणिया, कीन्हेछे राजण को सिर ताज।
इट्ठाकोसु जस म्हारे देस गाइयाछे गुनिया समाज।
विश्वनाथ थांजुग जुग जीवो, पूजे छे म्हारे काज।

हितकारी : मनवांछित इनाम देवाइ देउ।

---

1. आनन्द रघुनन्दन, मुंशी नवकिशोर का छापाखाना (जनवरी 1881) पृष्ठ 121-122। 1. ये हितकारी (भगवान) सबके मालिक हैं। सबके अंतर में ईश्वर को प्रकाशमान देखिए। उसकी कृपा से हृदय दृष्टि से उस (ईश्वर) की प्राप्ति करो।

(नर्तकी निःक्रान्ता)

हितकारी : डहडह जगकारी, तुम राज्य की ततबीर करो। डीलधराधर, तुम कोष की ततबीर करो। डिंभीदर, तुम सेन की ततबीर करो। हौं गृह-बाग-बिहार करन जाव हों।

(इति निःक्रान्ताः सर्वे)

(ततः प्रविशति स्वर्धुनी ब्रह्मकुंडजा)

स्वर्धुनी : हे ब्रह्मकुंडजे तुम उदासी ऐसो काहे हो?

ब्रह्माकुंडजा : एकादश सहस बरिस पुहुमि संचरित अब अपराजिता पुरी प्रजन, कीट पतंग उधरि हितकारी परम पुरुष हरि, परम प्रकाशी रूप करि, परमधाम, बिश्राम करन लगे हौ; अकेले नहीं खुलौ हौ।

स्वर्धुनी : सखि! हितकारी प्रगट व अप्रगट हो गए हैं। तिहारे निकट अपराजिता में हितकारी सदै रहैं, सखि होंहूँ को दुरावै है।

(इति सस्मितं निःक्रान्ते)

(ततः प्रविशति सूत्रधारः)

सूत्रधार प्रबन्ध : जय-जय रघुनन्दन करुणं कुरु हे!
ताड़का तनु भंजन, खल दल गंजन हे!
पिनाक खंडन, जन रंजन हे!
सीता बिवाहन, सुख अवगाहन हे!
कौशील्यो दार्यादिकुन भाजन हे!

रे रे सनि रे रे सनि सानि निपप्प पम गरेसा मम्म मम्म पप्पप्प धप्प।
धनि ध ध पाधी दिग दिग दिग थो दिग दिग तकतक तकतक।
थुंतकथुं ठग नंग नंग नंग नंग नंग नंग नंग नंग नंग तथुन्थैया।

श्री रघुनन्दन : मांगु! मांगु!

भजन

सूत्रधार : छूटै मन मलीनता सारी, कामादिक मिटि जांहीं।
होइ बिबेक नसैं दुख सिगरे, गहौ आप मम बांहीं।
अति निर्मल चित ह्वै प्रभु पद मैं लगौ सहित दृग भावै।
परम प्रेम रघुनाथ आपको, बिश्वनाथ अब पावै।

जौ लौं कीरति चलै तिहारी।
तौ लौं नाथ चलै यह नाटक, सुनि सब होइ सुखारी।
जो यह कहै लहै धन धानहुँ अंत सुगति तेहिं होवै।
बिश्वनाथ को प्रगट रहिय तन सुभग तिहारो जोवै।

(श्री रघुनन्दनः तथास्तु! सूत्रधारः प्रणम्य सहर्षम् निःक्रान्ताः)

श्रीरघुनन्दन : चलो महलन चलिये।

(इति निःक्रान्ताः सर्वे।)

(इति सप्तमोऽकः)

॥ समाप्त ॥

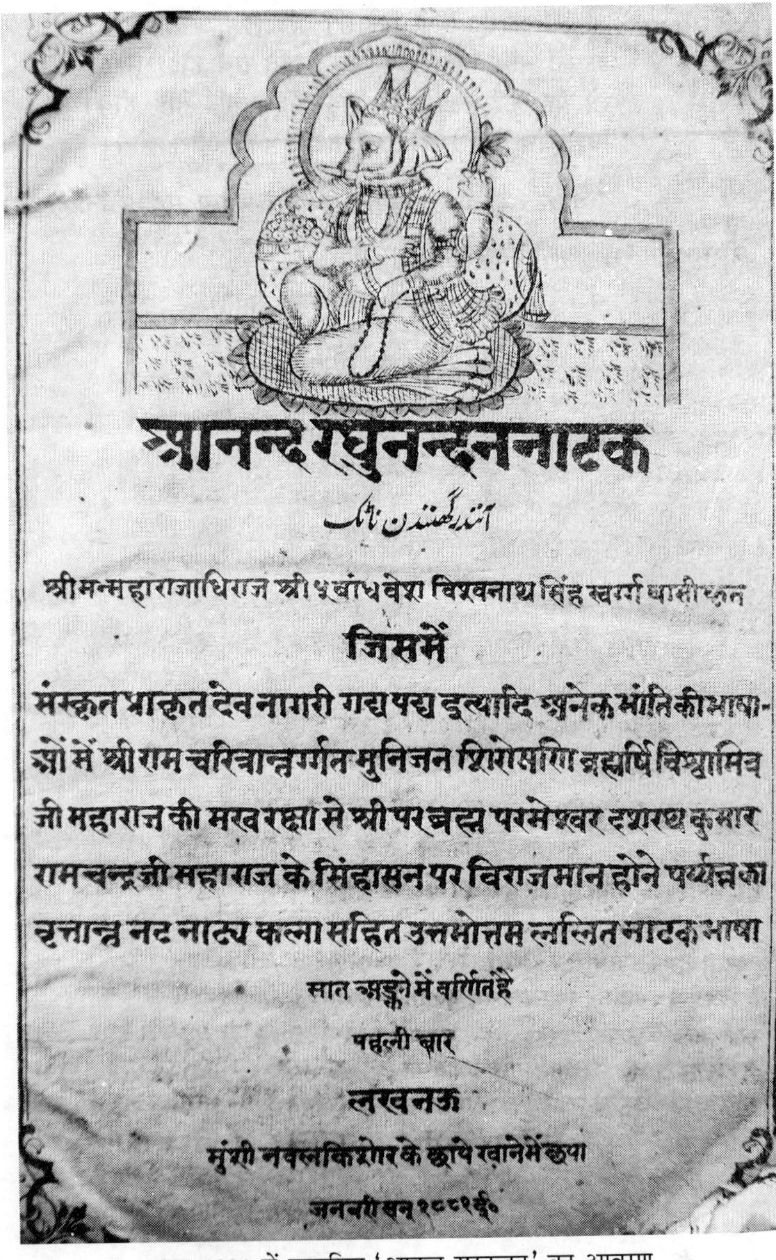

आनन्द रघुनन्दन नाटक

آنند رگھنندن ناٹک

श्रीमन्महाराजाधिराज श्री बांधवेश विश्वनाथ सिंह स्वर्गवासी कृत

जिसमें

संस्कृत प्राकृत देव नागरी गद्य पद्य इत्यादि अनेक भांति की भाषा-
ओं में श्री राम चरित्रान्तर्गत मुनिजन शिरोमणि ब्रह्मर्षि विश्वामित्र
जी महाराज की मख रक्षा से श्री परब्रह्म परमेश्वर दशरथ कुमार
राम चन्द्र जी महाराज के सिंहासन पर विराजमान होने पर्य्यन्त का
वृत्तान्त नट नाट्य कला सहित उत्तमोत्तम ललित नाटक भाषा

सात अङ्कों में वर्णित है

पहली बार

लखनऊ

मुंशी नवलकिशोर के छापेखाने में छपा

जनवरी सन १८८१ ई०

सन् 1881 में प्रकाशित 'आनन्द रघुनन्दन' का आवरण

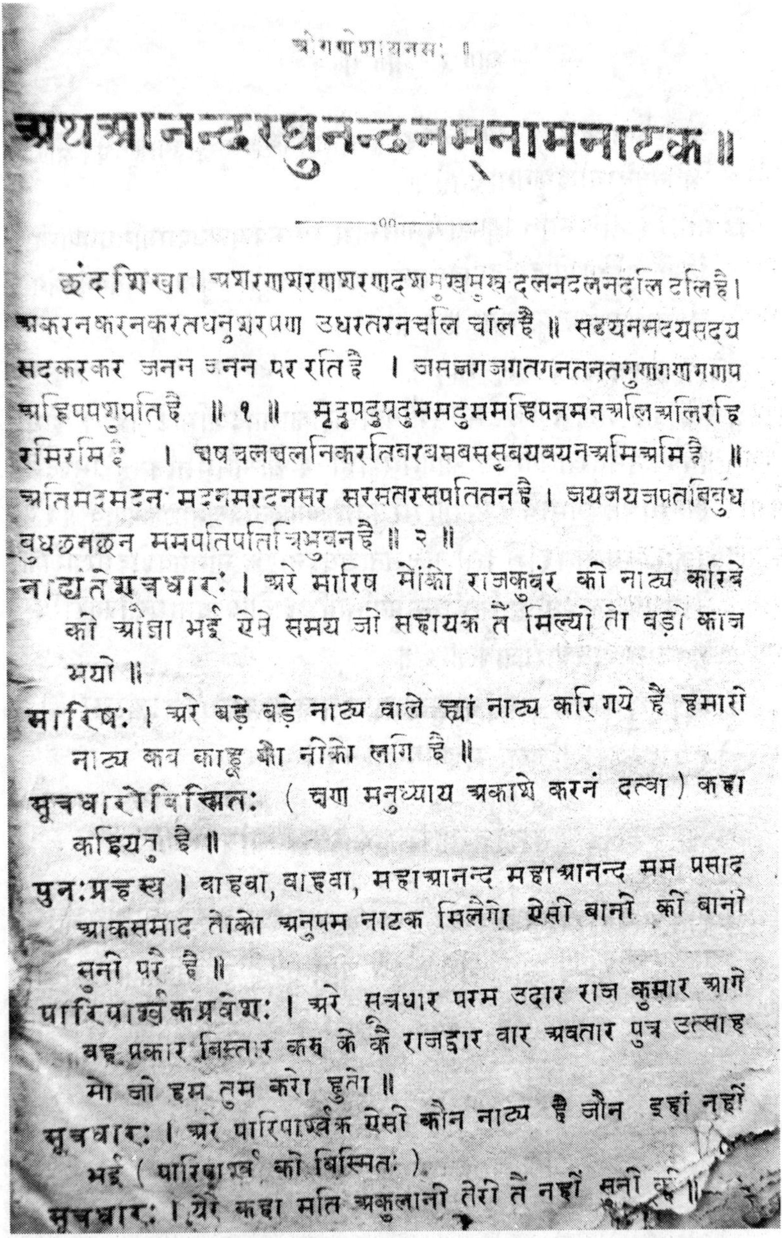

श्रीगणेशायनमः ॥

अथआनन्दरघुनन्दनम्नामनाटक ॥

छंदशिखा। शरगणशरगणशरगणदशमुखमुख दलनदलनदलि दलिहै। करनकरनकरतधनुशरपण उधरतरनचलि चलिहै ॥ सदयनसदयसदय सदकरकर जनन जनन पर रतिहै । जासजगजगतगनतनतगुणगणगणप अहिपपशुपतिहै ॥ १ ॥ मृदुपदुपदुममदुममहिपनमनअलिअलिरहि रमिरमिहै । चपचलचलनिकरतिवरबसबससुबयबयनअमिअमिहै ॥ अतिमदमदन मदनमरदनसर सरसतरसपतितनहै । जयजयजपतबिबुध बुधछनछन ममपतिपतित्रिभुवनहै ॥ २ ॥

नान्द्यंतेसूत्रधारः । अरे मारिष मोंको राजकुंवर को नाट्य करिबे की आज्ञा भई ऐसे समय जो सहायक तैं मिल्यो तो बड़ो काज भयो ॥

मारिषः । अरे बड़े बड़े नाट्य वाले ह्यां नाट्य करि गये हैं हमारो नाट्य कब काहू को नीको लागै है ॥

सूत्रधारोविस्मितः (क्षण मनुध्याय अकाशे करनं दत्वा) कहा कहियतु है ॥

पुनःप्रहस्य । वाहवा, वाहवा, महाआनन्द महाआनन्द मम प्रसाद आकस्माद तोको अनुपम नाटक मिलैगो ऐसी बानी की बानी सुनी परै है ॥

पारिपार्श्वकप्रवेशः । अरे सूत्रधार परम उदार राज कुमार आगे बहु प्रकार बिस्तार कथ के कै राजद्वार वार अवतार पुत्र उत्साह मो जो हम तुम करो हुतो ॥

सूत्रधारः । अरे पारिपार्श्वक ऐसो कौन नाट्य है जौन इहां नहीं भई (पारिपार्श्वक को बिस्मितः).

सूत्रधारः । अरे कहा मति अकुलानी तेरी तैं नहीं सुनी कै ॥

सन् 1881 में प्रकाशित 'आनन्द रघुनन्दन' का लीथो–मुद्रण में प्रथम पृष्ठ

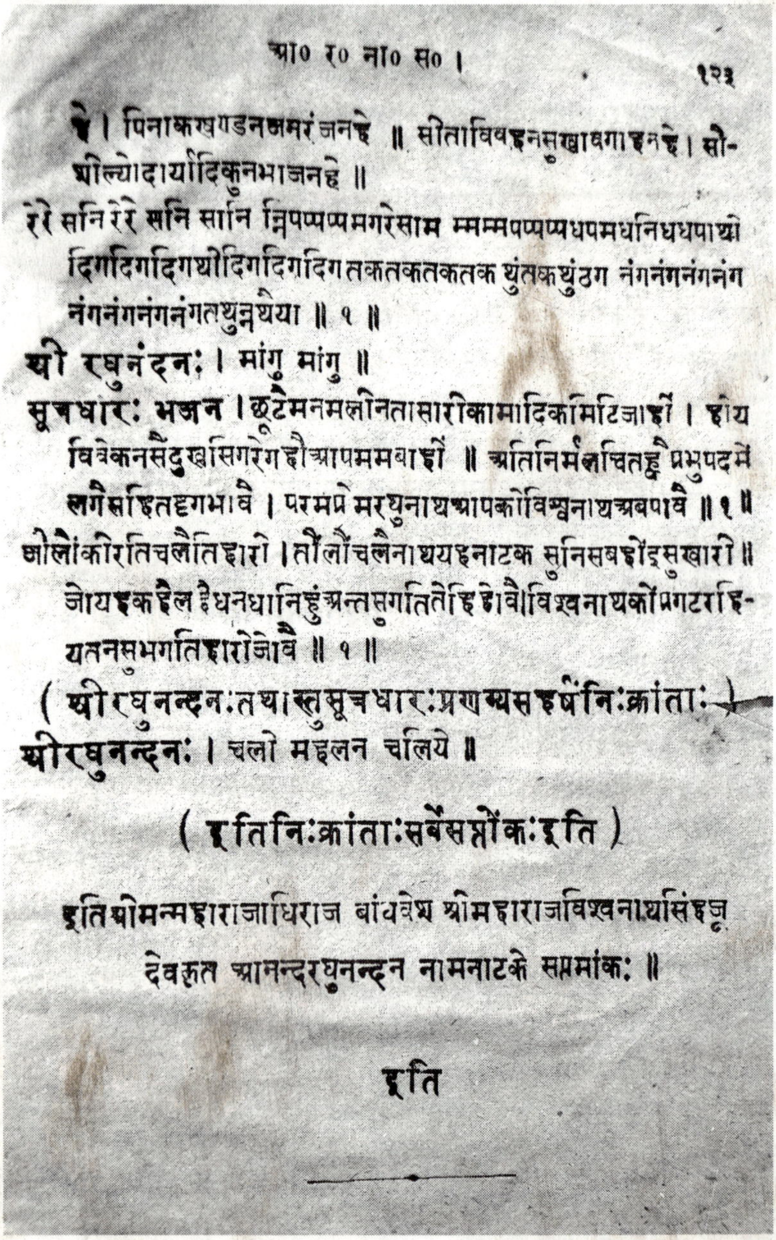
आ० र० ना० स० । १२३

है। पिनाकखण्डनअमरंजनहे ॥ सीताविवाहनसुखाकगाहनहे। सौ-
शील्योदार्यादिकुनभाजनहे ॥

रेरे सनि रेरे सनि सानि न्निपप्पप्पमगरेसाम म्मम्मपप्पप्पधपमधनिधधपाथ्यो
दिगदिगदिगथोदिगदिगदिग तकतकतकतक थुंतकथुंठग नंगनंगनंगनंग
नंगनंगनंगनंगतथुन्नथैया ॥ १ ॥

श्री रघुनंदन: । मांगु मांगु ॥

सूत्रधार: भजन । छूटैमनमलीनतासारीकामादिकामिटिजाहीं । होय
विवेकनसैंदुखासिगरेगहौआपममबाहीं ॥ अतिनिर्मलचितह्वै प्रभुपदमें
लगैसहितहगभावै । परमप्रेमरघुनाथआपकोविश्वनाथअबपावै ॥ १ ॥
जोलोंकीरतिचलैतिहारी । तौलौंचलैनाथयहनाटक सुनिसबहोइसुखारी ॥
जोयहकहैलहैधनधानिहुंअन्तसुगतितेहिहोवै।विश्वनाथकोप्रगटराह-
यतनसुभगतिहारोजोवै ॥ १ ॥

(श्रीरघुनन्दन:तथास्तुसूत्रधार:प्रणम्यसहर्षंनि:क्रांता:)

श्रीरघुनन्दन: । चलो महलन चलिये ॥

(इतिनि:क्रांता:सर्वेसप्तोंक:इति)

इतिश्रीमन्महाराजाधिराज बांधवेश श्रीमहाराजविश्वनाथसिंहजू
देवकृत आनन्दरघुनन्दन नामनाटके सप्तमांक: ॥

इति

अन्तिम पृष्ठ का नमूना

णाणं

पयासयं

वीर नि.सं. 2470

ई. सन् 1944

भारतीय ज्ञानपीठ